Angela Crosta

Inchiesta su An Shigao

Un'enigmatica figura nella Cina del II secolo:
principe della dinastia Arsacide di Partia,
il più antico traduttore di testi di Dharma in cinese,
monaco buddhista,
esperto in meditazione e medicina.

L'Autrice ringrazia:
Nicola Bianco
per la preziosa opera di traduzioni dal cinese e la rilettura del testo

Le immagini all'interno, ove non diversamente indicato, sono opera dell'autrice.
Le traduzioni dei testi dall'inglese e dal francese sono dell'autrice.

L'immagine in copertina è la rielaborazione di un manoscritto da Dunhuang conservato nella biblioteca dell'Università di Chicago, datato al VII sec. Foto di Michael Kenny, da http://news.lib.uchicago.edu/blog/2012/117/07/ the-librarys-global-reach/.

ISBN 978-0-244-98817-3

INDICE

Egli (An Shigao) gradualmente spiegò la corretta pratica delle vere sei pāramita [le sei virtù che traghettano al di là del saṃsāra verso il Nirvana] traducendo i sottili principi dell'ānāpānasmṛti [la consapevolezza del respiro come tecnica di meditazione]. I dotti crebbero intorno a lui numerosissimi come granelli di polvere e tutti si levarono dalle loro impure e incerte pratiche e avanzarono verso la virtù assolutamente pura.»

Prefazione di Kang Senghui all'*Anban shouyi jing*

Gli Indiani chiamano i propri libri libri celesti *e le loro lingue* lingue celesti. *La pronuncia e il significato sono astrusi e bizzarri, molto differenti dal cinese.*

Nelle traduzioni che sono state eseguite vi sono numerosi errori, soltanto quelle di Shigao prevalgono sulle altre. Daoan pensava che [leggere le traduzioni di Shigao] era come ricevere l'insegnamento direttamente dal Buddha. Nel corso delle generazioni i grandi maestri hanno pensato [la stessa cosa] apprezzandolo.

Biografia di Huijiao dal *Gaoseng zhuan*

Interrogativi e indizi

Chi fu An Shigao?

Nei miei studi sul Buddhismo spesso ho incontrato questa figura, per molti aspetti misteriosa e intrigante e ho cercato di saperne di più. Questo libro vuole proporre ai lettori di condurre insieme un'inchiesta, formulare qualche ipotesi e forse riuscire a dare alcune risposte ai molti quesiti che suscitano la sua vita e le sue opere.

Quando?

Egli visse nel II secolo d.C. La sola data accertata con sicurezza è il suo arrivo in Cina nel 148 d.C.

Dove visse?

Tra l'impero di Partia, dove nacque molto probabilmente nella famiglia imperiale, e la Cina, soprattutto nella città di Luoyang che all'epoca era la capitale della dinastia Han.

Perché dalla Partia An Shigao andò in Cina?

Questo è uno dei primi interrogativi. Vi si recò volontariamente come monaco *missionario* oppure vi fu mandato come ostaggio o esule? Esamineremo la situazione politica, socio-culturale e religiosa della Partia e della Cina nel II secolo d.C.

Fu un monaco buddhista o laico ostaggio?

Le interpretazioni sono divergenti e occorre analizzare e interpretare attentamente le fonti.

A quale scuola buddhista apparteneva?

Vi sono alcuni indizi probanti, ma non certezze.

Dove e in quali circostanze morì?

Le fonti ci rivelano in quale città avvenne e ci danno alcune informazioni sulle particolari circostanze in cui An Shigao morì.

Perché è considerato uno dei primi e importanti traduttori di testi buddhisti indiani in cinese?

I biografi dicono che An Shigao fosse un abile linguista, in grado di padroneggiare la lingua della Cina molto rapidamente dopo il suo arrivo in quel Paese. La sua opera fu importante per la trasmissione del primo Buddhismo cinese non solo perché tradusse molti *sūtra*, ma anche perché fu in grado di esprimere idee straniere e lontane dalla cultura cinese con un nuovo vocabolario sviluppato per questo scopo. Molte parole da lui create per esprimere concetti buddhisti furono conservate e utilizzate per secoli.

Quali opere tradusse o compilò?

Le fonti antiche non danno elenchi omogenei, quindi la critica contemporanea ha cercato di valutare le caratteristiche di lingua e di contenuto per avallare o negare le attribuzioni.

Come valutare le fonti?

Le notizie biografiche su An Shigao provengono fondamentalmente da due tipologie di fonti purtroppo divergenti, cosa che crea notevoli difficoltà nel cercare di inquadrare la figura, la personalità e le opere di An Shigao.

La prima sono alcuni testi buddhisti, redatti in un periodo che va da alcuni anni ad alcuni secoli dopo l'esistenza terrena del protagonista, che parlano del principe partico come di un monaco, espongono fatti miracolosi a lui attribuiti, quindi a buon diritto rientrano nel campo delle agiografie e non delle biografie e per questo le notizie storiche e gli episodi che riportano vanno valutati con estrema cautela e contestualizzati anche in riferimento ai fini di propaganda o di insegnamento del Dharma. Questi testi però non danno notizie di un suo ruolo nella corte o nell'amministrazione imperiale cinese.

L'altra fonte sono alcune cronache ufficiali cinesi che parlano di un principe partico ostaggio e dei suoi discendenti, che rivestirono ruoli anche importanti nell'amministrazione imperiale del V - VII secolo, ma non fanno alcun cenno al suo appartenere al Buddhismo o alle sue opere di traduzione di testi di Dharma.

I due tipi di fonti sembrerebbero riferirsi a due differenti personaggi, se non fosse impossibile che contemporaneamente due principi partici di nome An Shigao fossero vissuti nella Cina della seconda metà del II secolo. Si tratta quindi della stessa persona, ma le fonti si occupano esclusivamente degli aspetti di loro competenza, trascurando gli altri oppure tali documenti furono redatti per precisi scopi che cercheremo di analizzare e valutare.

1. Il nome

Se fossimo in un racconto giallo o in un'inchiesta poliziesca, il primo mistero sarebbe il suo nome partico perché nessuna fonte lo riporta; quindi ci dobbiamo accontentare del nome cinese con cui è conosciuto.

Probabilmente il suo nome proprio è stato dimenticato anche perché la lingua partica (ne abbiamo esempi nei complicati nomi di sovrani e città che ci sono stati tramandati) era di difficilissima fonetizzazione nel cinese medievale, quindi è comprensibile che gli siano stati attribuiti altri nomi, da cui è impossibile risalire all'originale partico. Ancor oggi i Cinesi che vivono in Italia assumono un nome italiano che di solito ricorda foneticamente il proprio.

1.1 Il cognome An

I testi cinesi lo ricordano solo col nome – cinese – di **An Shigao** 安世高. Vecchie trascrizioni in lingue occidentali riportano anche An Shih-kao e Ngan Che-kao; in giapponese è detto An Seikō.

In Cina è millenaria abitudine che prima si scriva il cognome e poi il nome proprio.

Come era tradizione all'epoca, agli stranieri veniva dato **un cognome cinese che, nella prima sillaba, riprendeva quello del loro Paese di origine**; infatti il cognome **An è l'abbreviazione di Anxi** 安息 che nel cinese medievale stava ad indicare **la Partia, o**

meglio la dinastia Arsacide che la governava; la Partia era anche indicata con i caratteri 安息國 Anxi guo (stato/nazione di Anxi)[1].

Il nome del fondatore della dinastia, **Arsace**, è una grecizzazione/latinizzazione, perché in partico o persiano presumibilmente doveva essere: **Arsak**, che foneticamente è più vicino al vocabolo cinese.

Alcuni studiosi, come Watson[2], hanno ipotizzato, con minore probabilità, che tale nome derivi dalla città partica di Antiochia in Margiana (in greco: Αντιόχεια της Μαργιανής) nell'attuale Turkmenistan, che prese il nome dal re Antioco I della dinastia Seleucide (che si impossessò della parte orientale dell'impero di Alessandro Magno dopo la sua morte) che era l'antichissima città-oasi di Merv (in arabo *Marw*; in cinese, *Mulu* 木鹿), sulla Via della Seta, vedi cartina nel capitolo 2.1, all'estremità orientale dell'Impero partico.

Per un'analisi delle problematiche di traslitterazione rimandiamo al testo di Utz[3].

Il nome Arsace, secondo lo storico greco Strabone (circa 63 a.C. - 24 d.C.) [libro XV I.36], era considerato così importante da essere sempre aggiunto al nome proprio da ogni sovrano partico, caratteristica confermata dalle iscrizioni sulle monete. Vedi un esempio nella figura a p. 130.

An 安 letteralmente significa: pace, tranquillità, ma qui ha solo valore fonetico.

Tale cognome, nei secoli successivi non fu più solo appannaggio dei Parti, ma dopo la caduta della dinastia Arsacide, fu attribuito anche ad altre etnie, come la Sogdiana, vedi capitolo 11.3.

1.2 Il nome Shigao come *zi*

Il nome Shigao **viene definito nelle fonti cinesi come uno *zi*** 字 **che può avere vari significati.**

Ipotesi A: *zi* di solito indica il nome letterario, ma non ha senso nel caso di questa figura che non è un letterato cinese.

Ipotesi B: se An Shigao fosse stato un ostaggio e un laico, che era diventato membro dell'apparato burocratico cinese, non era insolito che gli venisse attribuito uno *zi* come appellativo onorifico.

Ipotesi C: se An Shigao era un monaco, Shigao sarebbe stato il nome assunto con l'ordinazione. Il carattere *Shi* significa *mondo* e *Gao* vuol dire *alto*, quindi *"colui che è eminente nel mondo"*.
Bagchi[4] ipotizza possa essere la traduzione in cinese del nome sanscrito *Lokottama*.

Anche se nel *Gaoseng zhuan, Le biografie dei monaci,* di cui parleremo nei successivi capitoli, sono citati monaci il cui nome religioso è indicato come *zi*, questo non dà indicazioni probanti riguardo allo *status* di An Shigao perché il testo risale all'epoca Tang e non si sa quale fosse l'uso durante l'era Han[5].

È stato anche ipotizzato che i primi buddhisti cinesi potessero non avere chiaro il concetto di nome monastico ed aver interpretato Shigao come *zi*; particolare è anche il fatto che sia una possibile traduzione in cinese e non, come solitamente avvenne in tempi successivi, una trascrizione fonetica dal sanscrito.

Il suo discepolo Yan Fotiao usa solo Shigao per citare il maestro, ma non ci pare un dato probante perché poteva comunque essere una forma di rispetto usare lo *zi* anche se non era un nome monastico. Vedi capitolo 16.3.

1.3 Il nome personale

Il nome è riportato in fonti sia storiche sia buddhiste.

Ricordiamo che la storiografia cinese molto spesso cita le precedenti fonti, ma senza verificarle; così è opportuno basarsi sui testi più antichi che ci sono pervenuti.

Nella prefazione scritta da Kang Senghui al commentario del *Sūtra sulla consapevolezza della respirazione* (*An ban shou yi jing* 安般守意經, T15 – 602 che analizziamo nel capitolo 14.2) che risale circa alla metà del III secolo si trova la frase: 安清字世高 cioè «An **Qing**, il cui *zi* era Shigao».

Nel *Chu san zang ji ji* 出三藏記集, nel Canone cinese al volume 55 n° 2145, sottonumerazione 13, solitamente abbreviato: T55 – 2145 - 13, il titolo all'incirca significa: *Raccolta di documenti riguar-*

danti il Canone buddhista cinese, testo che risale al 510-15, è ripetuto come sopra.

Negli *Annali della dinastia Shu, Sui Shu* 隋書 (vol. 35, 21b), che furono completati nel 636, viene detto che «il suo nome cinese fu Qing 清» (il carattere significa: puro, pulito, chiaro, limpido e simili).

1.4 Il suo nome citato come: An Gao

In alcune fonti, come il *Yuanhe xingzuan* 元和姓纂, *Compendio dei cognomi dell'era Yuanhe*; compilato da Lin Bao nell'anno 812, e poi ripetuto in elenchi successivi, viene detto che, secondo il *Lushan ji* 廬山記, di Huiyuan (monaco buddhista cinese, precursore delle scuole della Terra Pura, che si stabilì sul Monte Lu, 334-416) – testo purtroppo perduto e che trattava dei fatti miracolosi avvenuti sul Monte Lu, sacro per i Daoisti e poi per i Buddhisti – **An Gao** era figlio del re di Anxi che andò alla corte (cinese) come *ru shi* 入侍 che significa *persona al servizio/seguito,* quindi ostaggio. Approfondiremo tale definizione nel capitolo 12.

An Gao 安高 è chiaramente An *Shi*gao **e il carattere *shi* 世 fu omesso**[6] perché l'imperatore Gaozong (che regnò dal 649 al 683) emise un editto sulla normativa dei caratteri proibiti (*bihui* 避諱) ordinando di non usare *shi* 世 perché presente in nel nome proprio di suo padre Li *Shi*min (che prese il nome dinastico di Taizong e regnò dal 599 al 649). In seguito a ciò, anche il nome del bodhisatttva Guan*shi*yin 觀世音 (Avalokiteśvara) divenne da allora Guanyin 觀音.

1.5 L'appellativo di: *Marchese di An*

Nella prefazione anonima (datata all'inizio III secolo) del *Faju jing* 法句經, la traduzione del testo noto nel Canone pāli come *Dhammapada*, in T4 – 210 - 001, per la prima volta si legge il nome del traduttore come: An-**hou** Shigao 安侯世高 (rigo 0566c02). Tale titolo è riportato anche in testi successivi.

Ipotesi A L'appellativo *hou* 侯, di solito tradotto con il titolo di *marchese*, indicherebbe, secondo Forte[7], che, per la sua origine nobile, gli fu assegnato un preciso ruolo nel sistema dell'aristocrazia cinese. *Hou* era titolo attribuito ai principi ostaggi, indicava il figlio di un re nel periodo Zhou e nell'epoca Han era un titolo solo inferiore a re (*wang* 王) e a principe *gong* 公. Quest'ipotesi presenta però molti problemi che esamineremo nei capitoli 11 e 12.

Ipotesi B Tale appellativo era una forma di rispetto, un modo di riferirsi ad un maestro e/o a un personaggio importante come fu Shigao, ma senza una corrispondenza ufficiale nella burocrazia cinese.

Facendo un paragone, con le debite differenze, ancor oggi ad alcuni famosi cantanti sono stati dati appellativi nobiliari come *duca* (*Duke Ellington* e *Thin White Duke* soprannome di Dawid Bowie) o *principe* (il cantante Prince; *The Fresh Prince of Bel-Air* riferito al rapper e attore americano Will Smith e così via).

NOTE BIBLIOGRAFICHE capitolo 1

1. Hirth F., *China and the Roman Orient: Researches into Their Ancient and Mediaeval Relations as Represented in Old Chinese, Records,* Kelly and Walsh, Shanghai Cina 1885, pp. 137–143.
2. Watson W., *Iran and China,* in Yarshater Ehsan (a cura di),orientali *Cambridge History of Iran,* vol. 3.1, Cambridge University Press, London & New York, 1983, pp. 537–558 (citaz. pp. 541-42)
3. Utz D. A., *Aršak, Parthian Buddhists, and "Iranian" Buddhism,* in: John R. McRae and Jan Nattier, eds., *Buddhism Across Boundaries,* in *Sino-Platonic Papers* 222 (March, 2012), pp. 179-91
4. Bagchi P.B., *Le canon bouddique en Chine: Les traducteurs et les traductions,* I –II, *(Sino-Indica,* nn. I, IV) Paul Geutner, Paris 1927-1938; citato in Zurcher E., *The Buddhist Conquest of China - The Spread and Adaptation of Buddhism in Early Medieval China,* Brill. Leiden Olanda 2007, p. 32
5. Forte A. *The Hostage An Shigao and His Offspring: An Iranian Family in China;*.Istituto. Italiano di Cultura, Scuola di Studi dell'Asia Orientale, Kyoto Giappone 1995, p. 74
6. Op. citata alla nota 5, p. 20
7. Op. citata alla nota 5, pp. 78-80

2. L'impero Partico o Arsacide

2.1 La storia dell'impero partico

An Shigao nacque nell'**Impero partico** (247 a.C. – 224 d.C.) o **Impero arsacide**, che fu una delle maggiori potenze politiche e culturali iraniche.

Arsace (in partico o persiano probabilmente: Aršak) era in origine il capo tribale dei Parni, una popolazione indoeuropea proveniente dall'Asia Centrale che si era stanziata tra i monti Elbruz, il fiume Amu Darya, il mar Caspio e la zona desertica (tra gli attuali Turkmenistan, Kazakistan e Uzbekistan) intorno alla metà del III secolo a.C. Egli continuò l'espansione verso Sud e conquistò nel 247 a.C. una regione nell'attuale Turkmenistan che faceva parte dell'Impero seleucide e si proclamò re, fondando la dinastia che da lui prese il nome.

I sovrani seleucidi di Siria davano scarsa attenzione alle province orientali del loro impero, ciò permise al satrapo Andragora di ribellarsi e separare il territorio situato all'incirca nel nord-est dell'attuale Iran, detto in antico persiano Parthava, poi noto col nome latino di Parthia, dal resto dell'Impero intorno al 245 a.C. Presumibilmente, anche se non tutti gli storici concordano, nel 238 a.C., la Partia fu invasa dai Parni, condotti dal re Arsace I, che deposero Andragora e si impadronirono del territorio.

Sotto Mitridate I della stirpe Arsacide (che regnò dal 171 al 138 a.C. circa) l'Impero partico si espanse conquistando la Media e la Mesopotamia a danni dei Seleucidi. Nel I secolo a.C., dopo che nella battaglia di Carre del 53 a.C. i Parti sconfissero le armate romane guidate da Crasso, l'Impero Arsacide godette del suo massimo splendore: il suo territorio si estendeva dalle rive dell'Eufrate (odierna Turchia sudorientale) e dal Golfo Persico, al Mare Ircanio; dal regno di Armenia, al territorio degli Sciti e alla catena del Caucaso.

All'inizio della nostra era la situazione era all'incirca quella indicata nella cartina alla pagina seguente.

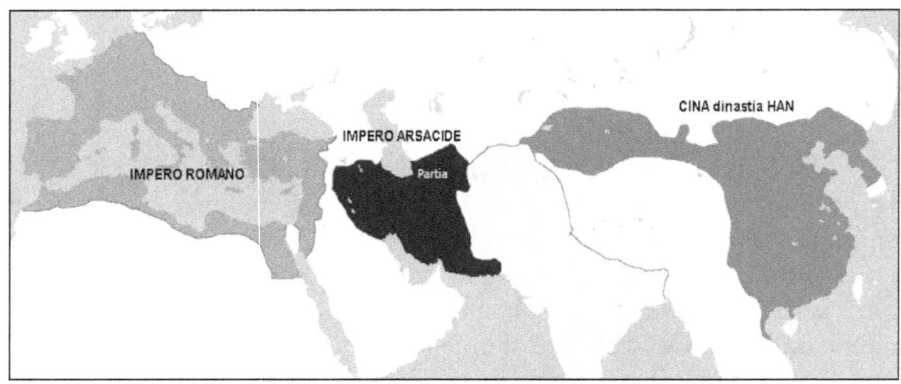

L'Impero, che nel corso dei secoli variò molto i suoi confini, era attraversato dai vari percorsi della, o meglio al plurale delle *Vie della Seta* e sede di importanti commerci, in quanto faceva da tramite tra l'Impero Romano (e il bacino del Mediterraneo) e l'Impero Han della Cina.

Però le lunghe guerre con Roma, con alterne vicende per i due imperi e le lotte con l'Armenia condussero a rivolte, a rivalità tra le stirpi dominanti e a complesse vicende belliche e diplomatiche che portarono alla frammentazione in vari regni; infatti l'**Impero dei Parti era composto da diciotto regni, racconta Plinio il Vecchio** (I secolo d.C.). Gli stati che si trovavano nelle zone di confine, alternavano periodi di sottomissione alla Partia o di protettorato romano – o cinese o dei vari Imperi indiani a seconda della loro collocazione geografica – a periodi di relativa indipendenza, quindi il territorio subiva frequentissime variazioni dei confini.

Dopo alterne vicende nelle guerre tra Roma e la Partia e brevi periodi di pace, Ardashir I, il capo locale iranico di Persis (la regione della Perside, nell'attuale Iran) cominciò a conquistare i territori circostanti togliendoli al dominio arsacide. Nella battaglia del 28 aprile 224, forse presso Esfahan, sconfisse il re arsacide Artabano V e fondò l'Impero Sasanide segnando la fine di quello Partico-arsacide.

L'influenza partica si estendeva sino all'Indo e il regno indoparto, il cui territorio era situato negli odierni Afghanistan e Pakistan, strinse un'alleanza con i Parti nel I secolo a.C.; Bivar[1] sostiene che questi due stati si consideravano pari dal punto di vista politico.

Capitale dell'antica Partia era *Hecatompylos* (che significa in greco: *città delle cento porte*), al centro del territorio originario, ma nella parte orientale dell'Impero (vedi cartina). A Nisa vi erano le tombe reali e forse anch'essa fu per un certo periodo la capitale. Vi furono altre città importanti a protezione dei vari territori dell'impero.

Nella seconda metà del II secolo a.C. i Parti fondarono una nuova capitale, *Ctesifonte*, di fronte alla città di *Seleucia* (che Plinio racconta avesse una popolazione assai numerosa, di circa 600.000 abitanti), sulla riva opposta del fiume Tigri, in Mesopotamia.

Successivamente, il sovrano Volagase I, fondò nelle vicinanze una nuova città chiamata *Vologesocerta*, anch'essa nella parte più occidentale dell'Impero.

Di solito i Parti non seguirono il modello urbanistico greco-romano con città a pianta ortogonale, ma utilizzarono piante a base circolare. Le principali città sono indicate nella cartina sottostante.

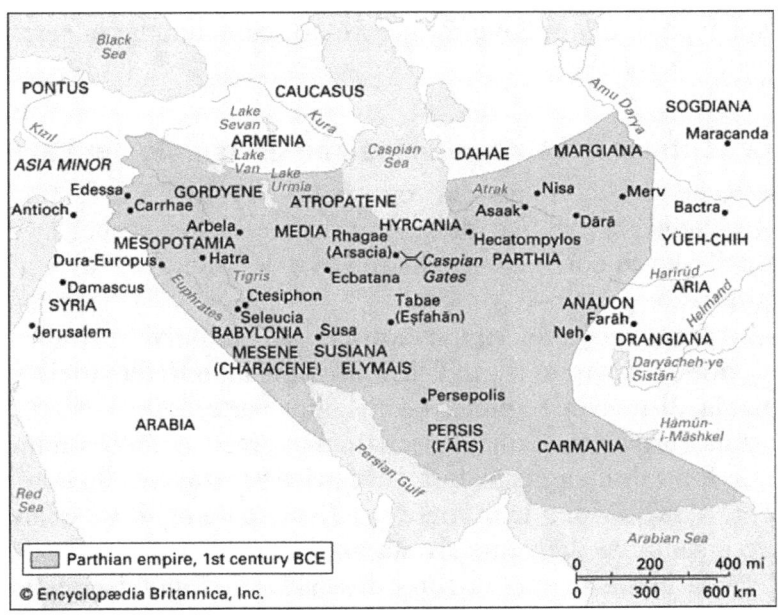

A partire dal I secolo d.c., la nobiltà partica aveva assunto una notevole ingerenza nella proclamazione e deposizione degli imperatori arsacidi: ogni volta che veniva proclamato un nuovo re, la sua nomina doveva essere ratificata dall'aristocrazia che, se per qualche ragione non era d'accordo, poteva detronizzarlo. Tale potere dell'aristocrazia partica fu un fattore destabilizzante per l'Impero, portando a frequenti guerre civili[2]. Inoltre sono noti, soprattuto per la monetazione, molti *usurpatori* che tentarono, di impadronirsi del potere supremo, o almeno di dominare una parte dell'Impero, spesso riuscendoci per brevi periodi e creando così divisioni e conflitti.

Dei grandi clan di nobili elencati all'inizio del regno sasanide (che subentrò all'impero arsacide), solo due sono esplicitamente citati anche nei precedenti documenti partici: il Casato di Suren e il Casato di Karen[3].

Lo storico greco Plutarco (I – II sec. d.C.) narra di Surena, Σουρήνας, (intendendo il membro eminente all'epoca di Crasso della omonima stirpe o della carica ad essa connessa), «secondo appresso il re per ricchezza, nobiltà e reputazione», e rivela che i membri della casata avevano «per antica successione il privilegio» di porre la corona sul capo di ogni nuovo *Re dei Re* arsacide durante la cerimonia dell'incoronazione[4].

2.2 Le fonti storiche e archeologiche sul popolo dei Parti

Anche se la corte partica conservava i registri, i Parti trascurarono lo studio sistematico della proprie vicende storiche; la prima storia dell'Iran fu completata solo alla fine del regno sasanide a metà del VII secolo.

Le fonti indigene riguardanti la storia partica sono molto scarse, minori rispetto a qualsiasi altro periodo della storia plurimillenaria di questa regione. La maggior parte dei resoconti scritti coevi sulla Partia è costituita da iscrizioni in greco, partico e aramaico.

Le fonti di maggior valore per la ricostruzione di una cronologia dei re arsacidi sono **le monete** fatte battere da ogni Re, e tale cronologia è stata recentemente rivista dipendendo da due diverse fonti antiche non combacianti. Vi sono diversi testi di numismatica[5] e le monete partiche sono molto abbondanti e oggi presenti anche nelle vendite on-line.

Le poche fonti scritte indigene comprendono iscrizioni in pietra, pergamene e papiri, oltre a *ostraca* di ceramica che forniscono informazioni per la conoscenza di vari aspetti della civiltà partica: per esempio il commercio del vino nella capitale del primo periodo, la città di Mithradatkert/Nisa in Turkmenistan; la tipologia di amministrazione e di governo; l'organizzazione delle province; il sistema fiscale e i titoli militari in uso all'epoca. La perdita di tali fonti fu dovuta al fatto che non furono più usate tavolette d'argilla (come nel precedente impero achemenide), ma pergamena e papiro, molto più deperibili col passare dei secoli.

Le opere storiche greche e latine, che rappresentano la maggioranza dei materiali riguardanti la storia dei Parti, non sono del tutto attendibili perché scritte dalla prospettiva dei nemici durante le varie guerre; inoltre questi scritti trattano delle vicende politiche e militari, trascurando spesso gli aspetti sociali e culturali.

Gli storici greci Apollodoro di Artemita (II sec. a.C.) e Arriano (II sec. d.C.) scrissero delle opere storiche che si soffermavano particolarmente sulla Partia, ma questi testi sono perduti e sopravvivono solo in frammenti inclusi in successivi scritti.

Le vicende dei Parti possono essere ricostruite, a grandi linee, anche attraverso alcune **opere storiche cinesi**, più neutrali di quelle greche e romane, ma l'abitudine dei cronisti cinesi di copiare da testi precedenti rende difficile stabilire l'ordine cronologico degli avvenimenti. Tra le opere ricordiamo: *Shiji* 史記, *Memorie storiche,* di Sima Tan e suo figlio Sima Qian nel II-I sec. a.C.; *Han shu* 漢書, *Libro [storico] degli Han [anteriori]* iniziato da Ban Biao e completato dal figlio Ban Gu e terminato da sua sorella (!) Ban Zhao nel II secolo d.C.; *Hou Han shu* 後漢書, *Libro degli Han posteriori,* di Fan Ye nel V secolo. Esse forniscono informazioni sulle migrazioni nomadi che condussero alle prime invasioni della Partia e sulle dimensioni e l'ubicazione del territorio dei Parti all'epoca, sui tipi di colture agricole e sulla produzione del vino, sui commerci e sugli scambi diplomatici come l'invio di doni esotici alla corte Han.

Nello *Shiji* è detto che i Parti scrivevano orizzontalmente su strisce di cuoio, cioè su pergamene[6].

L'*Hou Han shu* è composto da 120 volumi che comprendono: annali dei vari imperatori, biografie di eminenti personaggi e di personalità raggruppate per categorie (eunuchi, confuciani, scrittori ecc.), trattati di geografia su varie regioni e Stati e poi calendari, rituali, etichetta, astronomia e altro ancora. Il *Xiyu zhuan* 西域傳, *Trattato sulle Regioni occidentali* **che ne è il capitolo 88**, riporta la descrizione di alcuni Stati dell'Asia centrale tra cui Anxi, tradotto in inglese da Hirt[7] e da Yu[8] dai quali collazioniamo la seguente citazione.

> [paragrafo 10] Il paese di Anxi [Partia] la sua capitale è la città di Hedu 和檳 [Hecatompylos, dal greco, significa città *dalle cento porte*, identificazione proposta da Hirth pp. 141 e 143], distante 25.000 *li* [misura di lunghezza che variò molto nel tempo, da circa 80 m a oltre 500, generalmente circa 415 metri] da Luoyang [all'epoca la capitale dell'Impero cinese]. Nel nord il confine è Kangju 康居 [Sogdiana, vedi capitolo 5.3] e a sud Wuyishanli 烏弋]山離 [probabilmente la Siria]. La dimensione (in superficie) del Paese è diverse migliaia di *li*. Ci sono diverse centinaia di piccole città con un vasto numero di abitanti e soldati. Sulla sua frontiera orientale è la città di Mulu 木鹿 [la città-oasi di Merv o Antiochia di Margiana], che si chiama Piccola Anxi [Partia Minore] che dista 20.000 *li* da Luoyang.
> Nel primo anno * dell'era Zhanghe 章和 dell'imperatore Zhan (章, 87d.C.), [Anxi] mandò un inviato che presentò in doni leoni e *fuba* 符拔 [una razza di antilopi, animali realmente esistenti]. La forma dei *fuba* ricorda un *lin* 麟 [unicorno, animale mitico!], ma non ha corna.
> Nel nono anno dell'era Yongyuan 永元 dell'imperatore He (和, 97 d.C.), il Protettore Generale, Ban Chao, inviò Gan Ying 甘英 come inviato a Da Qin 大秦. [Impero romano], arrivò a Tiaozhi 條支 [probabile trascrizione di (An)thiochi(a), la città di Antiochia capitale del regno di Siria], che si affaccia sul Grande Mare.

Quando stava per prendere un passaggio per attraversare il mare, i marinai della frontiera occidentale di Anxi dissero a [Gan] Ying: "Il mare è vasto. Con venti favorevoli è ancora possibile per i viaggiatori attraversarlo in tre mesi. Ma se si incontrano venti sfavorevoli, può durare anche due anni. È per questo motivo che chi va per mare prende sempre a bordo provviste per tre anni. C'è qualcosa nel mare, che porta agli uomini nostalgia (della patria) e molti hanno lì in tal modo perso la vita."

Quando udì ciò, [Gan] Ying rinunciò (al viaggio per mare).

Nel tredicesimo anno anno (di quell'era), il re di Anxi Manqu 滿屈 **, ancora una volta offrì in dono leoni e struzzi da Tiaozhi, [che la gente] a quel tempo chiamava "uccelli di Anxi".

---

* Nel *Hedi Ji* contenuto nell'*Hou Hanshu* (cap. IV) l'episodio è riferito al *secondo* anno dell'era Zhanghe 章和 (88 d.C.) e al regno di Anxi. Secondo il *Zhangdi Ji* dell'*Hou Hanshu* (cap. III), nel primo anno dell'era Zhanghe: «lo stato di *Yue-zhi* 月氏 inviò un ambasciatore per fare dono di leoni e fuba 扶拔»; versione che sembra essere la più corretta, quindi nel primo anno l'ambasceria recò doni da Yuezhi e nel secondo – se ci fu un'altra ambasceria – da Anxi.

** Manqu 滿屈 : l'imperatore della Partia in quell'anno era Pacoro II (78–115 o 116), ma tale traslitterazione è molto problematica. Yu Taishan riporta una comunicazione di Thomas K. Mallon-McCorgray che ipotizza Manqu come traslitterazione di Manchihr [o Manuchihr] I, un sovrano della Persia, regno che era nominalmente, ma non realmente, vassallo della Partia, durante la prima metà del II secolo. Il nome sulle sue monete è: *m n ch t r* che ha foneticamente più senso.

Per approfondire, vedi la bibliografia sulla Partia[9].

NOTE BIBLIOGRAFICHE capitolo 2

1. Bivar A., *The Political History of Iran Under the Arsacids*, in Yarshater Ehsan (a cura di), *Cambridge History of Iran, The Seleucid, Parthian and Sasanian Periods*, vol. 3 part 1, Cambridge University Press, London - New York 1983, p. 41
2. Brosius M., *The Persians: An Introduction*, Routledge, London & New York 2006, pp. 99-118
3. Lukonin V.G., *Political, Social and Administrative Institutions: Taxes and Trade*, in Yarshater Ehsan (a cura di), *Cambridge History of Iran*, vol. 3.2, Cambridge University Press, London & New York, 1983, pp. 681–746
4. Plutarco, *Vite paralelle (Βίοι Παράλληλοι), vol. III (Vita di) Crasso*, Le Monnier, Firenze 1861, p. 396
5. Sayles W.G., *Ancient Coin Collecting VI: Non-Classical Culture vol. VI*, Krause Publications, Iola Wi USA 1999, pp. 46-62
6. Tao Wang, *Parthia in China: a Re-examination of the Historical Records*, in: Curtis V. S.; Stewart S. (a cura di), *The Age of the Parthians: The Ideas of Iran*, vol. 2, London & New York, I.B. Tauris & Co Ltd., in association with the London Middle East Institute at SOAS and the British Museum, 2007, pp. 87–104
7. Hirth F., *China and the Roman Orient: Researches into Their Ancient and Mediaeval Relations as Represented in Old Chinese, Records,* Kelly and Walsh, Shanghai Cina1885, pp. 137–143.
8. Yu Taishan, *China and the Ancient Mediterranean World*, in *Sino-Platonic Papers*, n° 242, Philadelphia USA 2013 pp. 1-268 (citazione pp. 63-5)
9. Bivar A. D. H., *The History of Eastern Iran* in *The Cambridge History of Iraq*, 1983, citato alla nota 1
   - Debevoise N. C., *A Political History of Parthia*, University of Chicago Press, Chicago USA 1938, reprint 1970
   - Girshman R. et al., *Persia, the Immortal Kingdom*, New York Graphic Society, Greenwich Connecticut USA 1971
   - Sito web: http://www.cais-soas.com/CAIS/History/ashkanian/parthian.htm e pagine collegate

3. La cultura partica

3.1 I Parti: abili guerrieri a cavallo e infallibili arcieri

I Parti assorbirono numerosi aspetti delle civiltà dei popoli sottomessi, in particolare quelle persiana ed ellenistica, anche se con il passare dei secoli fu la prima a prendere il sopravvento.

I sovrani Arsacidi detenevano il titolo di "Re dei Re" o *šhāh-an-šhāh* (denominazione persiana usata dall'età achemenide sino al secolo scorso) e alcuni di essi rivendicavano una presunta discendenza dall'Impero achemenide, dal quale differivano però per il sistema di governo più decentralizzato perché numerose regioni dell'Impero erano governate da re vassalli invece che da satrapi.

Tutte le fonti antiche mettono in risalto le abilità guerriere dei Parti, che avevano una cavalleria molto efficiente composta da due tipologie: *pesante,* formata da cavalieri chiamati catafratti), protetti da armature e dotati di lance; *leggera* costituita da cavalieri privi di armatura e dotati di archi.

I Parti sconfissero le legioni romane guidate da Crasso nella battaglia di Carre (53 a.C.) anche per l'abilità degli arcieri a cavallo nel colpire il bersaglio anche mentre erano inseguiti dalla cavalleria nemica, scoccando le frecce all'indietro.

3.2 La lingua partica orale e scritta

I Parni molto probabilmente parlavano una lingua iranica orientale, descritta dalle fonti antiche come una via di mezzo tra il medo e lo scito, in contrasto con la lingua iranica nord-occidentale parlata all'epoca in Partia. Dopo aver conquistato la regione, i Parni adottarono il partico come lingua ufficiale di corte, detta anche partica-arsacide che fu una fase della lingua persiana che derivava da quella achemenide. Nell'Impero si parlavano anche: greco, medo-persiano, aramaico, babilonese, sogdiano e altre lingue dei territori multietnici che avrebbero conquistato nei secoli successivi.

La lingua partica era scritta con caratteri di un alfabeto consonantico derivati da quelli aramaici usati dalla cancelleria imperiale degli Achemenidi; era difficile da leggere ed erano quindi molto utilizzati scribi o sacerdoti per redigere i documenti ufficiali o religiosi.

Anche la lingua e i caratteri greci erano usati, in particolare sulle monete e in documenti ufficiali, assieme alla precedente.

I **supporti di scrittura**, come abbiamo detto nel capitolo 2.2, erano la pergamena o, raramente, il papiro.

La **pergamena** era la pelle di ovini o bovini macerata nella calce, quindi raschiata, tesa, seccata e levigata, detta anche *cartapecora*. Prese il nome dalla città di Pergamo, nell'Asia minore, dove, scrive Plinio il Vecchio, sarebbe stata introdotta attorno al II secolo a.C., in sostituzione del papiro che proveniva dall'Egitto, era costoso e all'epoca ne era stata vietata l'esportazione dal faraone Tolomeo V per contrasti con il re di Pergamo Eumene II. Così si iniziò ad utilizzare come supporto per la scrittura la pergamena, che rimase in uso in Occidente sino al XII-XIV secolo, quando gradualmente venne sostituita dalla carta. Però alcuni atti ufficiali di grande importanza continuarono ad essere scritti su pergamena sino al XIX secolo!

Un vantaggio della pergamena era che il testo vergato a inchiostro poteva essere lavato o raschiato e così si poteva riutilizzare il rotolo: sono i cosiddetti *palinsesti*, piuttosto rari e limitati al periodo alto-medievale: Fortunatamente, con le odierne metodiche scientifiche, possono essere letti anche i residui di inchiostro del testo sottostante.

La **letteratura** partica fu trasmessa in forma orale e messa parzialmente per iscritto solo nel successivo periodo della dinastia Sasanide. Vi erano poemi epici, solitamente recitati dal menestrello di corte (*gōsān*) e accompagnati da musica[1].

Vi sono evidenze che gli Arsacidi conoscessero l'antica letteratura greca scritta[2].

Riguardo ad An Shigao, è probabile che un principe avesse conoscenza delle varie lingue parlate nel suo regno e, nel nostro caso anche di quelle della vicina India, con cui l'impero partico aveva stretti rapporti commerciali (Vedi capitolo 5). Che An Shigao abbia imparato o perfezionato il cinese quando soggiornava in Cina, è plausibile, invece è quasi impossibile che lì avesse imparato anche il sanscrito o i prakriti (dialetti) parlati nel centro Asia perché le sue traduzioni rivelano una notevole competenza nelle lingue indiane. Essendo figlio di un sovrano, sappiamo dalla storia partica che i re avevano molte mogli e concubine provenienti da tutti i paesi vicini e lontani; forse la madre poteva provenire dall'India e quindi avergli trasmesso lingua, cultura e forse religione della sua patria.

3.3 L'arte partica

3.3.1 Pittura e scultura

L'arte partica viene suddivisa dagli storici in più fasi legate al periodo storico e alla zona geografica, però costante è quella che gli studiosi dell'arte definiscono: *frontalità partica*, cioè la caratteristica di rappresentare i personaggi di fronte e non di profilo[3].

Pittura e scultura partica univano elementi greci a quelli persiani e i soggetti più frequenti erano le battute di caccia, le investiture dei re e i ritratti di sovrani anche locali. Sono rimaste tracce di bassorilievi sulla roccia, (come era tradizione dei precedenti re della stirpe Achemenide), di affreschi e di graffiti.

L'influenza ellenica si rileva nelle iscrizioni in greco e nelle figure della dea Nike (la vittoria alata) che compare spesso sul *verso* delle monete. Motivi vegetali, geometrici e stilizzati furono usati anche per decorare pareti di stucco e gesso.

A Dura Europos, antica città siriana sulla riva destra dell'Eufrate, si sono conservate pitture dell'ultima età partica, II-III secolo d.C., in vari edifici tra cui la sinagoga – a quel tempo le raffigurazioni umane erano ammesse – che descrivono storie dell'Antico Testamento, ma con le modalità iconiche partiche. I personaggi sono quasi sempre frontali, gli uomini hanno abiti greci oppure partici (pantaloni).

Particolare di affresco da Dura Europos,
elaborazione grafica da immagine in pubblico dominio.

I bassorilievi partici furono scolpiti da artisti locali e sono concentrati nel sud degli antichi Kurdistan (attuale provincia di Kermanshah) ed Elymaidin (sui monti Bakhtiari in Khouzestan), nella parte occidentale dell'odierno Iran. Sono scolpiti con poca profondità e le rappresentazioni sono statiche e frontali; le figure hanno grandi occhi spalancati.

Il rilievo di Xong-e Ashdar è molto importante perché fu il primo realizzato dai Parti. Si trova in Khūzestān, presso Izeh, l'antica città elamita di Ayapir, che ospita anche altre precedenti sculture, realizzato su una roccia isolata. Raffigura, a destra, quattro nobili, principi o cortigiani che indossano la casacca e i tipici larghi pantaloni partici e che, alzando un braccio o unendo le mani, giurano fedeltà o rendono omaggio a un cavaliere identificato come Mitridate (Mehrdad) I, re dei Parti (vedi capitolo 2.1). Il rilievo è la prima rappresentazione di un cavallo con il re di profilo, rarissima iconografia (ad esclusione dei profili dei visi dei sovrani sulle monete).

Una scena simile è stata scolpita a Behistun.

Rilievo di Xong-e Ashdar, fotografia da
http://www.warfare.altervista.org/Ancient/Parthian_relief-Xong-e_Ashdar-lg.htm.

Un altro interessante rilievo calcareo proviene da Palmira (Siria) ed è ora conservato al Museo del Louvre a Parigi. Raffigura il dio della luna Aglibôl, a sinistra, che reca intorno al capo i raggi e un quarto di luna; il dio supremo Baalshamên (Bel), al centro, e il dio del sole Malakbêl, a destra; tutti sono rappresentati come soldati con armatura e spada,

di chiara influenza ellenica. Sono divinità delle popolazioni degli Iturei, che erano un regno che faceva parte dell'impero Partico. Datato alla prima metà del I secolo d.C. Elaborazione grafica da immagine in pubblico dominio

3.3.2 L'architettura

Anche se influenzata da quelle achemenide e greca, soprattutto nella statuaria in marmo, ebbe caratteristiche autoctone. Un elemento caratteristico dell'architettura partica era l'*iwan*, un atrio/ingresso (di palazzi, templi o edifici pubblici) a pianta quadrata, aperto da un solo lato e coperto da un arco o da una volta a botte, che sostituì l'uso ellenistico di colonne per sostenere i tetti. Sebbene l'*iwan* fosse già noto anteriormente al periodo achemenide, i Parti per primi li edificarono su scala monumentale.

I più antichi *iwan* partici sono stati rinvenuti a Seleucia e sono datati al I secolo d.C.; altri sono presenti nei templi di Hatra, Dura Europos e Uruk. Gli *iwan* faranno successivamente parte integrante dell'arte araba.

Iwan *con volta a botte, Hatra, odierno Iraq, circa 50 d.C. Foto di Alamundaros in pubblico dominio.*

3.3.3 Oreficeria ed artigianato

Molti oggetti prodotti durante l'impero partico, sia d'oreficeria che in generale d'artigianato (oggetti in metallo, ceramica ecc.), furono ampiamente influenzati dalle precedenti civiltà iraniche e da quella greco-ellenistica. Di notevole eleganza i molti gioielli in oro scoperti nelle tombe delle principali città dell'Impero partico.

Negli scavi delle tombe reali arsacidi a Nisa, sono stati trovati pregevoli manufatti derivati da modelli ellenistici, ma di fabbricazione locale. Sculture in argilla, capitelli e metope che alternano motivi greci a quelli tipicamente partici o sciti: simboli regali e astrali, il contenitore dell'arco (*gorytos*) e via dicendo.

Citiamo il ritrovamento, nel corso della missione di scavo condotta dalla JuTAKE nel 1948 a Nisa Vecchia, all'interno dell'ambiente XI della *Casa Quadrata*, di 48 *rhyta* (vocabolo greco, al plurale) in avorio. Il *rhyton* (singolare) era un contenitore di liquidi (vino ecc.) da bere o anche da versare durante cerimonie come la libagione. I rhyta, che erano molto comuni già nell'antico impero persiano della dinastia Achemenide, VI - IV sec. a.C., solitamente avevano forma di corno con decorazioni a testa di animale.

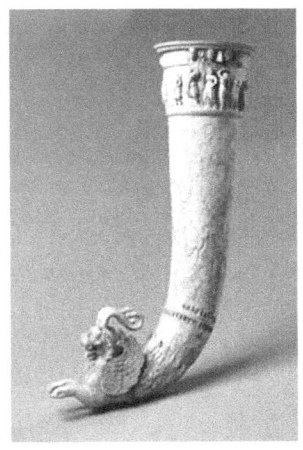

Rhyton *partico, fotografia dal Catalogo della mostra: "Gli splendori di Nisa Partica - Scavi italiani in Turkmenistan, 4 - 29 maggio 2011, Torino - Istituto San Giuseppe"*.

3.4 L'abbigliamento maschile

Le fonti su An Shigao danno pochissime notizie sulla sua vita: altre al fatto che apparteneva alla stirpe imperiale ed era un possibile erede al trono, non sappiamo a che età si era allontanato, per obbligo o scelta, dalla sua patria. Però nulla vieta di immaginarlo come un giovane uomo simile alla splendida statua bronzea che raffigura un nobile partico che si trovava nel santuario di Shami a Elymais (odierno Khūzestān, Iran, lungo il Golfo Persico), e conservata presso il National Museum of Iran a Teheran/Tehrān. Gli studiosi[4] hanno proposto datazioni dell'opera che vanno dal II secolo a.C. al II d.C.

L'uomo raffigurato nella statua indossa casacca con scollo a "V" e legata da una cintura; ampi pantaloni, tipici del suo popolo.

Ha un'acconciatura con capelli di media lunghezza raccolti da un'alta fascia, baffi imponenti ed una corta barba. Profilo con naso aquilino. La statua è alta m 1,94 e purtroppo è mutila della mano sinistra e del braccio destro, che probabilmente impugnavano armi.

Statua partica, elaborazione grafica. fotografia da: https://www.alternatehistory. com/forum/threads/in-the-name-of-rome-or-britannicus-lives.287627/page-2.

In basso, particolare della testa della statua.

Come gioiello indossa una collana, simile a un *torques*, antichissima tradizione delle popolazioni celte, sciite e indiane, di cui abbiamo ampie notizie anche da fonti romane. Potevano essere di sezione circolare oppure piatti. Nel museo Reza Abbasi di Teheran è conservata una collana aurea molto raffinata nella decorazione, risalente al II secolo d.C., immagine a destra.

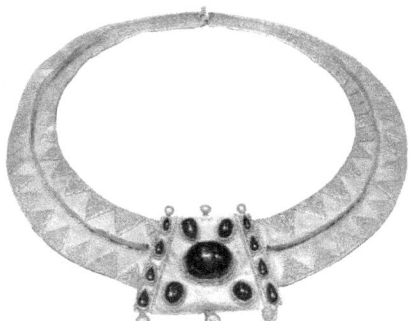

Collana aurea partica, immagine in pubblico dominio.

L'indumento maschile partico più comune erano i pantaloni, fondamentalmente di due fogge: la prima era confezionata con tessuto abbastanza fine che cadeva in pieghe ellittiche e che poteva essere infilato negli stivali.

Il secondo tipo di pantaloni aveva pieghe verticali rigide e larghe che fanno ipotizzare fossero realizzati con un tessuto pesante di cotone, lino o lana[5]. Nessuno dei due tipi di pantaloni compare nei rilievi achemenidi di Persepoli, quindi sembrano essere indumenti di origine partica[6].

Sopra i pantaloni gli uomini, di qualsiasi ceto, indossavano due tipi di indumenti con maniche: una casacca aderente, come nella statua bronzea sopra descritta, adatta per cavalcare e che si trova già in rappresentazioni del periodo achemenide e su monete dei re arsacidi; il secondo tipo è una tunica senza apparente apertura, sciolta e ampia, anch'essa indossata con una cintura; le sue pieghe avrebbero ostacolato i movimenti nel cavalcare, quindi doveva essere usata nella vita quotidiana o in occasioni formali, esempi ne sono i bassorilievi nell'immagine della pagina seguente e nella figura del banchetto funebre nel § 3.6.

Statua di giovane partico, rilievo da Palmira, abbigliato con casacca e pantaloni riccamente decorati probabilmente con ricami, acconciatura con ricci, datato al III secolo d.C. Conservata al Museo del Louvre, immagine in pubblico dominio.

In statue di sovrani ad Hatra e in un rilievo a Bard-e Nešānda si nota un altro indumento: una specie di cappotto o mantello aperto, drappeggiato sulle spalle, che già compare in precedenti rappresentazioni achemenidi.

3.5 Abbigliamento femminile

La posizione delle donne di basso rango nell'impero partico è ignota; non si sa con esattezza neppure di quale influenza politica e indipendenza economica godessero quelle dell'alta nobiltà.

Le spose imperiali pare possedessero beni di vario tipo e che nelle occasioni ufficiali, probabilmente come espressione della loro regalità, portassero una corona.

Le donne indossavano vari gioielli: orecchini, collane, anelli e diademi come mostrano i ritratti delle sepolture a Palmira.

Si sa che i nobili erano accompagnati nelle guerre dalle loro donne, mogli o concubine. Plutarco, nella vita di Crasso, già citato nel capitolo 2.1, racconta che duecento carri trasportavano le donne di Surena durante il conflitto con i Romani.

L'abito più comune delle donne partiche sembra essere stato un lungo indumento intero che cadeva fino alle caviglie con molte pieghe sottili, con una cintura alla vita. Si distingueva dalla tunica maschile sciolta solo per la sua lunghezza.

Il secondo elemento fondamentale dell'abbigliamento femminile era un velo che copriva la parte posteriore della testa, non il viso. Tali veli erano comuni in tutto il Vicino Oriente e anche le antiche greche e romane si coprivano il capo.

Molto rare sono le raffigurazioni in scultura e pittura di donne partiche, anche di alto rango, e si trovano prevalentemente nelle città di Palmira, Dura Europus, Nisa e Hatra e insieme con le immagini di divinità femminili o funerarie sono le uniche che consentono di ipotizzare quale fosse il loro abbigliamento.

La figura di una donna partica di alto rango (simili ne furono scoperte a Palmira, Hatra e Dura Europos) forse una regina o, più probabilmente una divinità, vedi figura a destra, indossa un abito a pieghe sciolte che sembra essere formato da una gonna sino ai piedi e sopra una tunica più corta, un'elaborata acconciatura rialzata (forse una πόλος) con velo e diversi gioielli[7].

Figura a destra dal sito:
www. iranicaonline.org/.

Particolare della pittura murale dalla sinagoga di Dura Europos, II-III secolo d.C., episodio dal libro di Ester. Le donne indossano vestiti lunghi e decorati con orli in colori contrastanti, con morbide pieghe e maniche, stretti da una cintura, un velo sul capo; alcuni abiti ricordano il chitone *greco.*
Immagine in pubblico dominio.

3.6 La cucina e i banchetti

I Parti erano un popolo di guerrieri valorosi e talora sanguinari, ma anche raffinati. A riprova della ricercatezza anche della loro cucina, ben tre ricette riferite ai Parti sono riportate nel famoso testo latino di gastronomia, *De re coquinaria,* che tradizionalmente è attribuito ad Apicio (figura di esperto gastronomo di cui si hanno scarse notizie biografiche, presumibilmente vissuto tra i secoli I a.C e I d.C.) anche se probabilmente fu scritto nel III-IV secolo sulla base di opere precedenti, perdute.

Haedum parthicum, capretto (o agnello) partico.

Mettere il capretto nel forno.

Tritare pepe, ruta, cipolla, santoreggia, prugne di Damasco snocciolate, poco *laser**, vino, salsa di pesce (*garum*)** e olio. Si versa caldo nel piatto. Mangiare con aceto.»[8]

Pullum parthicum, pollo partico.

Aprire il pollo dal codione e prepararlo sul tagliere. Tritare pepe, ligustico, un po' di carvi***; bagnare con salsa di pesce; temperare con vino. Mettere il pollo in un vaso di Cuma e versarvi sopra il condimento. Sciogliere il laser crudo nell'acqua tiepida; mettere tutto insieme sul pollo; cuocere: Poi cospargere di pepe e servire.[9]

Piselli o fave alla partica, (probabilmente il nome deriva dalla presenza del laser partico quale spezia principale).

(Cuocere piselli o fave), dopo schiumati, condire con laser partico tritato, salsa di pesce, vino dolce cotto, olio e vino. Versare sopra un po' d'olio e servire.[10]

---

*   *laser* o *laserpicium,* una famosa spezia (usata anche come farmaco) ricavata da una pianta, probabilmente appartenente al genere *Ferula,* simile ad un finocchio, che cresceva solo in Cirenaica (attuale Libia), il *silfio o silphijm,* che aveva fatto la fortuna commerciale di quell'area fino alla sua estinzione in età imperiale. Tanto importante da essere raffigurata sulle antiche monete di Cirene, vedi figura a destra. Detto anche *laser parthicum*. Compare come ingrediente in cinque ricette del *De re coquinaria*.

**   la salsa di pesce essenziale nella cucina antica romana. Se la ricetta è partica, non è chiaro perché ci sia anche il *garum,* probabilmente è un'aggiunta romana perché era usato in tutte le preparazioni.

*** carvi o cumino, sembra probabilmente un'aggiunta romana perché è pianta mediterranea, forse originaria della Siria e molto usata nelle antiche cucine romana e greca. Non si hanno notizie su cosa si intendesse con *cumana* o vaso di Cuma, ipotizziamo fosse un tipo di teglia.

Ai Romani era noto anche **il *pane partico***: ne parla Plinio (*Naturalis historia* 18, 105 oppure 18, 27,2 a seconda dell'edizione) detto anche *acquaticus* «perché si distende con l'acqua e si fa sottile, vuoto e spugnoso», quindi era in grado di assorbire una maggiore quantità d'acqua rispetto ad altri tipi di pane, simile ai nostri *crakers*[11].

Si sono conservati alcuni rilievi funebri da Palmira che rappresentano un banchetto con le modalità tipiche della Grecia antica a poi di Roma: le donne sedute su una sedia e gli uomini distesi su un *kline*, però non si sa se tale uso fosse circoscritto ad alcune regioni o fosse diffuso in tutto l'Impero.

Rilievo funebre con scena di banchetto di coniugi: Maliku e la moglie Hadira. L'uomo indossa un tipico abbigliamento partico, la veste della donna è di stile greco. Da Palmira, datato al 200-250 d.C. conservato al Louvre. Immagine in pubblico dominio.

NOTE BIBLIOGRAFICHE capitolo 3

1. Brosius M., *The Persians: An Introduction, Routledge,* London & New York 2006, p. 106
2. Boyce M., *Parthian Writings and Literature* in: Yarshater Ehsan (a cura di), *The Cambridge History of Iran. The Seleucid, Parthian and Sasanian Periods,* vol. 3, part 2, Cambridge University Press, Cambridge GB 1983, pp. 1154–1159
3. Schlumberger D., *Parthian Art,* in *Cambridge History of Iran,* vol. 3.2, citato alla nota 2, 1983, p. 1051
4. Mathiesen H. E., *Sculpture in the Parthian Empire,* Aarhus University Press, Aarhus Danimarca 1992, pp. 165-167
5. Kawami T, *Monumental Art of the Parthian Period in Iran,* Acta Iranica 26, 1987
6. Kawami T., *Archaeological Evidence for Textiles in Pre-Islamic Iran,* in *Iranian Studies* 23, 1989, pp. 10-25.
7. H. von Gall, *Architektur und Plastik unter den Parthern,* in. Wiesehöfer J., ed., *Das Partherreich und seine Zeugnisse,* Historia Einzelschriften 122, Stuttgart Germania 1998, pp. 75-94
   - Vedi anche il sito: http://www.iranicaonline.org/
8. Apicius M.G., *Manuale di gastronomia,* BUR Rizzoli, Milano1967, *De re coquinaria,* VIII, 6, 10, pp. 106-7
9. Op. cit. alla nota 8, *De re coquinaria* VII, 9,2, p. 79
10. Op. cit. alla nota 8, *De re coquinaria,* V, 3,7, p. 65
11. Plinius C.S., *Historiae mundi/Della Storia Naturale,* traduzione Domenichi L., vol. I, Tipogr. G.Antonelli, Venezia 1844, p. 1632, traduzione nostra.

Particolare di pittura murale con scena di banchetto, con giocolieri e musici, dalle Tombe C (打虎亭汉墓, Dahuting Han mu, che risalgono alla dinastia degli Han orientali e si trovano a Zhengzhou, provincia Henan. Questo importante sito archeologico fu scavato nel 1960-61 ed è composto da varie camere funerarie con volta ad arco, decorate con pitture murali che mostrano scene di vita quotidiana. Immagine in pubblico dominio

4. Politica e cultura in Cina durante la dinastia Han

4.1 La situazione politica nella seconda metà del II secolo d.C.

La **dinastia Han** 漢朝 (汉朝 in caratteri semplificati), *Han chao*, governò la Cina dal 206 a.C. al 220 d.C. e diede in seguito anche il suo nome alla popolazione etnica cinese per differenziarla dalle numerose altre minoranze presenti nel Paese. La dinastia Han si divide in due periodi: il primo detto "dinastia degli Han anteriori (Qian Han 前漢) o Han occidentali (Xi Han 西漢)" dal 206 a.C. al 9 d.C., che continuò a mantenere la capitale a Chang'an, che, successivamente, con la dinastia Ming, prese il nome di Xian, che mantiene tuttora.

Il secondo periodo è definito "dinastia degli Han posteriori (Houhan 後漢) o Han orientali (Donghan 東漢)", dal 25 d.C. al 220 d.C. con capitale Luoyang, posta più a est rispetto alla precedente. In questo periodo An Shigao visse in Cina.

Ricordiamo che gli Imperatori cinesi, all'atto dell'ascesa al trono assumevano un nome dinastico, differente dal loro personale. Veniva poi anche attribuito loro un nome postumo.

An Shigao, secondo la maggior parte delle fonti, giunse alla capitale cinese Luoyang 洛陽 **nel 148, il secondo anno dell'era Jianhe** 建和 **dell'imperatore Huan** 桓, il cui nome completo era Han Huan di 漢桓帝, cioè *Han* [漢 dinastia Han (orientali)], *Huan* [桓 il nome], *di* [帝, imperatore] e il cui nome personale era Liuzhi 劉志 **che regnò dal mese di agosto 146 al 168.**

Alla morte di Huan, gli successe l'imperatore Ling 靈 (漢靈帝 Han Ling di) **che regnò dal 168 al 189.**

4.1.1 La debolezza del potere imperiale

Nel 146 salì al trono l'imperatore Huan di 14 anni, pronipote del grande imperatore Zhang, e il potere rimase in mano all'imperatrice madre, alla sua famiglia e agli eunuchi loro fedeli.

Vi furono sanguinose lotte, con alterne vicende, tra la famiglia imperiale e la fazione degli eunuchi. Infine questi ultimi – che nel 135 per decreto imperiale avevano avuto il permesso di adottare figli per cui erano diventati una potentissima casta – nel 170 ripresero il potere e si insediarono in tutti i ruoli chiave dell'amministrazione statale.

L'imperatore Huan morì a 36 anni senza eredi maschi così l'imperatrice vedova e gli eunuchi decisero di far salire al trono il giovane Liu Hong, il cui bisnonno era un figlio dell'imperatore Zhang.

Egli regnò dal 168 al 189, col nome di Ling e morì a circa 34 anni. Anch'egli era diventato imperatore ancora ragazzo ed era debole di carattere; venne posto sotto la reggenza della madre e, divenuto adulto, gli vennero affiancati come consiglieri un gruppo di dieci eunuchi. La madre e gli eunuchi detenevano realmente il potere ma si mostrarono incapaci di governare ed estremamente corrotti e avidi di danaro, cosicché vendettero cariche e titoli facendo sì che alcune province, di fatto, diventassero indipendenti e i loro signorotti in continua lotta tra loro. La situazione portò in seguito alla caduta della dinastia[1].

4.1.2 La rivolta dei *turbanti gialli* Huangjin zhi luan 黃巾之亂

Durante il regno dell'imperatore Ling, il popolo soffriva per una serie prolungata di cattivi raccolti, siccità e carestie. Nel 184 d.C. centinaia di migliaia di contadini si ribellarono contro il potere centrale guidati da Zhang Jiao, fondatore della setta religiosa Taiping 太平, Grande Pace, d'influenza taoista. I rivoltosi, *per farsi identificare dal Cielo*, adottarono per divisa e simbolo delle stoffe gialle avvolte attorno alla testa (il carattere 巾 può significare anche cappello, asciugamano, fazzoletto, fascia e simili).

I signori feudali si unirono e, agendo formalmente in nome dell'imperatore Ling, vinsero nel 185, ma la setta di Zhang Jiao continuava ad attirare decine di migliaia di proseliti e ampie zone della Cina rimanevano sotto il loro controllo. Nei decenni 180 e 190 i signori locali condussero numerose campagne, ma circoscritte e tra loro non coordinate. Tra questi, nel 195, Cao Cao – che fu l'ultimo primo ministro della dinastia Han e il cui figlio fonderà la successiva dinastia Wei – ottenne una notevole vittoria su He Man, uno dei principali comandanti dei Turbanti Gialli. Però continuavano a operare estese e organizzate bande di banditi e briganti. Solo nel 205 d.C. Cao Cao riuscì a ottenere la resa dei capi dei rivoltosi,, che si unirono al suo esercito, sedando così completamente tale rivolta[2].

La dinastia Han formalmente cadde nel 220 dopo molti anni di carestia, disastri naturali, caos e ribellioni.

Tre generali che erano stati scelti dall'ultimo imperatore Han, riportarono la pace ma divisero la Cina in tre Regni – questa fu appunto chiamata: epoca dei **Tre Regni** 三国.

A nord Cao Cao 曹操 (155-220) fondò il regno di Wei;

Liu Bei 劉備 (161-223) creò il regno di Shu nel Sichuan;

a sud Sun Quan 孫權 (182-252) fondò il regno di Wu 吳 (o Wu orientale 東吳) con capitale Jianye, sul basso corso del fiume Yangze, che divenne un importante centro culturale e sede di una forte comunità buddhista. Vedi il capitolo 6.4.

4.2 Rapporti tra Cina e Partia

I rapporti commerciali e diplomatici tra i due grandi imperi risalgono almeno al **122 a.C.** quando l'ufficiale e funzionario cinese **Zhang Qian** ricevette l'ordine di guidare un'ambasciata nelle regioni occidentali.

Per la prima volta un cinese penetrò nel regno dei Parti che da lui ebbe nome Anxi.

I racconti di Zhang Qian delle sue esplorazioni in Asia centrale vengono descritti nelle prime cronache Han, le *Memorie Storiche, Shiji*, scritte nel I secolo a.C. da Sima Qian[3].

> Anxi si trova diverse migliaia di *li* a ovest della regione dei Grandi Yuezhi [in Transoxonia o Transoxiana, cioè al di là del fiume Oxus oggi Amu Daria]. Le persone sono regolate sulla terra, coltivando i campi di riso e grano. Fanno anche vino dall'uva. Hanno città murate come la gente di Dayuan [regione della Ferghana], la regione contiene diverse centinaia di città di varie dimensioni. le monete del paese sono in argento e portano (inciso) il volto del re. Quando il re muore, le monete vengono

immediatamente cambiate e le nuove sono emesse con il volto del suo successore. La gente tiene i documenti scrivendo su strisce orizzontali di cuoio. A ovest si trova Tiaozi [Siria] e a nord Yancai e Lixuan [Ircania].

Zhang Qian pose le basi per successive ambascerie che, nel corso di quel secolo, portarono all'apertura di una nuova via commerciale tra Oriente e Occidente, quella che sarà in seguito denominata "Via/vie della Seta" (vedi capitolo 5) che arricchirà enormemente la Cina consentendo ai preziosi manufatti di seta di arrivare sino al Mediterraneo, per la vanità delle matrone e degli imperatori romani.

L'imperatore Wu della dinastia Han anteriore, in base alle relazioni di Zhang Qian, aveva saputo che nel regno di Ferghana, attuale Tagikistan, si allevavano cavalli *inviati dal cielo*, che sudavano sangue (probabilmente a causa di un parassita) e, in confronto ai tozzi cavalli cinesi, erano snelli e molto vigorosi, il galoppo molto veloce e leggero, il collo arcuato, le froge ampie. Desiderando dotare il suo impero di questi cavalli, anche perché il suo esercito ottenesse la superiorità militare, fece condurre diverse spedizioni: le prime furono un fallimento con ingenti perdite umane, però infine nel 106 riuscì ad aprire la via di commercio orientale e a ottenere trenta cavalli[4].

Questi cavalli reali, nel corso del tempo, acquisirono valenze soprannaturali ammantate di resoconti leggendari e mitici e diventarono i **cavalli celesti, tian ma** 天馬, in grado di correre più veloci del vento e/o di volare. Essi erano connessi con le credenze daoiste sull'immortalità perché tali destrieri avrebbero portato l'imperatore in cielo tra i suoi antenati.

Le figure di cavalli, sia statuette in ceramica, in bronzo sia dipinti, sono frequentissime nell'antica Cina, e ci sono anche raffigurazioni di *tian ma* che galoppano sopra una rondine in volo! (Vedi figura nella pagina seguente.)

Cavallo celeste volante, bronzo risalente alla dinastia Han orientale, Museo della provincia di Gansu. Immagine in pubblico dominio.

Abbiamo già citato nel capitolo 2.2 il testo del *Libro degli Han posteriori* che narra delle ambascerie degli anni 87-88 e 101 e del viaggio di Gan Ying del 97, il quale visitò la corte arsacide di Pacoro II a Hecatompylos e arrivò al Golfo Persico, dove però le autorità partiche lo convinsero che un lungo e difficile viaggio via mare lungo la penisola araba fosse l'unico modo per raggiungere Roma. Gan Ying allora rinunciò alla sua missione e ritornò alla corte Han e fornì all'Imperatore He degli Han (88–105 d.C.) un resoconto dettagliato dell'Impero romano basato solo sui racconti che gli avevano trasmesso i Parti.

È abbastanza evidente che l'Impero partico fece di tutto per evitare possibili alleanze tra Roma e Cina che lo avrebbero stretto, a ovest e a est, tra le forti mire espansionistiche dei due Imperi.

Nelle cronache della dinastia Han, la Partia è menzionata come uno stato indipendente dalla Cina; invece altri regni più piccoli, particolarmente quelli tra la Partia e i confini della Cina nell'Asia centrale, spesso furono resi vassalli e dovettero inviare tributi e ostaggi alla corte cinese.

Dalle cronache sembra comunque che le relazioni diplomatiche Partia-Cina fossero buone, salvo alcuni episodi di scontri sui confini, e che la Partia abbia avuto molti riguardi per le rare ambascerie cinesi e abbia anche accettato l'uso di inviare talora dei doni all'Imperatore cinese, pratica che vigeva anche per gli stati fuori dalla sua sfera di influenza ma che volevano mantenere buoni rapporti.

Quando gli inviati/ambasciatori degli Han visitarono [nell'anno 110] per la prima volta il regno di Anxi (Partia), il re di Anxi inviò un gruppo di 20.000 [*sic*] cavalieri per incontrarli sul confine orientale del regno. [...] Quando gli inviati degli Han di nuovo si avviarono per tornare in Cina, il re di Anxi mandò suoi inviati per accompagnarli. [...] L'imperatore fu felice di questo. (*Shiji*)[5]

4.3 Rapporti tra Cina e Impero Romano nel I-II secolo d.C.

I rapporti tra la Cina e l'Impero romano furono, per la grande distanza, piuttosto limitati, per una rassegna vedi la bibliografia[6].

Nel *Libro degli Han posteriori, Hou Han shu*, cui abbiamo accennato nel capitolo 2.2, si attesta che arrivò alla capitale Luoyang nel 166 d.C., quando regnava il già citato imperatore Huan (*r*. 146–168 d.C.), un'ambasceria romana inviata da *Antun* (Antonino?), re di *Da Qin* 大秦 (nome generalmente interpretato come l'Impero Romano), probabilmente l'imperatore Marco Aurelio che aggiunse al suo nome quello del suo predecessore Antonino Pio, per una forma di rispetto.
Oggi però gli studiosi tendono a identificare Antun in un mercante privato di nome Marco Aurelio Antonino, probabilmente originario di Palmira[7].

La cronaca cinese dice che il re di Da Qin desiderava da lungo tempo inviare un'ambasciata in Cina, ma siccome i Parti volevano avere seta cinese per rivenderla loro, bloccarono la via in modo da rendere impossibili le comunicazioni dirette. Infine nel 166 il loro re Antun inviò un ambasciatore che arrivò dalle regioni del Vietnam settentrionale e per la prima volta fu aperta una comunicazione diretta. L'ambasciata fu ricevuta alla corte Han di Huan, ma la sua provenienza fu messa in dubbio a causa dei modesti doni offerti (zanne d'elefante, corni di rinoceronte, gusci di tartaruga) per lo più di origine indiana e africana e si pensò che le notizie sulla potenza di Roma fossero esagerata. Ovviamente la missione potrebbe essere stata realmente inviata dall'impero romano, che però ignorava il sistema di tributi in uso presso la corte cinese. Comunque **pare che le relazioni diplomatiche, probabilmente per l'eccessiva distanza, non abbiano avuto seguito.**[8]

4.4 Cultura, arte e scienze durante la dinastia Han

Durante la dinastia Han, nonostante sia stato un periodo turbolento e sanguinoso a causa di lotte tra fazioni per il potere imperiale, di rivolte e guerre interne, tuttavia si ebbero **grandi progressi intellettuali, letterari, artistici e scientifici**, come il perfezionamento della fabbricazione della **carta** da utilizzare quale supporto per la scrittura e sostituire quasi del tutto, dal III secolo, la seta e le liste di bambù. L'uso della carta, a partire dal dal I secolo d.C., facilitò le traduzioni dei testi indiani e agevolò il diffondersi del Buddhismo. Rimandiamo al testo di Kieschnick per l'analisi del rapporto tra uso della carta, produzione di libri e Buddhismo in Cina a quell'epoca[9].

L'**astronomia** ebbe grande sviluppo: venne spiegata la causa delle eclissi solari e lunari benché la teoria di base fosse geocentrica.

Anche la **medicina** fece progressi: al famoso medico Hua Tuo 华佗 (II secolo d.C.) si attribuisce l'invenzione dell'anestesia realizzata con un decotto a base di *cannabis* (*mafeisan* 麻沸散) e l'abilità negli interventi per la cataratta, metodo appreso dalla medicina indiana āyurvedica. Per approfondire vedi Crosta[10].

In epoca Han furono scritte le prime fondamentali **opere di storia della Cina** e anche le prime *enciclopedie*, un genere letterario tipicamente cinese.

Per la seta vedi capitolo 5.1.

Fu un'epoca di grande sviluppo delle arti, in particolare della **pittura murale** di abitazioni e tombe, queste ultime sono le uniche che ci sono pervenute e sono importanti per la conoscenza della vita quotidiana. Ricordiamo le pitture di due tombe della dinastia Han orientale, nella località di Dahuting, oggi nei pressi di Xinmi nella prefettura di Zheng-zhou, che appartenevano al capo della prefettura Zhang De e a un suo familiare. I dipinti ci fanno conoscere molte abitudini e modalità dell'esistenza come il lavoro nelle cucine, i banchetti, le sfilate di carri, vari tipi di armi e oggetti domestici, e così via.

*Pittura murale di una tomba di Dahuting, due donne con l'*hanfu, *(l'abito che tratteremo nel § 4.6) che portano oggetti domestici. La donna a destra regge con la punta delle dita un vaso che, per leggerezza e trasparenza, potrebbe essere di vetro, forse di importazione romana, perché in Cina il vetro era poco utilizzato e la sua produzione sembra essere iniziata solo nel IV o V secolo d.C.*

4.5 Il cibo e i banchetti

Dalle pitture del banchetto si osserva che in cucina ferve il lavoro dei servi, alcuni pare stiano fabbricando il *tofu*. Il pranzo non è ancora iniziato perché i piatti sono vuoti.

In un testo di epoca Han sono riportate le seguenti vivande che rappresentano un interessante scorcio dei gusti dell'epoca: carni di manzo e di cane ingrassato, zampe d'orso, petto di pantera, maialino lattante, cervo, spalla di agnello. Tra gli uccelli: gufo al forno, anatra selvatica in umido, brodo di passero, arrosto di oca selvatica, pollo, oca delle nevi, gru. Pesci: carpa fresca tritata finemente, persico del lago Donngting e tartaruga (acquatica) stufata o bollita. Come verdure: germogli di bambù e di giunco, rape e porri. Spezie: zenzero, cinnamomo e fagara (pepe del Sichuan, *Zanthoxylum piperitum*). Frutta: litchi (*Litchi chinensis*), pere, nocciole, meloni, arance (*Citrus sinensis* che è appunto originario della Cina), albicocche. Come condimenti: salse di peonia, di prugna, di carne; sale; zucchero di canna;

miele[11]. Nell'elenco non compare il riso perché era probabilmente implicito che ci fosse, allo stesso mondo in cui oggi nei nostri menù non indichiamo il pane.

Per la medicina cinese occorreva che nei pasti fossero presenti i cinque sapori e tutti i possibili modi di cuocere i cibi: sbollentare, lessare, stufare, saltare in padella, friggere, cuocere al vapore, cuocere in forno.

Il banchetto era allietato da giocolieri, acrobati e così via, come si vede al centro della scena nella figura a pagina 40.

4.6 L'abbigliamento in Cina durante il II secolo d.C.

Uomini e donne indossavano pantaloni ampi, chiamati *ku* 褲, legati con una cintura e scarpe con la punta arrotondata. L'abito usato durante la dinastia Han orientale era l'*hanfu* 漢服, cioè: abito Han, in uso da secoli, e simile per uomini e donne. (vedi figura sottostante, elaborata da una pittura da Dahuting.)

Nel tempo e tra le diverse classi sociali variò la lunghezza della gonna, l'ampiezza delle maniche, i gioielli e gli ornamenti, e si differenziò dall'abbigliamento manciù (nel XVII secolo l'antica etnia Jurchi, originaria della Manciuria, regione situata a nord-est della Cina attuale, sconfisse la dinastia Ming e fondò la dinastia Qing che dominò fino al 1912).

Nell'hanfu, i due risvolti erano incrociati al collo, il sinistro sopra il destro perché più facile da avvolgere con la mano destra dato che l'uso della sinistra, come in molti altri popoli e ieri come oggi, era considerato negativamente. Le maniche erano lunghe e ampie.

Si usavano bottoni, ma pochi e nascosti entro l'indumento. Cinture e fasce servivano ad assicurare gli abiti intorno alla vita.

Schema di hanfu.

Sul capo le donne portavano acconciature elaborate, fermate con spilloni (aghi crinali) dei più diversi materiali, detti *ji* 笄, come la dama sotto, raffigurata a Dahuting.

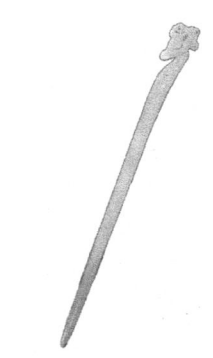

Ji *di giada* (玉笄 yu ji) *di epoca Han.*

Divenuti adulti, né gli uomini né le donne si tagliavano i capelli. Gli uomini li legavano in un ciuffo o crocchia, chiamato *ji* 髻, in cima o dietro il capo. Dovevano anche coprire la testa con copricapi che indicavano il loro rango o professione: *jin* 巾 copricapi di stoffa morbida (turbanti); *mao* 帽 cappelli rigidi e *guan* 冠 copricapi formali. I funzionari e gli accademici avevano cappelli particolari.

I monaci buddisti invece si rasavano i capelli a indicare che erano fuori dai vincoli terreni, invece i monaci taoisti li tenevano lunghi, ma raccolti in una crocchia con spilloni chiamati *zan* 簪 e senza nasconderli con copricapi.

4.7 Oggetti di vita quotidiana

Nelle tombe dell'epoca Han sono stati trovati vari dipinti murali che raffigurano scene di banchetti, di combattimenti, di gare sportive, di cavalcature e carri; oltre a molti oggetti di uso quotidiano come vasi e recipienti finemente decorati in ceramica e in bronzo, specchi, lanterne, manoscritti su strisce di bambù, stoffe di seta e modellini di persone ed edifici che ci permettono di conoscere le abitudini di vita del tempo. Molti oggetti sono conservati al Museo Henan a Zhengzhou 鄭州, nella parte centro-orientale della Cina.

Un'importante lampada in bronzo dorato, che raffigura una serva, risalente al II secolo a.C., fu trovata nella tomba della moglie del principe Liu Sheng della dinastia Han. È dotata di una serranda scorrevole per regolare la direzione e l'intensità della luce. Il fumo viene intrappolato nel corpo della lampada il cui design può essere considerato una notevole innovazione rispetto alle comuni lucerne, ad esempio quelle greche e romane che emettevano molto fumo nell'ambiente. (*Vedi figura a destra, elaborazione grafica.*)

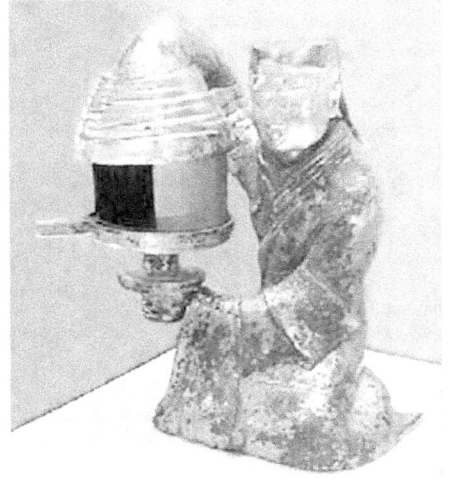

Nelle tombe del periodo Han sono stati trovati modellini in ceramica o terracotta di vari tipi di edifici. Oltre a palazzi e fortezze a tre piani, ci sono anche semplici abitazioni, fattorie, botteghe artigiane e così via. Gli originali erano costruiti in legno perciò non si sono conservati, ma fortunatamente le riproduzioni sono molto dettagliate nei particolari architettonici e decorativi e spesso nelle raffigurazioni di persone all'interno occupate in varie attività.

In un modello in ceramica, trovato in una tomba di epoca Han, di una torre residenziale a più piani (con un corpo di guardia al primo piano, il cortile, un balcone, finestre) si distinguono i *dougong* 斗拱, elementi strutturali a incastro in legno, per sostenere le travi, uno degli elementi più importanti nell'architettura tradizionale cinese, che potevano essere variamente scolpiti o decorati. (V. immagine sotto.)

Elaborazione grafica da immagini in pubblico dominio.

Il modellino del piccolo edificio nell'immagine a destra, invece, rappresenta una casa più modesta, ma con scala e mura che racchiudono un cortile.

Molto interessante è anche il modellino di un mulino per cereali, a destra. Immagine in pubblico dominio.

Nelle tombe Han sono state trovate molti dipinti e modellini del gioco da tavolo per due giocatori chiamato *liubo* 六簙 che significa *sei bastoni,* e anche alcuni resti di tavole e attrezzature. Il gioco era molto popolare durante l'ultima parte del periodo degli Stati Combattenti e per tutta la dinastia Han, quindi circa dal II secolo a.C. al III d.C., ma in seguito fu dimenticato. Le regole esatte del gioco sono ormai perdute, ma sono state dedotte approssimativamente dalle fonti letterarie e dai reperti. Alcuni studiosi ritengono che fosse usato anche come metodo di divinazione.

Due uomini che giocano a liubo, *ceramica della dinastia Han posteriore.*
Foto di Saiko in pubblico dominio.

NOTE BIBLIOGRAFICHE capitolo 4

1. Frankle H.; Trauzettel R., *Storia universale Feltrinelli*, vol 19, Feltrinelli ed., Milano 1969, pp. 120-23
2. Op. citata alla nota 1, pp. 123-27
3. Watson B., *Records of the Grand Historian of China,* Columbia University Press, New York USA 1961; Second edition, 1993 (*Records of the Grand Historian*). Translates roughly 90 out of 130 chapters. *Qin dynasty, Volume 1-2-3; Han dynasty, Volume 1*; *Shiji*, p. 123
4. Op. citata alla nota 1, p. 95
5. Op.citata alla nota 3, *Shiji*, p. 123
6. Yu Taishan, *China and the Ancient Mediterranean World*, in *Sino-Platonic Papers* 242, 2013, pp. 1-268
7. Hirth F., *China and the Roman Orient: Researches into Their Ancient and Mediaeval Relations as Represented in Old Chinese, Records,* Kelly and Walsh, Shanghai Cina 1885, pp. 137–143.
8. Ying-shih Yü, *Han Foreign Relations*, in Denis Twitchett e Michael Loewe (a cura di), *Cambridge History of China: the Ch'in and Han Empires, 221 B.C. – A.D. 220*, vol. 1, Cambridge University Press, Cambridge GB 1986
9. Kieschnick J., *The impact of Buddhism on Chinese Material Culture,* Princeton University Press, Princeton Usa & Oxford GB 2003, pp. 164-185
10. Crosta A., *Medicina e Buddhismo*, Ed. Lulu, Releight USA 2017, pp.108-14
11. Ying-shih Yü (With the Editorial Assistance of Josephine Chiu-Duke and Michael S. Duke), *Chinese History and Culture, Volume 1: Sixth Century B.C.E. to Seventeenth Century*, Columbia University Press, New York USA, 2016, p. 103.

5. La cosiddetta Via della seta: storia e archeologia

Per **Via/Vie della Seta, denominazione creata dal geografo tedesco Ferdinand von Richthofen nel 1877,** s'intende il reticolo, che si sviluppava **per oltre 7.000 km**, variabili a seconda del percorso, costituito da vari itinerari terrestri, marittimi e fluviali lungo i quali nell'antichità si svolgevano i commerci che scambiavano beni tra l'Impero Romano e la Cina: principalmente tessuti di seta e pietre preziose dall'Oriente; oggetti di vetro, argenti e avorio dall'Impero Romano[1].

La conoscenza delle varie rotte della Via della Seta e soprattutto delle città-oasi e dei preziosissimi reperti di edifici, pitture, sculture e testi dell'Asia centrale non erano noti prima delle scoperte effettuate all'inizio del XX secolo da alcuni esploratori/archeologi/avventurieri come sir Aurel Stein, Paul Pelliot, Sven Hedin e altri. All'epoca erano stati esplorati tutti i continenti, ma il centro dell'Asia rimaneva sulle carte geografiche una zona quasi priva di indicazioni, anche perché occupata da montagne altissime e deserti tra i più vasti e difficili dell'intero pianeta, come il Taklamakan[2].

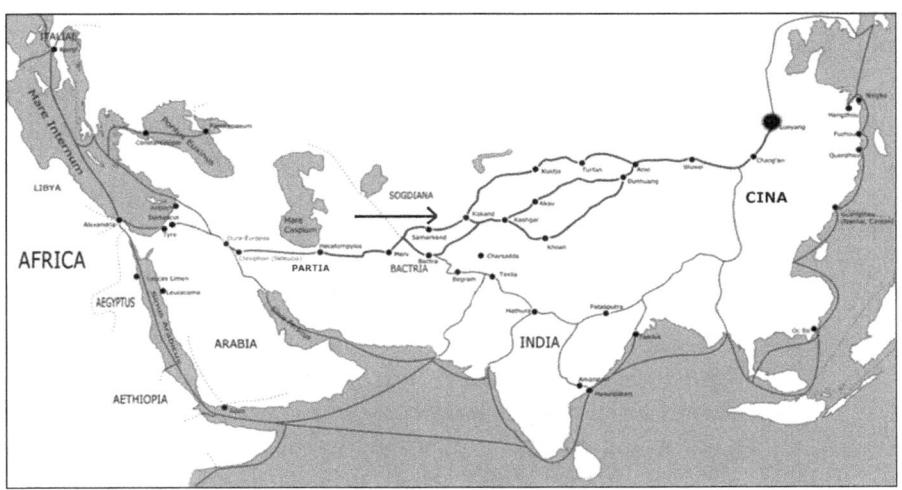

La via marittima partiva dal Nilo, fiancheggiava la costa africana e di lì, sfruttando gli alisei, arrivava in India e poi, circumnavigando la penisola malese, giungeva in Cina allo sbocco del Zhu Jiang 珠江, o Fiume delle Perle, il terzo sistema fluviale per importanza nella Cina, il cui delta si trova tra le attuali città di Hong Kong e Macao, dove sono state trovate monete romane.

Le vie più utilizzate erano però quelle carovaniere terrestri che dalla Cina orientale passavano attraverso l'Asia centrale e toccavano le principali città partiche, i cui commercianti facevano da tramite con l'Europa e Roma. Così l'impero di Partia si arricchiva notevolmente anche perché tassava il percorso euroasiatico delle carovane che trasportavano seta, il bene più costoso importato dai Romani, oltre a perle e ferro provenienti dall'India, cuoio lavorato in Partia e molte altre merci. Invece i Cinesi acquistavano dai Parti spezie, profumi, frutti e vasellame lussuoso di origine romana (ricordiamo lo splendido *Vaso Portland*, un recipiente in vetro con decorazione a cammeo, risalente ai primi anni della nostra era, trovato in una tomba Han).

Anche le piante di pesco e albicocco arrivarono a Roma attraverso le Vie della Seta, ma i romani li conoscevano come *albero armeno* e *albero persiano*, non sapendo che originariamente provenivano dalla Cina. Il melograno invece è originario della Persia.

5.1 La seta

Le stoffe di seta arrivavano ai ricchi Romani che ne ignoravano l'origine e la realizzazione. Al tempo di Augusto, fonti come Strabone, Plinio il Vecchio e Tolomeo consideravano i *Seres*, coloro che producevano la seta, come un popolo molto più a est della Partia e della Battriana, ma poco definito.

Plinio non intende i Cinesi, che non conosceva, ma i popoli indoeuropei dell'Asia Centrale, che descrive alti, biondi e con occhi azzurri. La seta era considerata un derivato vegetale: una *lana delle foreste*.

> *Primi sunt hominum, qui noscantur, Seres, lanicio silvarum nobiles, perfusam aqua depectentes frondium canitiem...*
> I primi uomini che si conoscono sono i Seri, famosi per **la sostanza lanosa delle (loro) foreste**. Dopo un'immersione

nell'acqua, essi pettinano via la peluria bianca dalle foglie...[3]

Anche Virgilio ne dà la stessa origine [traduzione nostra]:
...velleraque ut foliis depectant tenuia Seres...
...di come i Seri cardano con il pettine i sottili fili (di seta) dalle foglie...[4]

Solo nel VI secolo i Bizantini riuscirono ad importare dei bachi e ad allevarli. Abiti e stoffe di seta nell'età imperiale avevano costi esorbitanti, ad esempio un editto di Diocleziano (III sec. d.C.) per calmierare i prezzi, indicava il costo di una veste di seta in 45.000 denari, una libbra (poco più 300 grammi) di seta 12.000, mentre una di lana di ottima qualità solo 300 e un lingotto d'oro dello stesso peso ne valeva 72.000.

Stoffa di seta da Mawangdui, presso la città di Changsha, capoluogo della provincia dello Hunan, risalente al II secolo a.C., ancora vivida nei colori (blu-verde, giallo, rosso) del raffinato disegno. Nel 1971 furono scoperte tre tombe di epoca Han anteriore, con circa tremila splendidi reperti, tra cui anche manoscritti su listelli di bambù o legno. I reperti sono al Museo provinciale Hunan.

5.2 Come si viaggiava. Il viaggio di An Shigao

Resoconti del XIII secolo indicano che occorrevano circa 270 giorni per il percorso carovaniero via terra dal mare d'Azov (parte del Mar Nero chiamato dai Romani *Pontus Euxinus*) sino alle capitali cinesi, con carri trainati da buoi o cavalli, oppure cavalcando asini, muli, cavalli e, nelle zone desertiche, cammelli (il cui nome scientifico è appunto *Camelus bactrianus,* dalla regione centro-asiatica della Battriana); inoltre non mancavano brevi tratti di navigazione fluviale. Ricordiamo che invece il dromedario, *Camelus dromedarius,* con una sola gobba, più veloce ma meno resistente del cammello, vive in Africa settentrionale, Arabia e Asia Minore sino all'India, quindi poteva essere utilizzato nella parte più occidentale delle Vie della Seta.

Si può pensare che l'ipotetico percorso di An Shigao nel II secolo, avesse avuto una durata di parecchi mesi, non sapendo il luogo di partenza, probabilmente una delle capitali partiche, (Ctesifonte, Vologesocerta, Hecatompylos…) e non contando eventuali soste o deviazioni più o meno lunghe.

I posti di tappa sulla Via della Seta distavano da circa 25 km attuali fino a, eccezionalmente, 50.

Il viaggio era difficile e pericoloso, infestato da orde briganti, animali feroci o velenosi, scarsità di acqua e cibo, difficoltà nel trovare ripari notturni nelle stazioni di sosta che, successivamente nel periodo arabo, furono detti caravanserragli, termine derivato dal persiano *kārvānsarāy* che significa: palazzo della carovana.

Il territorio da attraversare comprendeva le vaste zone desertiche, costellate di città-oasi che erano piccoli stati semi-indipendenti. I più vasti deserti centroasiatici sono: Gobi, Karakum, Kyzylkum, Taklimakan (o Taklamakan) e Thar (si trovano anche altre grafie).

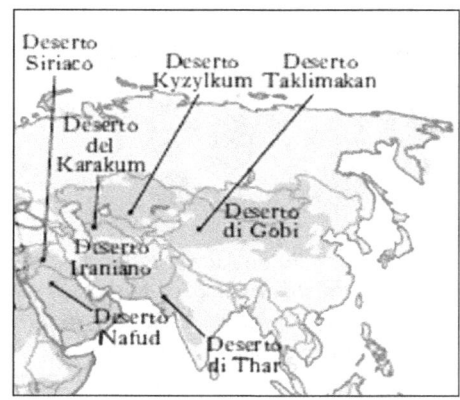

Dai resoconti dei viaggi compiuti in età romana e medievale si evince che nessuno si accingeva a lunghi viaggi da solo, ma era accompagnato, soprattutto se di classe elevata o ricco mercante, da un seguito di servi e/o schiavi e/o familiari, ciò per sicurezza sia delle proprie vite sia delle merci. Anche nei casi in cui i viaggiatori partissero soli, poi provvedevano ad assumere servitori che portassero i bagagli, badassero alle cavalcature e provvedessero al rifornimento di cibo, a montare le tende ecc. Si veda il resoconto dei pellegrini cinesi, del secolo VII, Yijing[5] e Xuanzang[6].

Se An Shigao andò in Cina come rifugiato, il suo rango necessitava di un seguito e di doni per l'imperatore e ricchezze per il suo sostentamento nella nuova destinazione.

Anche nell'ipotesi che An Shigao fosse diventato monaco e in tale veste si fosse recato in Cina, è noto che i *bhikṣu* buddhisti viaggiavano in gruppi, pur se talora formati da un numero ristretto di persone, sempre per i motivi di sicurezza e mutuo aiuto di cui sopra.

Cammelliere centro-asiatico e cammello carico, statuette di terracotta trovate in una tomba cinese di epoca Tang, foto da: http://erenow.com/books/Chinainworldhistory/6.html.

5.3 La regione della Sogdiana

5.3.1 Breve storia della Sogdiana

Accenniamo a questo Stato e alla sua popolazione per la sua importanza nei commerci sulla Via della Seta e perché nel capitolo 11 prenderemo in considerazione alcuni personaggi sogdiani in un confronto con la/le famiglia/e che si proclamavano discendenti da An Shigao.

Le frontiere della Sogdiana sono poco note, anche perché le popolazioni erano in continuo contatto con i nomadi delle steppe e il fatto di essere un piccolo stato posto tra grandi imperi (Partia poi Persia, Cina e altri stati) e la sua posizione geografica al centro dell'Asia favorì invasioni e alternanza di periodi di semi-indipendenza a altri di assoggettamento a potenze vicine.

Era collocata all'incirca tra gli attuali Uzbekistan, Tagikistan e Kazakistan. Frontiere naturali erano: a Nord il fiume Syr Darya (Jaxartes) e il deserto del Kyzylkum; a Sud il fiume Amu Darya (Oxus); a Ovest la Sogdiana aveva confine sul medio corso dell'Amu Darya, ma la sua zona centrale, la bassa valle paludosa del Zarafshan, era ancora scarsamente popolata; a Sud-Est arrivava sino all'altopiano del Pamir.

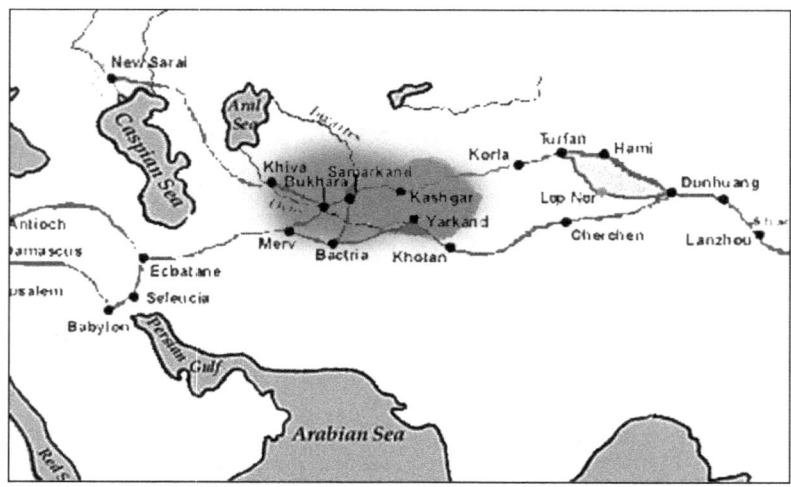

Ipotetica estensione della Sogdiana nel V secolo.

Dove non era presente una demarcazione netta, i confini assumevano una connotazione di tipo culturale, definita dalla presenza di altre civiltà limitrofe. Le regione della Sogdiana, con insediamenti attivi sin dall'età del bronzo, fu conquistata da Ciro il Grande della dinastia degli Achemenidi, fu probabilmente governata, dal VII al IV secolo a.C. da una satrapia assieme alla regione della Battriana, a sud. La popolazione visse da nomade durante l'età di Alessandro Magno e quella ellenistica, quando fu fondato il regno greco-battriano che comprendeva anche il territorio sogdiano.

Gli unici conflitti di una certa entità avvennero con i Parti Arsacidi a Occidente e con gli Han posteriori a Oriente, nella regione del Bacino del Tarim verso il 90 d.C. Quest'ultimo conflitto si risolse rapidamente e senza grosse perdite per entrambe le parti con la vittoria degli Han. L'inimicizia con gli Arsacidi si trascinò invece per diversi anni. Dopo alterne vicende, la Sogdiana divenne uno stato-cuscinetto legato all'impero dei Kuṣāṇa (25 a.C.), durante il quale si diffuse il Buddhismo. In quel periodo ebbe una fase di grande sviluppo economico e culturale. I Sasanidi (224-642) la occuparono intorno al 260, ma per poco tempo.

Nel corso della seconda metà del IV secolo la Sogdiana e le regioni adiacenti furono invase da una popolazione di origine ignota, nota con il nome di Kidariti o Chioniti, una variante di Hun e Hyona, cioè Unni, nomi che designavano più che una civiltà specifica, un insieme di popoli nomadi e la cui economia si basava sulla pastorizia.

Una successiva invasione della popolazione iranizzata degli Eftaliti scalzò i Kidariti e riuscì a creare un vasto dominio che si estendeva dai confini con la Persia al Bacino del Tarim. Sembra che la Sogdiana venisse inclusa nel loro impero nel 509.

Il dominio eftalita fu però di breve durata; infatti nel 556, in seguito all'alleanza vittoriosa di Cosroe I (531-579) della dinastia Sasanide con i Turchi, il loro impero venne diviso: ai Sasanidi la Battriana, ai Turchi il possesso del Bacino del Tarim e della Transoxiana.

Nel secolo successivo entrarono nel conflitto i Cinesi con i primi due esponenti della dinastia Tang, gli imperatori Taizong (626-649) e Gaozong (650-683). Il primo sconfisse il regno dei Turchi orientali penetrando anche nel Bacino del Tarim senza però accettare la richiesta dei Sogdiani di porsi sotto la protezione cinese. In seguito, durante il regno di Gaozong, la Sogdiana venne annessa all'Impero in qualità di protettorato, ma la grande distanza dalla Cina rendeva la sottomissione solo nominale.

Dalla seconda metà del settimo secolo iniziarono le invasioni degli Arabi e la Sogdiana, verso la metà dell'ottavo secolo, era già islamizzata. Nel XII secolo fu invasa dai Mongoli. Nel 1370 Tamerlano, condottiero mongolo-turco, fece ricostruire Samarcanda e la elesse capitale del suo impero, ma ormai non si può più parlare di popolazioni sogdiane. Quindi nel tempo tale popolazione e il suo territorio praticamente scomparvero, assorbite dai popoli limitrofi o invasori[7].

5.3.2 I Sogdiani, le Vie della Seta e la Cina

I Sogdiani dominarono le Vie della Seta dal II al X secolo circa. Furono i principali intermediari commerciali tra la Cina e la Partia; in seguito, dopo la caduta dell'Impero partico e, soprattutto dal III –V secolo quando decaddero anche i principali centri nella Battriana, utilizzarono il percorso della via carovaniera che aveva il fulcro nella loro regione con la principale città di Marakanda o Samarcanda. Altre città sogdiane importanti furono Bukkara, fondata intorno al V secolo[8].

Le fonti cinesi li descrivono come commercianti molto abili e si sa che numerosi Sogdiani, mercanti molto ricchi o forse di alto lignaggio, occuparono nell'Impero cinese posizioni di grande prestigio nell'amministrazione civile e nell'esercito. Tale importanza sociale è attestata dalle numerose tombe rinvenute attorno all'antica capitale Chang'an 長安 (ora Xian, in cui fu rinvenuta la tomba dell'imperatore Shi Huang della precedente dinastia Qin), che dimostrano una presenza sogdiana precedente al periodo Tang (dal VII al X secolo)[9].

Una lettera scritta da mercanti sogdiani e datata 313, trovata, assieme ad altre (di solito indicate come *Ancient Letters*), nelle rovine di una torre di guardia vicino a Dunhuang nella regione cinese del Gansu (all'estremo confine occidentale della Grande Muraglia, attraversata dal Fiume Giallo) nel 1907 da sir Aurel Stein e scritta nell'antica lingua sogdiana, doveva essere inviata ai mercanti di Samarcanda per avvisarli che, dopo che Liu Cong (imperatore del periodo dei Tre Regni) aveva saccheggiato la capitale Luoyang e l'imperatore Jin era fuggito dalla città, lì ormai non vi era alcuna attività utile per i commercianti sogdiani[10]. Durante il V e VI secolo molti Sogdiani risiedettero nel cosiddetto **corridoio di Hexi** 河西走廊 **o del Gansu** – la storica via che attraversava la provincia cinese di Gansu e faceva parte della Via della Seta settentrionale – e mantennero una certa autonomia con un amministratore ufficiale conosciuto col termine di *Sabao* 薩保, sinizzazione di un vocabolo sogdiano arrivato dalla Battriana e originato dal sanscrito *sārthavāha* che significa: capocarovana.

Valerie Hansen[11] afferma che in questo periodo e per tutta la dinastia Tang (618-907 d.C.), i Sogdiani «erano diventati il più influente dei gruppi non cinesi residente in Cina», ponendo basi commerciali su tutto il territorio dell'Impero, sposando donne cinesi, acquistando terreni e abitandovi stabilmente invece di tornare alle loro terre d'origine in Sogdiana.

Un manoscritto da Dunhuang (Pelliot 3319V) riporta l'elenco dei cognomi delle più importanti famiglie sogdiane in Cina che appaiono frequentemente nei manoscritti e registri di quella località[12]. Vedi capitolo 11.3 sul cognome *An*.

L'influenza dei Sogdiani multilingue e sinizzati nel periodo tra IX e XI secolo a Dunhuang è evidente in un gran numero di manoscritti tracciati in caratteri cinesi da sinistra a destra anziché in verticale, rispecchiando la direzione di lettura degli scritti sogdiani.

I Sogdiani parlavano una **lingua iraniana orientale** strettamente legata alla battriana, alla khwarazmiana e alla khotanese. Il sogdiano era ampiamente usato nelle città-oasi di Turfan nella regione del bacino del Tarim nella Cina nord-occidentale (attuale Xinjiang).

I Sogdiani favorirono l'introduzione in Cina sia dello Zoroastrismo, di cui sono rimaste numerose tracce nelle loro sepolture, sia del Buddhismo.

Per arte e abbigliamento sogdiano vedi l'articolo di Yatsenko[13].

NOTE BIBLIOGRAFICHE capitolo 5

1. Xinru Liu, *The Silk Road in World History,* Oxford Univer. Press, Oxford GB 2010
2. Roubaix M., *Taklamakan, la grande caccia al tesoro dell'archeologia,* Exorma, Roma 2010
3. Plinius C. S., *Historiae mundi/Della Storia Naturale,* traduz. Domenichi L., vol. I, Tipogr. G.Antonelli, Venezia 1844, VI 20, 53, pp. 557-58, traduzione nostra
4. Vergilii P. M., *Opera,* S.E.I., Torino 1966, *Georgicon* II, 121, p. 90
5. I-Tsing, [Yijing se traslitterato in pinyin] *A Record of the Buddhist Religion: As Practised in India and the Malay Archipelago (A.D. 671-695),* translated by J. Takakusu, Clarendon press, Oxford GB 1896
6. Beal S., *Si-Yu-Ki: Buddhist Records of the Western World, by Hiuen Tsiang.* 2 vols., translated by Samuel Beal, London GB 1884. Reprint: Oriental Books Reprint Corporation, voll. 1 e 2, Delhi India 1969. Vedi anche:
   - Li R. (translator), *The Great Tang Dynasty Record of the Western Regions,* Numata Center for Buddhist Translation and Research, Berkeley Califor. USA 1995
7. *"Sogdiana"* voce in *Enciclopedia Treccani V appendice,* Roma 1995; e in *Enciclopedia dell'Arte Antica Treccani,* Roma 1997
8. De la Vaissière É., *Sogdian Traders: A History,* in *Handbook Of Oriental Studies-Central Asia,* vol. 10, Brill, Leiden - Boston 2005 pp. 1-408. Vedi anche:
   - Howard M.C., *Transnationalism in Ancient and Medieval Societies, the Role of Cross Border Trade and Travel,* McFarland & Company, 2012, pp. 133–34.
9. Linduff K.M; Wu M. J., *The Construction of Identity: Remaining Sogdian in Eastern Asia in the 6th Century,* Proceeding of the Seventeenth Annual UCLA Indo-European Conference, Los Angeles USA 2005 in *Journal of Indo-Eurepena Studies Monograph Series n° 52,* Washington DC USA 2006, pp. 219-46
10. Sims-Williams N., *The Sogdian Ancient Letter II,* in Schmidt M. G. & Bisang W. (ed.), *Philologica et Linguistica. Historia, Pluralitas, Universitas. Festschrift für Helmut Humbach zum 80. Geburtstag am 4. Dezember 2001* (Trier: Wissenschaftlicher Verlag, 2001), pp. 267-280. Vedi anche:
    - Grenet F.; Sims-Williams N, *The historical context of the Sogdian Ancient Letters,* in *Transition periods in Iranian history, Actes du Symposium de Fribourg-en-Brisgau (22-24 Mai 1985),* E. Peeters, Leuven 1987, pp. 101-122
11. Hansen V., *New Works on the Sogdians, the Most Important Traders on the Silk Road, A.D. 500–1000,* with an Appendix by Y. Yoshida *"Translation of the Contract for the Purchase of a Slave-Girl found at Turfan and Dated 639",* *T'oung Pao,* LXXXIX, 2003, pp. 149–161.
12. Galambos I., *"She" Association Circulars from Dunhuang,* in Richter A., *A History of Chinese Letters and Epistolary Culture,* Brill, Leiden - Boston 2015, pp. 853–77
13. Yatsenko S.A, *Sogdian Costume in Chinese and Sogdian Art of the 6th–8th centuries,* in Malinowski G.; Paroń A.; Szmoniewski B, (a cura di), *Serica – Da Qin. Studies in Archaeology, Philology and History of Sino-Western Relations,* Wydawnictwo GAJT, Wrocław (Polonia) 2012, pp. 101-14

6. Le religioni in Partia.
L'espansione del Buddhismo in India e Cina
sino al II sec. d.C.

6.1 Le religioni in Partia

Nell'Impero partico, in cui convivevano popoli assai diversi, erano diffuse parecchie religioni, ma **la maggioranza seguiva un culto politeista greco-persiano**. Ebrei, cristiani e buddhisti erano una minoranza[1].

I sovrani Arsacidi mantennero la tolleranza achemenide per quanto riguardava le credenze dei non-iraniani; ma verso la fine del loro impero, il proselitismo dei seguaci delle religioni ebraica, buddhista e cristiana, obbligarono lo Zoroastrismo a difendere i propri adepti e ciò contribuì alla rigidità che caratterizzò la successiva dinastia Sasanide che avrebbe adottato lo Zoroastrismo come unica religione ufficiale dell'impero.

Il **sincretismo tra le divinità greche e persiane** sorto già in epoca seleucide, proseguì in età partica. Ad esempio, Zeus fu spesso confuso con Ahura Mazdā, la divinità suprema già venerata nel periodo achemenide; Artemide o Afrodite con Anahita (dea delle acque e in origine la dea mesopotamica Ishtar), che nel periodo arsacide ebbe un ampio culto con la costruzione di numerosi templi; Apollo con Mitra; Hermes con Shamash; Ade con Angra Mainyu e così via. Oltre agli dei e alle dee principali, ogni città e gruppo etnico aveva le proprie divinità caratteristiche. Diffuso era il culto degli antenati. L'arte partica attesta che, come ai re Seleucidi, anche ai sovrani Arsacidi era tributato un culto in tutto il vasto Impero[2]. Le effettive modalità di questo culto, che più che una *divinizzazione* dovrebbe essere intesa come una *somiglianza con gli dei* secondo l'influenza greca, sono controverse tra i vari studiosi[3].

Sembra che fosse assai popolare il culto del dio Mitra, una divinità proto-indo-iranica, che compare negli antichissimi testi indiani dei *Veda* e anche nella religione predicata da Zoroastro è presente come rappresentante di Ahura Mazdā, protettore dei giusti e giudice della anime. Il culto di Mitra, dopo le guerre con Roma, passò ed ebbe grande sviluppo nell'Impero romano.

Nulla si sa della religione del Parni prima che entrassero in Partia, ma sembra probabile che essa fosse essenzialmente l'antico politeismo iraniano, forse già influenzato dal Mazdeismo. In età achemenide e in seguito, i Medi-Persiani veneravano le loro divinità con sacrifici di sangue, secondo l'influenza indo-iranica.

6.1.1 Mazdeismo e Zoroastrismo

Il profeta **Zarathuštra**, originario della Media, di incerta datazione – benché tradizionalmente si disse che Histape (VI secolo a.C.), padre dell'imperatore Dario I (522-486 a.C.), fu suo seguace – riformò il Mazdeismo (dal nome del dio supremo Ahura Mazdā), tanto che tale religione è nota attualmente anche come: Zoroastrismo, dall'ellenizzazione del nome di Zaratuštra.

Tale religione considera due principi opposti: da Ahura Mazdā derivano *Spenta Mainyu*, lo Spirito Benevolo, e il suo opposto, *Angra Mainyu* (o *Ahriman*), lo Spirito Maligno, signore di tenebre, violenza e morte[4].

In età partica è noto che ebbe sviluppo il **culto del fuoco**, che era in auge già nel tardo periodo achemenide; il fuoco sacro che ardeva ad Adur Burzēn-Mihr, forse dal V-IV secolo a.C., fu il primo a godere di ampia fama, meta di pellegrinaggi nel periodo arsacide.

Il primo fuoco regale partico sembra essere quello citato da Isidoro di Charax (Carace, città della Mesopotamia sul Golfo Persico) che visse tra I secolo a.C. e I secolo d.C. e scrisse *Le stazioni dei Parti*, che descrive la via commerciale terrestre che univa Antiochia all'India attraverso le stazioni carovaniere mantenute dall'Impero partico.

> Al di là di Astauene ... e la città di Asaak, in cui Arsakes fu proclamato re, un fuoco eterno è custodito lì.[5]

> (*Le stazioni dei Parti*, 11)

Questo attesterebbe l'uso di edificare un tempio con il fuoco sacro per ogni incoronazione regale partica. Tale uso si diffuse dagli imperatori Arsacidi a loro re-vassalli, forse analogamente all'uso tradizionale che prevedeva che ogni nuovo padrone di casa accendesse il suo focolare[6].

Un altro sviluppo arsacide del culto del tempio del fuoco fu quello relativo alla fondazione di templi a favore dell'anima di alcuni sovrani, secondo la tradizione zoroastriana, attestato da *ostraca* ritrovati nella città di Nisa, la prima capitale degli Arsacidi e luogo delle sepolture reali. Da Nisa proviene il termine più antico conosciuto per un sacerdote custode del fuoco sacro: *twršpt,* signore del fuoco.

Tra i sacerdoti rivestivano un ruolo molto importante i *magi*, di origine meda, che svolgevano un'attività particolare e differente rispetto agli altri religiosi e che detennero un forte potere presso la corte Achemenide e poi Sasanide. Per quella Arsacide le fonti sono scarse. Rappresentavano una comunità isolata legata al Mazdeismo e successivamente allo Zoroastrismo, che venerava il fuoco eseguendo specifici sacrifici e praticava il matrimonio tra consanguinei.

La parola *mago* in medio-persiano è *magupat* e in antico-persiano è *magupati*. Il nome iraniano di *mago* (*mgwsh*) per *sacerdote custode del fuoco sacro* suggerisce la diffusione di una terminologia comune tra gli zoroastriani sin dall'età achemenide.

I magi non usavano l'inumazione dei cadaveri, come avveniva tra i Persiani, ma li esponevano all'aria perché avvoltoi e altri animali se ne cibassero.

In Partia questa usanza funebre era ampiamente praticata anche al di fuori della cerchia dei magi, come attesta Pompeo Trogo, storico romano dell'età di Augusto, di cui rimangono frammenti o riassunti delle sue opere. (Citato da Marco Giuniano Giustino, che visse nell'età degli Antonini, nella sua *Epitome da Pompeo Trogo*, 41.3).

La storiografia moderna dibatte quanto la corte arsacide avesse aderito a questa religione. I seguaci di Zoroastro (come i buddhisti) rifiutavano i sacrifici che prevedevano l'uccisione e il versare il sangue di animali, tipici di alcuni culti ariani e persiani di epoca partica. Nell'antichità comunque era prassi comune, anche in Occidente presso i Romani e i Greci, compiere sacrifici animali.

Tuttavia vi è evidenza che il re partico Vologase I, nel I secolo, favorì la presenza di sacerdoti *magi* zoroastriani a corte e promosse la preservazione la redazione dei loro testi sacri[7], che successivamente (III-IV secolo) formarono l'*Avesta*; però la maggioranza degli studiosi ritiene che questo testo in forma scritta non esistesse ancora in epoca arsacide; probabilmente i suoi contenuti erano trasmessi, almeno inizialmente, per via orale.

A metà del I secolo, Tiridate, fratello di Vologase I e sacerdote zoroastriano, era stato posto sul trono d'Armenia e lui e i suoi discendenti fecero sì che i loro sudditi praticassero lo Zoroastrismo come religione predominante.

Una moneta di Vologase IV (che regnò dal 147 al 191) presenta sul verso una *porta del fuoco*, iconografia potrebbe essere segno di un rafforzamento dello Zoroastrismo che trionfò nella successiva dinastia Sasanide[8].

DeJong[9] ha ipotizzato fosse la religione di famiglia della dinastia, ma fosse popolarmene praticato solo in alcune regioni dell'Impero; le indagini archeologiche non hanno trovato tracce di tale culto durante la dominazione arsacide ad Hatra e Dura Europos; invece, come abbiamo detto prima, in Armenia divenne la religione di stato, anche se probabilmente nei regni dell'Impero di Partia era una forma di culto differente da quello praticato successivamente nell'Impero Sasanide.

Comunque ribadiamo che, sia nella dinastia regnante, sia nella popolazione i culti erano relativi ad un **politeismo sincretico,** ad esempio il dio Mitra era greco-iranico ma anche zoroastriano; gli imperatori sostennero la costruzione di tempi alle divinità greco-iraniche ma anche promossero il culto del fuoco; sulle monete compare spesso l'immagine della dea greca Tyche, Τύχη, Fortuna.

6.1.2 Usanze arsacidi

Le sepolture reali

I sovrani arsacidi adottarono un'altra usanza achemenide: imbalsamare i corpi dei re e deporli in mausolei. Le tombe reali sono a Nisa, secondo il prima citato Isidoro di Charax (*Le Stazioni dei Parti*, 12). Tale pratica forse era anche in osservanza della norma zoroastriana che la terra dovesse essere protetto dalle impurità di un cadavere, anche se non era praticata con l'esposizione dei defunti.

Il calendario

Alcuni *ostraca* di Nisa, iscrizioni e documenti diversi rivelano che anche gli Arsacidi usavano il calendario zoroastriano costituito dagli Achemenidi, probabilmente nel quarto secolo a.c.

I matrimoni

Nelle dinastie iraniche, anche precedenti l'Arsacide, come nell'antico Egitto, era comune il matrimonio tra fratelli e sorelle. Lo Zoroastrismo addirittura prescriveva il matrimonio tra consanguinei, anche di tipo incestuoso, padre e figlia, madre e figlio, fratello e sorella[10].

Un documento greco da Awrōmān (regione montuosa del Kurdistan) dimostra che gli Arsacidi praticavano il matrimonio tra consanguinei (in persiano: *xwēdōdah*), una consuetudine ben attestata anche tra i loro sudditi[11].

Una schiava italica, Musa, consegnata dall'imperatore romano Augusto al sovrano Arsacide Fraate IV divenne regina e, alla morte del marito, quando salì al trono suo figlio Fraate V (che regnò circa dal 2 a.C. al 4 d.C.), lo sposò e regnò con lui finché non furono costretti dall'aristocrazia partica ad andare in esilio. Tale matrimonio tra madre e figlio creò grande scandalo presso i Romani, come attestano le narrazioni degli storici.

Dal punto di vista genetico e per la crescita della stirpe, fu positivo il fatto che i sovrani Arsacidi fossero poligami e molti sovrani fossero figli di donne al di fuori della famiglia o anche di etnia diversa; ciò presumibilmente ridusse l'incidenza della neurofibromatosi, malattia ereditaria di cui alcuni studiosi ipotizzano soffrissero i membri della dinastia partica, ma solo sulla base delle raffigurazioni monetali e delle descrizioni fisiche dei re[12].

6.1.3 La diffusione del Buddhismo nell'Impero di Partia

Vi è scarsa evidenza archeologica per la diffusione del Buddhismo dalle regioni indiane dell'Impero Kuśāṇa ai territori iranici; secondo Emmerick, «su basi archeologiche sembra possibile dedurre che non fiorì mai a ovest della linea congiungente Balch con Qandahar [a Nord e Sud dell'odierno Afghanistan]»[13], implicando che **la diffusione di questa religione fu limitata alle regioni orientali nell'Impero partico.** Tuttavia, le fonti cinesi rivelano che alcuni monaci buddhisti partici rivestirono un ruolo determinante nella diffusione del Dharma in Cina, per primo An Shigao[14].

Hartmann[15] afferma che «i testi Mahāyāna prevalsero lungo la Via della Seta meridionale, mentre le cosiddette scritture Hīnayāna dominarono nei monasteri sulla rotta settentrionale; per quanto riguarda la scuola di affiliazione, sappiamo che la maggior parte delle scritture canoniche può essere assegnata a una sola scuola, cioè la (Mūla-) Sarvāstivāda» che pare fosse la prevalente anche nella zona orientale dell'Impero di Partia.

Secondo Foltz[16] dopo un iniziale periodo di convivenza con la Dharmaguptaka, la scuola Sarvāstivāda si affermò come orientamento predominante in Asia centro-occidentale e sulla Via della Seta, sebbene fosse anche attiva la Mahāsāṃghika.

Comunque la possibile adesione di parecchi esponenti degli Arsacidi allo Zoroastrismo rende la presenza di un principe buddhista – ovviamente possibile – ma problematica per i molti interrogativi che non possono avere risposta per mancanza di fonti.

Si potrebbe anche ipotizzare che, come per la dinastia Kuśāṇa (vedi § 6.3) e le fasi iniziali dello sviluppo del Buddhismo in Cina (vedi § 6.4), vi fossero: sincretismo tra le varie religioni; scarsa conoscenza della filosofia alla base del Dharma; il Buddha fosse considerato una delle varie divinità cui rendere culti insieme alle altre (emblematico l'imperatore cinese che faceva sacrifici contemporaneamente a Laozi e a Buddha). Solo in epoca successiva e in alcune regioni, il Buddhismo diverrà una religione priva di grandi contaminazioni con culti estranei.

6.2 L'espansione del Buddhismo nei primi secoli e l'imperatore Aśoka

Dalla ristretta zona del nord dell'India dove, intorno al V secolo a.C., visse Buddha Śākyamuni, il suo insegnamento gradualmente e lentamente si allargò a buona parte dell'Asia ed ebbe grande impulso sotto l'imperatore **Aśoka della stirpe Maurya, che regnò nel III secolo a.C.**

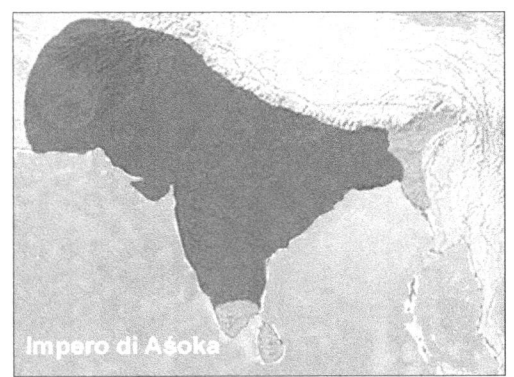

Il suo impero si estendeva su quasi tutto il subcontinente indiano, dalle foci del Gange agli odierni Pakistan e Afghanistan.

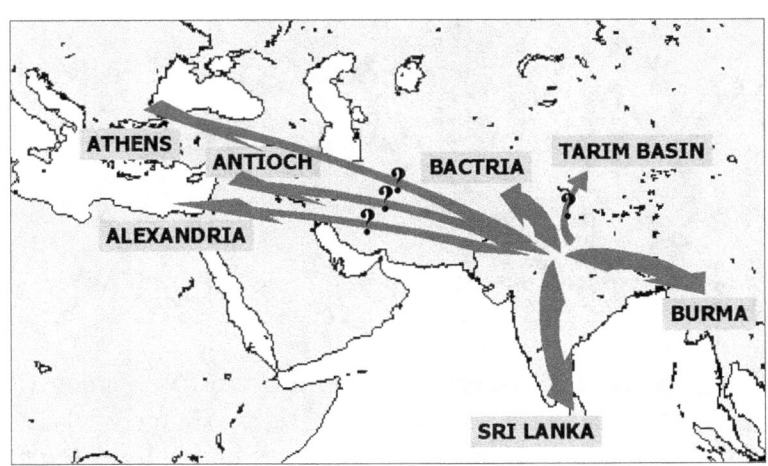

L'espansione del Buddhismo durante il regno di Aśoka.
Immagine di pubblico dominio.

Durante i secolo seguenti. il Buddhismo continuò ad espandesi e a consolidarsi nei territori dell'Asia centro-occidentale.

6.3 L'Impero Kuśāṇa e il concilio del Kashmir

6.3.1 Breve storia dell'Impero Kuśāṇa

Tra il territorio partico e la Cina si estendeva, tra il I secolo e il III d.C. circa, **l'impero Kuśāṇa** traslitterato anche **Kushana o Kusana** che, all'apice della dinastia, controllava un territorio che si estendeva dal mare di Aral, attraverso gli odierni Uzbekistan, Afghanistan e Pakistan, fino all'India Settentrionale. Vedi cartina.

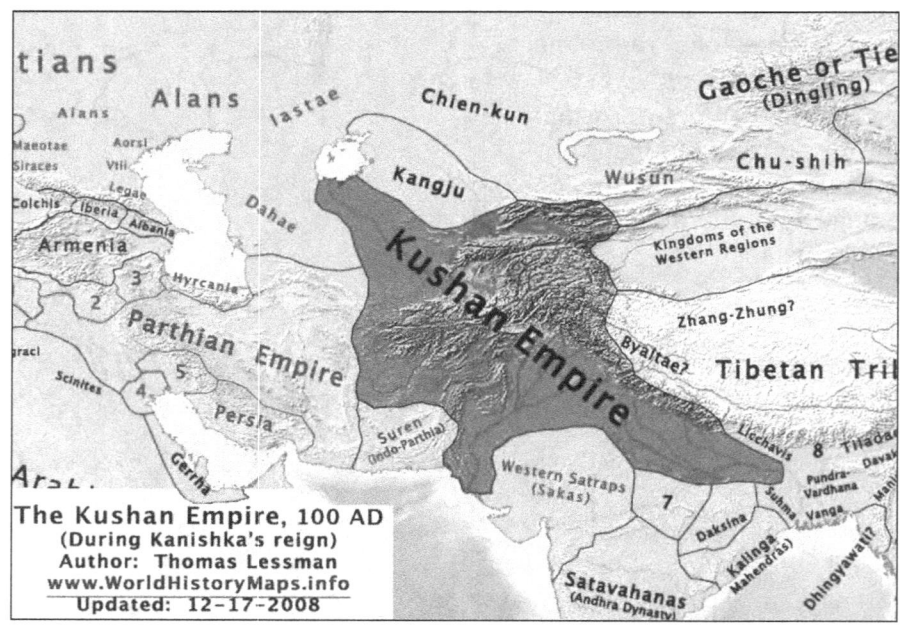

Il nome *Kuśāṇa* deriva dal termine cinese *Guishuang* (貴霜) che definiva una delle cinque tribù degli *Yuezhi* (in cinese 月氏), una grande confederazione di popoli indoeuropei probabilmente parlante una variante del tocario e provenienti dall'attuale Xinjiang in Cina, che già intorno al 135 a.C. avevano conquistato il regno ellenistico della Battriana. In Occidente erano noti come Guishuang/Kuśāṇa, mentre in Cina continuarono a chiamarli Yuezhi. L'Impero usava molte lingue: battriana, gandhari, sogdiano, tocario, greco, scita, sanscrito…

Anche la loro cultura fu influenzata sia dall'ellenismo, sia dalla civiltà indiana. Le religioni praticate nell'Impero furono Buddhismo, Hinduismo, Sciamanesimo e, dal III secolo, Zoroastrismo e Manicheismo.

La grande arte buddhista che si sviluppò nella storica regione di **Gandhara**, che faceva parte dell'Impero Kuśāṇa, fu influenzata sia dall'ellenismo che dalla cultura dell'India.

I Kuśāṇa ebbero contatti diplomatici con l'Impero Romano, l'Impero Partico e la Cina, e furono a lungo al centro degli scambi tra Oriente e Occidente perché collegarono le rotte commerciali marine dell'Oceano Indiano con quelle terrestri della Via della Seta, attraverso la valle dell'Indo[17].

6.3.2 Il concilio

Kaniṣka I, che regnò nel I oppure nel II secolo, le date sono controverse, secondo la tradizione buddhista, ma negata da studiosi come Nattier[18], sarebbe stato il promotore di un **grande concilio buddhista, di solito considerato il quarto, nel Kashmir** (o, in base ad altre fonti, nella città di Jalandhara nel Punjab) che viene considerato come l'inizio ufficiale della corrente Mahāyāna e che sarebbe stato promosso dalla scuola Sarvāstivāda[19]. Nelle leggende buddiste egli viene spesso confuso con suo nipote Kaniṣka II.

Alcuni studiosi[20] negano il fatto stesso che vi sia stato un concilio e ritengono che i testi siano stati tradotti e/o elaborati molto tempo dopo il regno di Kaniṣka.

Il Buddha compare sul verso di alcune monete dell'imperatore Kaniṣka I; una è raffigurata a destra, (immagine in libero dominio); è aurea e reca la scritta in greco BO$\Delta\Delta$O (Boddo cioè Buddha).

La figura è in piedi, con la mano destra nell'*abhayamudrā* o gesto di protezione, i piedi sono raffigurati aperti di profilo, come nello stile kuśāṇo. In altre monete fatte coniare dal sovrano compaiono molte diverse divinità greche e iraniane, quindi il Dharma era un culto importante, ma non quello prevalente nello stato Kuśāṇa.

Questo Concilio – se vi fu – servì ad appianare le divergenze tra le scuole Sarvāstivāda e Theravāda e ad esso tradizionalmente si fa risalire, intorno alla metà del II secolo, la redazione dell'ampio commentario sull'Abhidharma (la filosofia del Buddhismo) in chiave Mahāyāna dal titolo: *Abhidharma mahāvibhāṣā śāstra*; *Trattato della grande esposizione dell'Abhidharma,* conservato nel Canone cinese *Apidamo dapipo shalun* 阿毘達磨大毘婆沙論, T27 – 1545 - 009, un'opera collettiva sotto la direzione dei dotti monaci Vasumitra e, forse, Aśvaghoṣa.

Si dice che nel Concilio ebbero risalto le nuove tendenze che davano molta importanza ai testi del *corpus* della *Prajñāpāramitā* e ad altri sūtra, come quello *del Loto*, e che erano già emerse proba-bilmente all'interno della scuola Sarvāstivāda che all'epoca e in quell'area era la prevalente. Sorse così una nuova corrente che, benché avesse raccolto alcune istanze anche dalle scuole Mahāsaṃghika e Dharmaguptaka, però si proclamava diversa da queste che riconos-cevano la canonicità solo dei testi compresi nei Canoni antichi come quello Pāli. La nuova scuola si autodefinì *Mahāyāna,* cioè *Grande Veicolo,* in contrapposizione alle altre, tra le quali la Theravāda e la Sarvāstivāda.

Secondo gli studiosi fu proprio in questo periodo che la Sarvā-stivāda (che era una delle principali antiche scuole del Buddhismo indiano, conosciuta anche come Vaibhāṣika e detta in cinese *Shuo yiqie you bu* 說一切有部) tradusse il suo *Canone* dal pracrito gandhari al sanscrito, consentendo così a un pubblico molto più am-pio e colto di accedere al Dharma[21].

Ricordiamo che, a partire dagli anni '80 dello scorso secolo, lo studioso giapponese Masatoshi Nagatomi definì le scuole pre-Ma-hāyāna del Buddhismo indiano come: *Buddhismo dei Nikāya,* evitando l'utilizzo del termine *Hīnayāna* o *piccolo veicolo* che poteva risultare offensivo per i Theravāda, l'unica tradizione antica esistente ancor oggi. In questo contesto, *Nikāya* indica le scuole, tradizionalmente in numero di diciotto, che sorsero nei primi secoli dopo l'avvento del Buddha storico e non le suddivisioni del Canone pāli.

Per approfondire il sorgere del Mahāyāna rimandiamo ai testi indicati nella bibliografia[22].

Tempio Baima si a Luoyang, foto di Gisling di pubblico dominio.

6.4 La diffusione del Buddhismo in Cina

6.4.1 La nascita del Buddhismo in Cina

La leggenda racconta che nel 64 d.C. l'imperatore Ming (che regnò dal 57 al 75 d.C.) della dinastia Han posteriore, a causa di un sogno, mandò in India un'ambasceria che ritornò dopo tre anni, nel 67 (le varie fonti divergono sul tale data), insieme a due monaci indiani che portavano sūtra e statuette buddhiste su un cavallo bianco. L'anno successivo i monaci, con l'autorizzazione dell'Imperatore, fecero costruire a Luoyang (al tempo la capitale) il primo monastero buddhista cinese che fu chiamato *Tempio del cavallo bianco*, *Baima si* 白馬 寺, che esiste ancora, ma che non è attestato[23] dalle fonti contemporanee prima del 289. Sulla critica che riguarda la leggenda sull'introduzione del Buddhismo in Cina rimandiamo a Zurcher[24].

Nell'anno 65 si hanno prove della presenza di una comunità di monaci buddhisti stranieri, che erano arrivati in Cina dalle regioni occidentali attraverso la Via della Seta, e di laici cinesi a **Pencheng** 噴成, la capitale del regno di Chu, a sud dell'attuale città di Shandong nella provincia dello Jiangsu, governato dal sovrano Liu Ying, un principe della dinastia Han[25].

Posteriore di oltre un secolo è la più antica descrizione di un monastero buddhista, costruito dal *signore della guerra* Zhai Rong che aveva conquistato Pencheng e le città vicine nel 194/5. Anche se i numeri dei monaci e dei fedeli sono sicuramente esagerati, esisteva comunque una vasta comunità, che Zurcher ritiene presumibilmente formata per la massima parte da monaci cinesi[26].

Una seconda comunità buddhista si era stabilita a **Luoyang** e si presume fosse fiorita contemporaneamente a quella di Pencheng. Le prime attestazioni storiche riguardano la metà del II secolo, quando le fonti buddhiste rilevano un'intensa attività di traduzione dei testi – che presuppone, anche se non menzionata esplicitamente, una comunità di supporto – e le notizie sui traduttori si trovano nei vari cataloghi e nelle biografie dei monaci, opere che tratteremo nel capitolo 7.

Nel testo storico: *Libro degli Han posteriori, Hou Han shu*, 後漢書, sono citati monaci buddhisti (sanscrito *śramaṇa*, vedi *infra*) e seguaci laici (sanscrito *upāsaka*, cinese *youposai* 優婆塞) in editti imperiali; ciò conferma l'ipotesi che a Luoyang vi fosse una comunità buddhista fin dalla seconda metà del I secolo.

Nel *Xijing fu* 西京賦, la descrizione poetica della *capitale dell'Ovest*, scritta da Zhang Heng 張衡 (78-130), scienziato, astronomo e poeta dell'epoca Han, è citato uno *śramaṇa* (*sangmen*).

Non ci sono notizie certe su quanti fossero, dove situati e soprattutto quali regole osservassero i monasteri, *si* 寺, che all'epoca sorgevano a Luoyang.

Vari monaci buddisti già nel I secolo, si erano stabiliti nelle principali città e avevano iniziato a tradurre in cinese i sūtra; **purtroppo queste prime opere sono andate perdute. Dalla metà del secondo secolo fino alla fine della dinastia Han nel 220 d.C., Luoyang fu il**

centro delle attività di traduzione sotto la guida di persone non cinesi (o nati da famiglie immigrate) provenienti dalla Partia, da altre regioni centro-asiatiche e dall'impero Kuśāṇa.

Nei testi più antichi, buddhisti e non, si trovano già i termini fondamentali:

monaco: dal sanscrito *śramaṇa, sangmen* 嗓門 e *shamen* 沙門; oppure, dal sanscrito *bhikṣu, biqiu* 比丘 oppure *seng* 僧;

novizio: *śramaṇera, shami* 沙彌;

maestro di Dharma: *ācārya, aqili* 阿綺梨;

bodhisattva: *pusa* 菩薩, usato per monaci e laici, indice di ottimismo ma anche talora di mancanza di comprensione del reale significato del vocabolo.

L'imperatore Huan della dinastia Han posteriore fece sacrifici a Laozi e a Buddha; dai documenti si evince che la corte seguiva una religione daoista leggermente tinta di Buddhismo.

Alla fine della dinastia Han e poi della Wu, il Buddhismo ebbe sempre maggiori connessioni con la burocrazia cinese, inizialmente collegato con il Dipartimento degli affari esteri, dato che i monaci erano per la maggior parte stranieri. Sarebbe un indizio di questo legame[27] anche il termine *si* 寺, usato per indicare i monasteri buddhisti, che originariamente significava, tra l'altro, un ufficio governativo.

Nell'era degli Han posteriori si iniziarono a produrre opere d'arte, statue e immagini buddhiste, come testimoniano reperti archeologici trovati in tombe di quel periodo, ma lo sviluppo maggiore si ebbe dal IV secolo[28].

Inizialmente, sembra che i Cinesi abbiano considerato il Buddhismo come una setta del Daoismo e i concetti delle due filosofie vennero confusi; inoltre il Buddha fu considerato un dio straniero di buon auspicio; pertanto non sorprende che le prime iconografie cinesi del Buddha siano state collegate, nelle menti del popolo, con le immagini di Dong Wang Gong (il dio daoista degli Immortali) e di Xi Wang Mu (la dea Regina madre dell'Ovest).

Scrive Foltz[29]:

> Sebbene alcuni testi rimangano per molti secoli inalterati nella forma, essi vengono spesso interpretati attraverso filtri culturali diversi e in costante evoluzione.
>
> Definire i fedeli di Jahvè come Ebrei o i devoti di Ahura Mazdā come Zoroastriani è un'estremizzazione, oltre che un anacronismo: per la stessa ragione, le credenze dei fedeli buddhisti partici del II secolo o quelle dei nestoriani turchi del XIII secolo sono difficili da conciliare con le definizioni standard attuali di Buddhismo e di Cristianesimo.
>
> Un terzo aspetto di questo problema di categorizzazione è rappresentato dal fatto che in un qualunque contesto spazio-temporale è piuttosto probabile che le persone adottino credenze e pratiche in certa misura eterogenee. Anche quando esistono le prove dell'esistenza di una tradizione riconoscibile, non possiamo con ciò essere sicuri che la percezione che un popolo avesse di se stesso in quanto appartenente a una determinata tradizione coincida con la visione che tendiamo a proiettare a posteriori.
>
> Quando, per esempio, ritroviamo del materiale risalente al V secolo che associamo al Buddhismo e altri reperti che classifichiamo come appartenenti alla religione zoroastriana, possiamo tirare conclusioni diverse:
>
> 1) in quella zona coesistevano comunità buddhiste e zoroastriane, entrambe originarie del luogo;
> 2) nella zona esistevano due comunità, una delle quali non era originaria del luogo;
> 3) la religione locale era un miscuglio di Buddhismo e Zoroastrismo;
> 4) la religione originaria del luogo sopravvisse incorporando elementi del Buddismo e dello Zoroastrismo.
>
> In realtà è molto difficile, per non dire impossibile, considerare come definitiva una qualsiasi di queste interpretazioni. In genere, più una comunità è lontana dai centri del potere religioso e più la religione assume una forma di espressione eterogenea e adattata al contesto locale.

6.4.2 Le scuole e tradizioni nella fase più antica del Buddhismo in Cina

Quando il Buddhismo si sviluppò in Cina, il Mahāyāna era già fiorente e quindi fu subito introdotto[30]; infatti i primi testi di questa corrente furono tradotti già dai discepoli di An Shigao e soprattutto da Lokakṣema (in cinese: 支婁迦讖, Zhi Loujiachen), un monaco originario dell'impero Kuśāṇa che visse a Luoyang contemporaneamente o di poco posteriore allo stesso Maestro partico.

An Shigao arrivò in Cina durante anni di grande fermento nel Buddhismo, ma anche di una serena convivenza tra Buddhismo dei Nikāya e Mahāyāna e quest'ultimo, anche in India, non aveva ancora assunto il grande sviluppo che avrà nei secoli successivi. Nel 399 il pellegrino cinese Faxian racconta che in India vi erano tre tipi di templi/monasteri: *Hinayāna*, Mahāyāna e monasteri in cui erano praticate entrambe le correnti. Anche Xuanzang, nel 629, (vedi capitolo 5.2) descrisse gli stessi tre tipi di templi.

6.4.3 Il *Vinaya* e i primi monaci cinesi

Le norme monastiche o *Vinaya*, tra I e III secolo, circolavano in versioni non codificate oppure erano trasmesse oralmente da *bhikṣu* itineranti provenienti dall'India o dalle regioni occidentali, perché nelle traduzioni intraprese a Luoyang si trova nulla sui codici disciplinari dei monaci. Sicuramente all'interno di quella comunità c'era la necessità di una formulazione più rigorosa e dettagliata delle regole per la vita religiosa, ma le fonti rivelano che solo nel 250 Dharmakala tradusse una versione del *Prātimokṣa* della scuola Mahāsāṃghika, *Sengqi Jieben* 僧祇戒本. Cinque anni dopo, il monaco sogdiano Kang Sengkai (康僧鎧) e il monaco partico Tandi (曇諦) realizzarono due traduzioni separate dei rituali monastici (in sanscrito *Karmavācanā*) della scuola Dharmaguptaka, rispettivamente il *Tanwude lubu zajiemo* 曇無德律部雜羯磨, T22 – 1432 e il *Jiemo* 羯磨, T22 – 1433.

Solo nel X secolo un'opera sul monachesimo, il *Sengshi Lue* 僧史略, che univa le traduzioni di Dharmakala e di Tandi per le procedure comuni provvide a fornire solide basi per l'addestramento monastico in Cina.

Complessa è la storia e l'evoluzione dei *Vinaya* in Cina, che per molto tempo rimasero solo nell'ambito della comunità monastica senza essere rivelati ai laici e caratterizzati dalla precoce introduzione del Mahāyāna e dall'apparente contraddizione tra le norme antiche e quelle dell'etica del bodhisattva. Alle norme della scuola Dharmaguptaka, tradotte interamente nel 408 e che dal VII secolo furono le più seguite, vennero aggiunti i voti del bodhisattva del *Brahmājāla sūtra* (*Fanwang jing,* T24 – 1484) creando la doppia ordinazione, tipicamente cinese, dei *Vinaya* e dei bodhisattva.

La storia della dinastia Sui, *Suishu* 隋書 menziona Weichao 魏朝, come il primo monaco cinese ad essere stato ordinato nel periodo Huangchu (220-226 d.C.) della dinastia Wei. Questo contraddice la tradizione che Yan Fotiao 嚴佛調, collaboratore di An Shigao alla fine del secondo secolo, abbia avuto questo primato. Nel *Da Song Sengshi* 大宋僧史略, un breve racconto di storia monastica, compilato durante la dinastia Song (960 – 1279), è detto che i primi monaci furono il principe feudale Liu Jun e una donna di nome Apan.

Questa divergenza nelle fonti si può interpretare col fatto che sicuramente furono ordinati monaci cinesi anche in epoca molto antica, ma non si sa con quali modalità, in base a quali norme e seguendo quali lignaggi. Per approfondire vedi anche Heirman[31].

NOTE BIBLIOGRAFICHE capitolo 6

1. Brosius M, *The Persians: An Introduction*, Routledge, London-New York, 2006, p. 125
2. Duchesne-Guillemin J., *Zoroastrian religion;* Colpe C., *Development of Religious Thought*, in: Yarshater E. (a cura di), *Cambridge History of Iran*, vol. 3.2,, Cambridge University Press, London-New York 1983, pp. 872-73 e p. 844
3. Muccioli F., *Il problema del culto del sovrano nella regalità arsacide: appunti per una discussione*, in *Electrum* Vol. 15, 2009, Kraków, pp. 83-104
4. *"Zoroastrismo"*, voce in *Enciclopedia delle scienze sociali*, Treccani, Roma 1998
5. Isidoro di Charax, *Le stazioni dei Parti*, traduzione in inglese di Wilfred H. Schoff del 1914, reperibile in http://www.parthia.com/doc/parthian_stations.htm
6. Boyce M, *Arsacids* IV - *Arsacid religion* in *Encyclopaedia Iranica*, II/5, Columbia University, New York 1986, pp. 540-541, reperibile online in: http://www.iranicaonline.org/articles/arsacids-iv (acc. on 30 December 2012), consult. il 7 gennaio 2017
7. Shaki M (trad.), *The Dēnkard Account of the History of the Zoroastrian Scripture*, in *Archív Orientální*, vol. 49, 1981, pp. 114-125 (*Dēnkard* è un compendio del X secolo delle credenze e degli usi zoroastriani, una preziosa fonte di informazioni sulla religione, ma non è considerato una Scrittura sacra.)
8. Op. citata alla nota 6
9. De Jong A., *Religion in Iran: the Parthian and Sasanid Period (247 BCE-645 CE)*, in: Salzman M.R.; Adler W. (Eds.), *The Cambridge History of Religions in the Ancient World II: From the Hellenistic Age to Late Antiquity*. Cambridge University Press, Cambridge:USA, 2013, pp. 23-53
10. Lee A.D., *Close-Kin Marriage in Late Antique Mesopotamia*, in *Greek, Roman and Byzantine Studies*, 29, 1988, pp. 403-13
11. Minns E.H., *Parchments of the Parthian Period from Avroman in Kurdistan*, in *Journal of Hellenic Studies* 35, 1915, pp. 28 [Gk. text] e 31 [translation] (*Pergamene del periodo partico da Avroman in Kurdistan*)
12. Ashrafian H., *Limb gigantism, neurofibromatosis and royal heredity in the Ancient World 2500 years ago: Achaemenids and Parthians*, in *Journal of Plastic Reconstructive & Aesthetic Surgery*, vol. 64, aprile 2011, p. 557
13. Emmerick R. E., *Buddhism Among Iranian Peoples*, in Yarshater E. *Cambridge History of Iran*, vol. 3.2, Cambridge University Press, London - New York 1983, p. 957
14. Utz D., *Aršak, Parthian Buddhists, and "Iranian" Buddhism*, in McRae J.; Nattier J., *Buddhism Across Boundaries*, Sino-Platonic Papers, 222, 2012, pp. 179-91
15. Hartmann J., *Buddhism Along the Silk Road: On the Relationship Between the Buddhist Sanskrit Texts from Northern Turkestan and those from Afghanistan*, in: *Turfan Revisited: The First Century of Research Into the Arts and Cultures of the Silk Road*, ed. Durkin-Meisterernst D. & Raschmann S., Dietrich Reimer Verlag, Berlino Germania 2004, p. 125
16. Foltz R., *Religions of the Silk Road: Premodern Patterns of Globalization*, Second Edition, Palgrave Macmillan, New York USA 2010, p. 39
17. *"Kushana"* voce in: *Dizionario di Storia Treccani*, Roma 2010. Vedi anche:

- Craig B., *The Yuezhi: Origin, Migration and the Conquest of Northern Bactria*, Brepols Publ., Turnhout Belgio 2007
- Falk H., *The Kaniṣka Era in Gupta Records*, in: *Silk Road Art and Archaeology: Journal of the Institute of Silk Road Studies* 10, 2004, pp. 167–76
18. Nattier J., *A Guide to the Earliest Chinese Buddhist Translations Texts from the Eastern Han and Three Kingdoms*, in: *Bibliotheca Philologica et Philosophica Buddhica*, vol. X, The International Research Institute for Advanced Buddhology - Soka University, Tokyo Giappone 2008, p. 74
19. Dani A.H., *History of Civilizations of Central Asia: The Development of Sedentary and Nomadic Civilizations, 700 B.C. to A.D. 250*, Motilal Banarsidass Publishers, Delhi India 1999, p. 491
20. *"Council 4ᵗʰ"*, voce in: Buswell R.E. Jr.; Lopez D.S. Jr. ed., *The Princeton Dictionary of Buddhism*, Princeton Univer. Press, Princeton New Jersey USA 2014, pp. 519-20
21. Harmatta J., *Religions in the Kushan Empire*, in *History of Civilizations of Central Asia: The Development of Sedentary and Normadic Civilizat*, vol. 2, UNESCO, Paris Francia 1994
22. Williams P. (a cura di), *Buddhism: Critical Concepts in Religious Studies, Volume III, The Origins and Nature of Mahāyāna Buddhism; Some Mahāyāna Religious Topics*, Routledge, London & New York 2005. Vedi anche:
- Hirakawa A., *A History of Indian Buddhism From Sakyamuni to Early Mahāyāna*, Translated and Edited by Groner P., University of Hawaii Press, USA 1990, cap. 16, pp. 256 e segg.
- Analayo, *The Genesis of the Bodhisattva Ideal*, Hamburg Univ. Press, Hamburg 2010
- Gomez L., *Letteratura buddhista - Esegesi ed ermeneutica, in Enciclopedia delle Religioni* vol. 10, Jaca Book - Città Nuova, Milano 2006.
- Piantelli M., *Il Buddhismo indiano*, in: *Buddhismo*, a cura di Filoramo G., Laterza, Bari 2001
23. Zurcher E., *The Buddhist Conquest of China - The Spread and Adaptation of Buddhism in Early Medieval China*, Brill, Leiden Olanda 2007, p. 31
24. Op. citata alla nota 23, pp. 19-22.
25. Op. citata alla nota 23, p. 26
26. Op. citata alla nota 23, pp. 27-8
27. Op. citata alla nota 23, pp. 38-9
28. Kieschnick J., *The impact of Buddhism on Chinese Material Culture*, Princeton University Press, Princeton Usa & Oxford 2003, pp. 83-4
29. Op. citata alla nota 16, pp. 21-2
30. Harrison P., *Who gets to ride in the Great Vehicle? Self-image and identity among the followers of early Mahāyāna*, in: *Journal of the International Association of Buddhist Studies* I 0, I, 1987, pp. 67-89
31. Heirman A., *Vinaya: from India to China in the Spread of Buddhism*, ed. Heirman A; Bumbacher S.P., (*Handbook of Oriental Studies, Handbuch der Orientalistik, Section eight Central Asia*, volume 16; Brill, Leiden -Boston, 2007, pp. 167-202

7. An Shigao nelle biografie buddhiste di Kang Senghui e di Sengyou

Prima di esporre la traduzione di alcune biografie – o meglio agiografie – di An Shigao scritte da esponenti del Buddhismo dal III al IX secolo, è necessario fare alcune precisazioni per correttamente interpretare e contestualizzare i testi.

7.1 I *miracoli* nella letteratura buddhista e laica del Medioevo cinese

Secondo Ponampon[1] e altri studiosi, le biografie di An Shigao possono essere intese come una forma di *zhiguai* 志怪 o *racconto di prodigi*, stile letterario che era assai in voga dalla fine dell'era Han e che proseguì per secoli.

Miracoli e capacità soprannaturali fanno parte della struttura di base della letteratura cinese agiografica anche non buddhista[2]. Ad esempio il mitico medico cinese Bian Que (IV-V secolo a.C.) si narra possedesse capacità magiche ed esoteriche come quelle di vedere dentro il corpo, far uscire dal coma o trapiantare il cuore (!) e un altro famoso medico, Hua Tuo (II secolo d.C.) cui si attribuisce, tra l'altro, l'invenzione dell'anestesia realizzata con un decotto a base di *cannabis,* compare nelle cronache ufficiali dell'epoca e successive. Gli esponenti taoisti furono anche oggetto di narrazioni riguardanti le loro capacità straordinarie e alcuni monaci buddhisti furono descritti come medici taumaturghi: nel IV secolo, Zhu Fotudeng (o Fotucheng) e Yu Fakai.

Le agiografie di monaci/che buddhisti/e seguono un preciso schema: in primo luogo si cita il lignaggio e il luogo di nascita del protagonista; poi sono esposte le sue capacità e il carattere; seguono le pratiche religiose svolte da lui/lei o episodi della sua vita; infine si fa riferimento a sogni o visioni in cui sono profetizzate le circostanze della morte che vengono alla fine descritte.

Un altro modo di considerare i poteri soprannaturali attribuiti ad An Shigao o ad altri monaci buddhisti è la pratica delle *pāramitā* o virtù trascendenti che porta ad ottenere capacità straordinarie. Scrive Shinohara[3]: «miracoli e storie leggendarie giocano ruoli importanti nel buddhismo cinese più antico. Come tali essi stessi sono una parte importante di questa realtà storica.»

Shinohara, inoltre, critica il fatto che gli studiosi occidentali hanno scartato i fatti soprannaturali nella loro redazione della storia critica del Buddhismo cinese, ignorando la considerazione che i miracoli godevano, e godono ancor oggi, presso gran parte dei Cinesi seguaci del Dharma. Buddha, bodhisattva e arhat, a causa dell'acquisizione delle pāramitā, della pratica meditativa e dei meriti accumulati anche nelle vite precedenti, acquisiscono le ***abhijñā***[4] (sanscrito, *abhiññā* in pāli) che sono le cinque, o sei, conoscenze sopramondane e quindi il potere di fare miracoli. Nel Canone pāli sono: 1) la conoscenza delle trasformazioni miracolose come l'ubiquità, camminare sull'acqua, volare, entrare nel fuoco; quindi padroneggiare gli Elementi (terra, acqua, fuoco, aria); 2) la conoscenza dell'occhio divino che permette di vedere attraverso la materia e il tempo; 3) la conoscenza dell'orecchio divino che permette di udire suoni vicini e lontani, umani o divini; 4) la conoscenza dei pensieri altrui; 5) la conoscenza delle proprie vite passate; 6) (quando presente negli elenchi) l'estinzione dei veleni mentali.

Queste facoltà sono anche dette *siddhi* (parola maschile in sanscrito e pāli), o realizzazioni spirituali, ottenuti attraverso la pratica; in quelli ordinari sono compresi le prime cinque abhijñā, quelle relative al mondo saṃsārico; il siddhi supremo è il Risveglio o Illuminazione.

Ricordiamo che l'appellativo di bodhisattva in Cina non indicava soltanto chi aveva intrapreso il cammino per diventare un buddha, ma era correntemente usato anche per i traduttori indiani o centroasiatici, dalla dinastia Han orientale sino almeno alla Jin orientale (circa II-V secolo), sottolinea Zacchetti[5] anche sulla base di quanto rilevato da altri studiosi. Quindi non indica necessariamente un'appartenenza alla corrente Mahāyāna oppure lo stato monastico o laico.

Nei testi buddhisti cinesi i miracoli sono spesso spiegati con il concetto di **risonanza** oppure *stimolo e risposta* che descrive le reazioni di animali, piante, spiriti e persone ai santi monaci con i quali sono entrati in contatto, per esempio "la risonanza della loro devozione filiale" consente di ridare la vista ad una madre cieca.

Scrive Kieschnick: «Non vi è nulla distintamente buddhista nell'idea di risonanza che, alla fine della dinastia Han, era diventata parte del patrimonio generale cinese piuttosto che una proposizione di una data scuola di pensiero.»[6]

7.2 Le principali biografie di An Shigao

Le principali biografie/agiografie di An shigao che ci sono pervenute, esclusa quella più antica scritta da Daoan che è andata persa, sono le seguenti.

(1) Breve biografia redatta da Kang Senghui nella prefazione del sūtra tradotto da An Shigao *Anban shouyi (jing)*, vedi § 7.3.

(2) Biografia contenuta nel *Chu san zang ji ji* 出三藏記集, T55 – 2145 – 13, la più antica e dettagliata, **scritta da Sengyou** 僧祐 nel 510 o 515, vedi § 7.4 e sucessivi.

(3) La biografia contenuta nel *Gaoseng zhuan* 高僧傳 in T50 – 2059-1--0323a24, *Biografie dei monaci eminenti,* **scritta da Huijiao** 慧皎 nel 519 o 530 circa, che racconta le vite di 257 monaci usando come fonte la precedente opera, vedi capitolo 9.

(4) Voce della "enciclopedia" intitolata: *La foresta di perle nel giardino del Dharma*, *Fayuan zhulin,* 法苑珠林, **T53 – 2122,** redatta da Daoshi nel 668 che riprende le notizie dei precedenti testi.

Tutte le opere elencate di seguito sono *cataloghi* dei testi buddhisti che usano come fonte le prime due biografie.

(5 - 6) *Zhongjing mulu* 眾經目錄, *Catalogio delle scritture* in **T55 – 2146** , compilato da Fajing e altri nel 594; con lo stesso titolo, *Zhongjing mulu* in **T55 – 2147** compilato da Yancong nel 602 e altri successivi

(7) *Lidai sanbao ji* 歷代三寶紀 *Storia dei Tre Tesori* in **T49 – 2034** che contiene notizie biografiche su An Shiagao, compilato da Fei Changfang nel 597 ma che presenta una divergenza notevole dalle opere prima elencate soprattutto perché amplifica enormemente il numero di testi attribuiti a lui e a molti dei più antichi traduttori.

(8) *Kaiyuan shijiao lu* 開元釋教錄, *Catalogo del Buddhismo dell'era Kaiyuan* [712-756, del regno dell'imperatore Xuanzong della Dinastia Tang], T55 – 2154, compilato da Zhisheng nel 730.

(9) *Zhenyuan xin ding Shijiao mulu* 貞元新定釋教目錄, T55 – 2157, *Nuova serie del catalogo del Buddhismo dell'era Zhenyuan* [785-805, della Dinastia Tang] compilato da Yuanzhao nell'800.

Riportiamo nei paragrafi seguenti le traduzioni delle prime due biografie citate perché sono le più antiche e quindi più attendibili e significative, pur con le limitazioni prima indicate riguardo a questo tipo di narrazioni agiografiche.

7.3 La breve biografia redatta da Kang Senghui nella prefazione dell'*Anban shouyi jing*

Kang Senghui 康僧會, morto nel 280, fu un monaco sogdiano-vietnamita di cui parleremo ampiamente nel capitolo 16.4, che scrisse una *prefazione* al sūtra, tradotto da An Shigao, *(Da) Anban shouyi jing* (大) 安 般 守 意 經, *Ānāpānasmṛti sūtra* (reperibile in T15 – 602), presumibilmente a **metà del III secolo,** assistito dal laico Chen Hui, che era stato diretto discepolo del Maestro partico.

Questo è quindi il più antico racconto sulla vita di Shigao che si basa su fonti buddhiste contemporanee.

È probabile che tutte le successive biografie non abbiano fatto altro che espandere le notizie contenute in questa prefazione, per evidenti motivi agiografici.

Rendiamo in italiano la traduzione di Antonino Forte[7], confrontata col testo cinese conservato in T15 – 602_001 - 0163b21 e succ., reperibile sul web nel sito: www.cbeta.org.

[T15 – 602 -0163b21] 有菩薩名安清，字世高，安息王嫡后之子。讓國
與叔，馳避本土；翔而後集，遂處京師。其為人也，博學多識，貫綜
神摸、七正、盈縮、風氣、吉凶、山崩、地動、鍼脈諸術。覩色知病
鳥獸鳴啼，無音不照。懷二儀之弘仁，愍黎庶之頑闇。先挑其耳，却
啟其目，欲之視明聽聰也。徐乃陳演正真之六度，譯安般之祕奧。學
者塵興，靡不去穢濁之操，就清白之德者也。

> C'era il *bodhisattva** An Qing il cui *zi* era Shigao [per il nome vedi cap. 1]. Era il figlio del re di Anxi e della sua regina. Egli cedette il trono a suo zio [*shu* 叔 vedi capitolo 10].
>
> Egli si affrettò ad andare lontano dalla sua patria; fuggì, poi procedette [verso Est sulla Via della Seta] e alla fine si stabilì nella capitale (Luoyang).**
>
> Era un uomo di grande sapienza e di molta esperienza e completamente versato sui segni soprannaturali (presagi) come nelle arti che riguardavano la crescita e il calare dei sette regolatori [del tempo e delle stagioni, cioè i cicli astronomici]; segni fasti e nefasti dei venti [che si ritenevano associati ai cicli celesti] e del *qi*; valanghe e terremoti; metodi di agopuntura ed esame del polso. Guardando l'aspetto di una persona, poteva diagnosticarne la malattia.***
>
> Non c'era alcun verso di uccello o animale (della terra) che non comprendesse. [*abhijñā* che sarà sviluppata nelle successive biografie.]
>
> Comprendendo la grande azione dei due principi [cosmici, Yin e Yang], egli ebbe pietà dell'ignoranza e dell'ottusità dei Cinesi [lett. del popolo dai capelli neri].
>
> Per prima cosa aprì le loro orecchie e poi i loro occhi, affinché comprendessero il senso e ascoltassero [la verità o il Dharma].
>
> Egli poi gradulmente spiegò la corretta pratica delle vere sei *pāramita* [六度 *liu du* indica le sei virtù che traghettano al di là del saṃsāra verso il *Nirvāṇa*] traducendo i sottili principi dell'*ānāpānasmṛti* [la consapevolezza del respiro come tecnica di meditazione].

I dotti crebbero intorno a lui numerosissimi come granelli di polvere e tutti si levarono dalle loro impure e incerte pratiche e avanzarono verso la virtù assolutamente pura.

Commentiamo più estesamente alcuni passi.

* Per l'appellativo di *bodhisattva*, vedi § 7.1. È da notare che Kang Senghui non dice esplicitamente che Shiago fosse un monaco, pur attribuendogli capacità supernormali.

** Viene usata la terminologia che indica un uccello in pericolo che vola in giro e poi si posa. Non è detto il perché della fretta; si possono ipotizzare problemi di rapporti dinastici, pericoli per la sua vita fisica o spirituale se avesse accettato il trono o se fosse rimasto in Partia in una probabile situazione di guerre fratricide, vedi capitolo 10.

Forte e altri studiosi rilevano che avrebbe potuto essere un rifugiato, la cui condizione poteva anche essere equiparata a quella di un ostaggio e così probabilmente fu inteso in successive fonti, vedi capitolo 11, anche perché era probabilmente uno *status* sociale più onorevole. Le parole di Kang Senghui sono troppo criptiche per dare chiare indicazioni.

*** Le abilità di An Shigao sono state immaginate nei classici termini dello scibile cinese per il semplice fatto che all'epoca non esistevano né conoscenza, né un vocabolario adeguato a descrivere le analoghe competenze indo-iraniche. È ovvio che si parla di nozioni di medicina cinese, il *qi* è l'energia ed è impossibile che avesse imparato in Partia queste nozioni. Il testo sembra dare solo notizie puramente agiografiche, legate al fatto che gli furono attribuiti anche testi che riguardavano la medicina.

Per approfondire i concetti di medicina cinese vedi Crosta[8].

7.4 Biografia contenuta nel *Chu san zang ji ji* di Sengyou

Questo testo, il cui titolo 出三藏記集 **significa** *Raccolta di documenti riguardanti (le traduzioni) del Tripitaka*, **T55 – 2145 – 13 - 0095a07, fu scritto dal monaco Sengyou** 僧祐 **nel 510 o 515.**

Anche se Sengyou compose la sua biografia diversi secoli dopo la morte di An Shigao, essa **si basa su una precedente di Daoan** (道安, 312-385) contenuta nel primo trattato cinese sulla letteratura buddhista giunta fino a quel momento in Cina e pubblicato nel 374, lo *Zhong li zhong jing mulu,* 綜理眾經目錄, *Catalogo delle scritture*, conosciuto più diffusamente come 安錄 *Anlu*, che esaminava più di seicento opere e per ognuna di queste realizzava delle sintesi; di tale testo si conservano solo alcuni brani riportati nel *Chu san zang ji ji*.

Quindi la biografia di Sengyou è importante perché tramanda la percezione cinese di An Shigao durante i primi secoli dopo la sua morte: un maestro di meditazione, un carismatico missionario e un monaco in grado di compiere miracoli, così come un traduttore, che attrasse molti seguaci sia laici, sia monaci.

安世高傳第 [T55 – 22145 -13 --0095a07] 安清。字世高。安息國王政后之太子也。幼懷淳孝敬養竭誠。惻隱之仁爰及蠢類。其動言立行若踐規矩焉。加以志業聰敏刻意好學。外國典籍莫不該貫。七曜五行之象。風角雲物之占。推步盈縮悉窮其變。兼洞曉醫術妙善鍼脈。覩色知病投藥必濟。乃至鳥獸鳴呼聞聲知心。於是俊異之名被於西域。遠近隣國咸敬而偉之。世高雖在居家。而奉戒精峻。講集法施與時相續。後王薨將嗣國位。乃深惟苦空厭離名器。行服既畢。遂讓國與叔。出家修道博綜經藏。尤精阿毘曇學。諷持禪經。略盡其妙既而遊方弘化遍歷諸國。以漢桓帝之初。始到中夏。世高才悟幾敏一聞能達。至止未久。即通習華語。於是宣釋眾經改胡為漢。出安般守意陰持入經大小十二門及百六十品等。初外國三藏眾護撰述經要為二十七章。世高乃剖析護所集七章。譯為漢文。即道地經也。其先後所出經。凡四十五部。義理明析文字允正。辯而不華質而不野。凡在讀者。皆亹亹而不倦焉。世高窮理盡性自識宿緣。多有神跡世莫能量。初世高自稱。先身已經為安息王子。與其國中。長者子俱共出家。分衛之時施主不稱同學輒怒。世高屢加呵責。同學悔謝而猶不悛改。如此二十餘年。乃與同學辭訣云。我當往廣州畢宿世之對。卿明經精進不在吾後。而性多恚怒。命過當受惡形。我若得道必當相度。既而遂適廣州值寇賊大亂。行路逢一少年。唾手拔刀曰。真得汝矣。世高笑曰。我宿命負卿。故遠來相償。卿之忿怒故是前世時意也。遂申頸受刃容無懼色。

賊遂殺之。觀者填路。莫不駭其奇異。既而神識還為安息王太子。即
名世高時身也。世高遊化中國宣經事畢。值靈帝之末關洛擾亂。乃杖
錫江南云。我當過廬山度昔同學。行達[邱-丘+共]亭湖廟。此廟舊有
靈驗。商旅祈禱乃分風上下。各無留滯。常有乞神竹者。未許輒取。
舫即覆沒竹還本處。自是舟人敬憚莫不懾影。世高同[打-丁+宗]三十
餘船。奉牲請福。神乃降祝曰。舫有沙門。可更呼上。客咸共驚愕。
請世高入廟。神告世高曰。吾昔在外國。與子俱出家學道。好行布施。
而性多瞋怒。今為[邱-丘+共]亭湖神。周迴千里並吾所統。以布施故
珍玩無數。以瞋恚故墮此神中。今見同學悲欣可言。壽盡旦夕而醜形
長大。若於此捨命穢污江湖。當度山西空澤中也。此身滅恐墮地獄。
吾有絹千匹并雜寶物。可為我立塔營法使生善處也。世高曰。故來相
度。何不見形。神曰。形甚醜異。眾人必懼。世高曰。但出。眾不怪
也。神從床後出頭。乃是大蟒蛇。至世高膝邊。淚落如雨。不知尾之
長短。世高向之胡語。傍人莫解。蟒便還隱。世高即取絹物辭別而去。
舟侶颺帆。神復出蟒身。登山頂而望眾人。舉手然後乃滅。倏忽之頃
便達豫章。即以廟物造立東寺。世高去後。神即命過。暮有一少年上
船。長跪世高前。受其呪願。忽然不見。世高謂船人曰。向之少年。
即[邱-丘+共]亭廟神。得離惡形矣。於是廟神歇沒。無復靈驗。後人
於西山澤中見一死蟒。頭尾相去數里。今尋陽郡蛇村。是其處也。於
是頃到廣州。尋其前世害己少年。時少年尚在。年已六十餘。世高徑
投其家。共說昔日償對時事。并敘宿緣歡善相向云。吾猶有餘報。今
當往會稽畢對。廣州客深悟世高非凡。豁然意解追悔前愆。厚相資供。
乃隨世高東行。遂達會稽。至便入市。正值市有鬥者。亂相歐擊誤中
世高。應時命終。廣州客頻驗二報。遂精懃佛法。具說事緣。遠近聞
知莫不悲歎。明三世之有徵也。高本既王種。名高外國。所以西方賓
旅猶呼安侯。至今為號焉。天竺國自稱。書為天書。語為天語。音訓
詭塞與漢殊異。先後傳譯多致謬濫。唯世高出經為群譯之首。安公以
為若及面稟不異見聖。列代明德。咸讚而思焉。

**Rendiamo in italiano la traduzione inglese di Ponampon[9],
dopo aver verificato il testo cinese, dividendola in tre parti per
agevolarne l'analisi: la parte iniziale (§ 7.4.1); quella finale della
biografia (§ 7.4.2) e, nel capitolo 8, il viaggio al Monte Lu.**

7.4.1 Prima parte della biografia

An Qing, il cui *zi* era Shigao, era un principe ereditario (太子) nato dalla regina principale del re di Partia.

Quando era giovane, mostrò filiale rispetto ai suoi genitori e li servì con tutto il cuore.

La sua compassione benevola era estesa anche agli insetti.

Tutte le sue azioni, parole e comportamenti erano perfettamente in linea con i codici di condotta. Inoltre, egli era fermamente laborioso e intelligente, disciplinato nella volontà e appassionato nell'apprendimento; non c'era nessuno dei testi canonici stranieri che egli non comprendesse.

Studiò l'astronomia (e astrologia), i cinque elementi e la meteorologia ottenendo una conoscenza approfondita dei loro cambiamenti. [Aveva] anche una profonda conoscenza della medicina ed era meravigliosamente esperto nell'agopuntura e nella lettura del polso. Osservando la carnagione/aspetto [dei pazienti], [era] in grado di diagnosticare la [loro] malattia e quindi prescrivere la cura per una sicura ripresa. [Chiaramente si tratta di nozioni cinesi, come abbiamo visto nella precedente biografia.]

Era anche in grado di comprendere le menti di uccelli e animali ascoltando il suono dei loro versi, cosa che lo rese famoso in tutte le regioni occidentali. [Capacità supernormali, tipiche dell'agiografia che già compaiono nel testo di Kang Senghui.]

Nei paesi stranieri vicini e lontani, tutti lo rispettavano come un grande uomo.

Anche se Shigao viveva nel mondo secolare, rigorosamente rispettava dai precetti. Continuamente dava il dono del Dharma (法施, sanscrito: *dharmadāna*) parlando nelle assemblee.

Dopo che suo padre morì, egli era il suo successore; ma detestava la fama e la ricchezza, (perché) aveva profondamente (meditato) la sofferenza e la vacuità.

[Una volta incoronati, è assai improbabile che un re arsacide potesse rinunciare al trono, probabilmente abdicò prima dell'incoronazione, dato che si parla della fine del lutto.]

Dopo aver completato il periodo di lutto, subito abdicò al trono in favore di suo zio e rinunciò alla vita secolare per coltivare il sentiero buddhista.

Maturò un'ampia e approfondita conoscenza delle scritture [buddhiste]. Soprattutto era competente nell'*Abhidharma* ed era in grado di recitare a memoria i sūtra (che riguardano la) meditazione. [Sengyou si riferisce probabilmente alle principali traduzioni di Shigao che riguardano la filosofia buddhista o Abhidharma e la meditazione. Appare ovvio che, se tradusse queste fondamentali opere, si dica che li conoscesse a memoria, ma in quale lingua? Presumibilmente un prakrito indiano. Vedi capitolo 6.2 e 6.3]

Subito dopo aver compreso con la sua intelligenza il metodo (del Dharma), egli viaggiò lontano per diffondere (il Buddhismo), attraversando molti Paesi.

All'inizio del regno dell'imperatore Huan della Dinastia Han orientale [146-167, per i problemi cronologici vedi cap. 9.2], [Egli] per la prima volta giunse nelle pianure centrali della Cina.

Shigao era perspicace ed acuto e poteva comprendere [tutto] completamente ascoltando una sola volta.

Non molto tempo dopo il suo arrivo, aveva acquisito a fondo la padronanza della lingua cinese. [Indicazione temporale molto vaga, ancor oggi a un occidentale occorrono anni per imparare il cinese parlato e scritto e tanto bene da tradurre testi da altre lingue. Vi sono difficoltà sia nel memorizzare molte centinaia di caratteri, sia nell'acquisire le strutture sintattiche e grammaticali molto differenti dalle lingue occidentali e, per An Shigao, dall'iranico/partico e dai prakriti indiani. Inoltre richiedeva tempo anche acquisire abilità nella calligrafia cinese usando pennello su seta o carta, invece che, come doveva essere abituato An Shigao, scrivere con stilo su pergamena.]

Quindi Egli (iniziò a) diffondere e spiegare molti sūtra, traducendoli in cinese da lingue straniere [*hu* 胡, il indicava tutte le lingue non cinesi e usate nell'Asia centrale]. Tradusse [elenca quelli che considera i cinque principali; vedi capitolo 13]:

1. *Anban shouyi (jing)* 安般守意（經） (in sanscrito *Ānāpānasmṛti sūtra*, in T15 – 602);

2. *Yin chi ru jing* 陰持入經 (*Sūtra sugli aggregati [skandha], gli elementi [dhātu] e le sfere psicosensoriali [āyatana]* in T15 – 603);

3. *Da xiao shi er men (jing)* 大小十二門（經）, (*Sūtra delle 12 porte grandi e piccole*) [testo perduto, ma una versione è stata trovata nel 1999 nei manoscritti del Kongo-ji a Osaka, vedi capitolo 14];

4. *Bai liushi pin,* il 160° capitolo (degli *Ekottarikāgama* 百六十品,(*āgama,* termine usato nel Canone cinese col significato di: raccolta, come il pāli *nikāya*) e altri.

In origine, lo straniero (maestro del) Tripiṭaka Saṅgharakṣa aveva composto un riassunto dei *sūtra* in ventisette capitoli. Shigao analizzò sette dei capitoli composti da Saṅgharakṣa e li tradusse in cinese (il testo risultante fu):

5. *Daodi jing* 道地經 [non confondere col *Daode jing* 道德经 l'antichissimo testo attribuito a Laozi. Conservato in T15 – 607, vedi capitolo 14.2 - *j.*]

Gli altri sūtra tradotti da lui in diversi momenti sono un totale **di trentacinque opere.**

Le sue traduzioni erano chiare nel significato, appropriate nel testo, (in stile) eloquente ma non fiorito, grezzo ma non rozzo [義理明析文字允正。辯而不華質而不野], in modo che il lettore potesse studiare e continuare a leggere senza stancarsi.[Interessante il giudizio linguistico di un Cinese, tre secoli dopo, probabilmente occorre valutarlo con attenzione.]

Shigao aveva compreso i principi fondamentali (dei fenomeni) (*li* 理) e accuratamente [scandagliato] la natura (*xing* 性) e aveva conosciuto il (suo) karma precedente. Ci furono molti miracoli [a lui collegati], che nessun altro avrebbe potuto eguagliare.

7.4.2 Parte finale e racconto della morte di An Shigao

Tutte le fonti concordano sul fatto che Egli morì di morte violenta o per incidente o assassinato, anche se, per questa ipotesi, non si conoscono i moventi.

Concordiamo con Deleanu[10] e Nattier[11] che la partenza verso il Sud della Cina, le peregrinazioni che lo portarono a Kuaiji e alla morte siano storiche perché, eliminati alcuni ampliamenti apologetici**, la circostanza del suo decesso era un episodio "imbarazzante" che nessun agiografo avrebbe inventato, era un fatto di dominio pubblico, una scomoda verità che non poteva essere alterata o nascosta nelle biografie.**

Una tale modalità di morte per un personaggio così eminente era considerata poco onorevole dai suoi seguaci e dai suoi biografi che, quindi, cercarono di inquadrare l'accaduto nelle appropriate condizioni e affermazioni dottrinali sui fattori karmici coinvolti e di renderlo in qualche modo accettabile. Così si formò una storia di miracoli tipicamente cinese e con l'evidente scopo di spiegare i concetti di retribuzione karmica, di rinascita, di accettazione della sorte e perdono che erano assai ostici ai Cinesi dell'epoca.

Purtroppo però il racconto risulta improbabile, confuso e caotico anche perché vi è inserito l'episodio del Monte Lu – cui dedichiamo il capitolo seguente – e che sembra un'interpolazione in quanto, dal punto di vista stilistico e letterario, non ha collegamenti con la sequenza del racconto e anzi la interrompe in modo anomalo.

La vicenda è doppia, per non dire tripla, e sono praticamente *fotocopie*. Si voleva spiegare o giustificare o abbellire l'accaduto, le cause karmiche della sua morte avrebbero potuto essere esposte in modo più semplice e lineare. Probabilmente nel racconto confluirono fattori esterni che crearono confusione e generarono tale intricata narrazione.

La vicenda in sintesi: un *primo* Shigao anch'esso principe partico, sarebbe anche lui diventato monaco, andato Cina e a Guangzhou 廣州 ucciso per cause karmiche: dal testo risulta evidente che c'era un episodio di violenza ancora precedente i due citati e che non è raccontato! È ovviamente impossibile ipotizzare la presenza due Shigao a distanza di circa vent'anni in Cina! Nella biografia di Huijiao, vedi capitolo 9, il problema viene parzialmente risolto perché si dice solo che Shigao fu nella vita anteriore un monaco, ma *non* un principe partico.

Il secondo e *attuale* Shigao avrebbe riconosciuto dopo vent'anni il suo assassino cinese, lo avrebbe perdonato, poi insieme sarebbero andati da Guangzhou alla città di Kuaiji (Huiji) 會稽, oggi Shaoxing 绍兴 nella provincia di Zhejiang 浙江. È un viaggio, verso il

Sud della Cina, di circa 1290 km, che a quei tempi durava parecchie settimane! Vedi cartina a p. 98.

La pronuncia di Kuaiji è controversa vedi Hargett[12].

Lì Shigao sarebbe rimasto coinvolto in un combattimento o in tumulti e sarebbe stato ucciso per errore o incidente, diremmo oggi come *danno collaterale* del banditismo allora frequente in Cina.

Nel testo si racconta inoltre che la vicenda del *primo* Shigao *continuò per più di vent'anni*, questo probabilmente ha creato un fraintendimento sulla durata del soggiorno del *secondo* An Shigao in Cina. Un altro problema è: quando avvenne la sua morte? Ne discuteremo nel capitolo 9.2.4.

Proseguiamo dal precedente paragafo la resa in italiano della traduzione di Ponampon del testo di Sengyou al T55 – 2145- 13.

> In precedenza, Shigao aveva affermato che, in una vita precedente, era già stato il principe ereditario dei Parti ed era stato ordinato (monaco buddhista) insieme con i figli di persone di alto rango del suo Paese.
>
> Quando facevano la questua, uno dei suoi compagni [monaci] si arrabbiava se il donatore non lo aveva invitato con reverenza. (Il *primo*) Shigao lo rimproverò molte volte. [Il monaco] si pentiva e si scusava, ma non cambiò i suoi modi. Questo continuò per più di vent'anni, poi [Shigao] salutò il suo compagno [monaco] dicendo: "Andrò a Guangzhou per realizzare il mio destino determinato da una vita precedente. La tua comprensione delle scritture del Buddha e la tua diligente applicazione non sono inferiori alle mie, ma sei per natura irascibile e facile all'ira. Nella prossima vita avrai una cattiva rinascita. Se io otterrò la Via [vale a dire l'Illuminazione], [tornerò a] salvarti."
>
> Poco dopo [il monaco che Shigao fu nella vita precedente] andò a Guangzhou 廣州 [l'attuale Canton, capitale della provincia di Guangdong] che a quel tempo era in grande caos a causa della presenza di banditi. Lungo la strada, incontrò un giovane uomo che sputò sulle mani, estrasse la spada [per ucciderlo], dicendo: "Ti ho preso!" Il monaco disse con un sorriso: "Sì devo [una vita] dalla mia vita precedente, così sono venuto da lontano per risarcirti. La tua rabbia è causata da un avvenimento accaduto

in una vita precedente."

Poi [il monaco] allungò il collo per ricevere la lama senza mostrare alcun segno di paura sul volto. Il bandito lo uccise. La strada era affollata di spettatori ed erano tutti stupiti meravigliati per quanto accaduto.

La sua *vijñāna* [coscienza] poi rinacque come il principe ereditario del regno dei Parti e prese (di nuovo) il nome di Shigao e quella fu la persona che era ora.

In seguito, al fine di completare il suo compito, (l'attuale) Shigao viaggiò per tutte le pianure al centro (della Cina) predicando i sūtra.

Era verso *la fine del regno dell'imperatore Ling* della Dinastia Han, quando Guan-Luo [la pianura di Guanzhong nella regione di Shanxi nel Sud della Cina] era in grande caos.

(Shigao) si recò a Jiangnan (*a* , vedi cartina p. 98) [江南 la regione a sud del corso inferiore del fiume Yangtze] con in mano il suo bastone monastico Egli disse: "Devo andare a Lushan per salvare un ex compagno monaco".

Segue l'episodio del Monte Lu (*b*) che trattiamo separatamente nel capitolo successivo, in cui si dice anche che An Shigao subito dopo andò a You Zhang (*c*).

Dopo ciò [l'episodio del pitone del Monte Lu], Shigao andò a Guangzhou (*d*) in cerca del giovane che lo aveva ucciso nella sua vita precedente. A quel tempo l'uomo era ancora vivo, ma aveva più di sessanta anni.

[C'è un problema matematico: se costui aveva ucciso il primo Shigao a 15-20 anni e ora ne aveva, ipotizziamo 65, la rinascita del secondo Shigao dovrebbe essere avvenuta 45-50 anni prima, se siamo nel 180 circa è chiaro che Shigao stava in Cina (180 – 148) da circa 32 anni, doveva essere arrivato a circa 18, le date sono forzate, ma riteniamo inutile fare ulteriori ipotesi sull'argomento perché la storia è chiaramente un'invenzione.]

Shigao seguì la strada verso la casa [dell'uomo] e gli spiegò come la retribuzione karmica delle loro vite passate li riguardasse. E gli parlò faccia a faccia serenamente circa le cause e gli effetti dalla loro vita precedente. Shigao disse: "Ho ancora il *karma-ploti* [cinese *yubao* 餘報, la conseguenza del karma dalla vita precedente]. Ora dovrei andare a Kuaiji per ripagare i miei precedenti debiti karmici."

Il vecchio di Guangzhou si rese conto che Shigao non era una persona comune e, in un lampo di intuizione, rimpianse la sua precedente trasgressione e diede (a Shigao) generosa assistenza finanziaria e lo accompagnò nel suo viaggio verso Oriente.

Quando arrivarono a **Kuaiji** *(e)* entrarono nel mercato proprio [nel momento in cui] lì si stava combattendo. [I combattenti stavano] colpendo a caso, Shigao fu colpito per errore, [e] la [sua] vita si concluse subito.

Il visitatore [il vecchio proveniente] da Guangzhou aveva sperimentato due volte la retribuzione del karma precedente.

Egli iniziò diligentemente a studiare e praticare il Dharma del Buddha e spiegava anche le ragioni karmiche per gli eventi [utilizzando Shigao come esempio].

Le persone provenienti da vicino e da lontano che sentivano questa vicenda, tutti lo compiangevano e compresero [che tale fatto] era la prova dell'esistenza di passato, presente e futuro [vale a dire la rinascita in accordo con il karma]. Dato che Shigao era un rampollo di sangue reale ed era noto all'estero, fu chiamato da ospiti e viaggiatori provenienti dall'Occidente: *il Marchese di An* [cioè partico, An-hou 安侯, vedi capitolo 1.5] e ancora oggi è così denominato.

[La gente dell'] India afferma che i loro libri sono divini e che anche la loro lingua è un linguaggio celeste. Il suono e il senso [delle loro parole] sono difficili, confusi e molto diversi dal cinese, ciò ha causato molti errori nella traduzioni [dei sūtra buddhisti] nel corso degli anni. Soltanto le traduzioni di Shigao sono state le migliori di tutte.

Un Maestro [si riferisce a Daoan, vedi § 7.4] pensava che vedere Shigao non sarebbe stato diverso dal vedere un *āryapudgala* [*Essere nobile*, sia nel Budhismo delle origini sia nel Mahāyāna, colui che abbia ottenuto uno dei quattro frutti sovramondani].

Tutte le eminenti personalità delle generazioni successive lo elogiarono e lo ricordarono.

Il testo precedente indica, alla fine della vita di An Shigao, cinque tappe delle sue peregrinazioni e precisamente:

(a) Jiangnan (regione di) 江南

(b) Lushan o Monte Lu 廬山

(c) Yu Zhang 豫章 oggi la città di Nanchang

(d) Guangzhou 廣州 oggi la città di Canton

(e) Kuaiji 會稽 oggi la città di Shaoxing.

Nella cartina è sintetizzato il percorso.

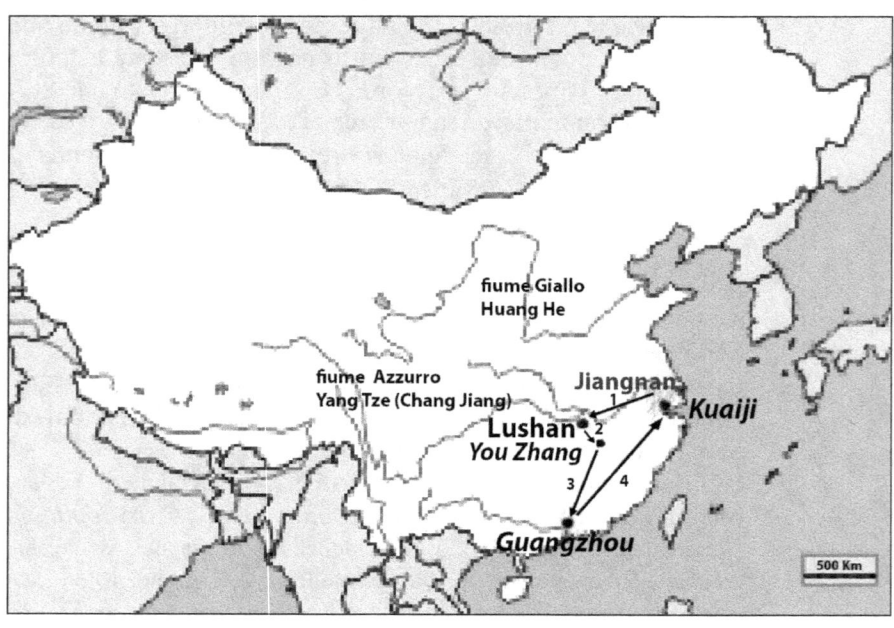

NOTE BIBLIOGRAFICHE capitolo 7

1. Ponampon P.K., *Mission, Meditation and Miracles: An Shigao in Chinese Tradition*, University of Otago, Dunedin, Nuova Zelanda 2015 (Tesi), pp. 12-3. Vedi anche la bibliografia citata nelle note.
2. Crosta A., *Medicina e Buddhismo*, Ed. Lulu, Releight USA 2017, p. 122
3. Shinohara K*., Biographies of Eminent Monks in a Comparative Perspective: The Function of the Holy in Medieval Chinese Buddhism*, in *Chung-Hwa Buddhist Journal* 07, 1994, Taipei, The Chung-Hwa Institute of Buddhist Studies, pp. 479-85
4. Cornu P., *Dizionario del Buddhismo*, Bruno Mondadori, Milano 2003, pp. 3-4
5. Zacchetti S., *Il Chu san zang ji ji di Sengyou come fonte per lo studio delle traduzioni buddhiste cinesi: lo sviluppo della tecnica di traduzione dal II al V secolo d.C.* in *Annali di Ca' Foscari,* vol. XXXV, 3 (serie or. 27), 1996, pp. 347-374 (citazione p. 350)
6. Kieschnick J., *The Eminent Monk – Buddhist Ideals in Medieval Chinese Hagiography*, Kuroda Institute Book University Of Hawaii Press, Honolulu USA 1997, pp. 98
7. Forte A, *The Hostage An Shigao and His Offspring: An Iranian Family in China.* Italian School of East Asian Studies, , Kyoto Giappone 1995, pp. 67-9
8. Op. citata alla nota 2, pp. 173-84
9. Op. citata alla nota 1, pp. 37-60
10. Deleanu F., *An Shigao and the History of the Anban shouyijing* , in *Ronsō: Ajia bunka to shisō [Asian Culture and Thought],* no. 2, 1993 pp. 1-47
11. Nattier J., *A Guide to the Earliest Chinese Buddhist Translations Texts from the Eastern Han and Three Kingdoms,* Bibliotheca Philologica et Philosophica Buddhica, vol. X, The International Research Institute for Advanced Buddhology - Soka University, Tokyo Giappone 2008, pp. 38-9
12. Hargett J.M., 會稽: *Guaiji? Guiji? Huiji? Kuaiji? - Some Remarks on an Ancient Chinese Place-Name,* in *Sino-Platonic Papers*, University of Pennsylvania, Philadelphia USA, Number 234, March, 2013, pp. 1-32

Fotografia in pubblico dominio di paesaggio del Lushan.

Cartina della Cina sud-occidentale.

8. Il viaggio di An Shigao al Monte Lu nella biografia di Sengyou

Prima di tradurre la parte del testo più antico che riporta l'episodio di An Shigao sul Monte Lu, il già citato *Chu san zang ji ji*, qualche notizia su questa famosissima montagna della Cina meridionale.

8.1 Il Monte Lu: geografia, storia e leggenda

Il Monte Lu, Lushan 廬山, è un distretto oggi nella provincia di Jiangxi e il Parco nazionale di Lushan è attualmente un Patrimonio dell'Umanità UNESCO.

Le montagne erano sacre ai Cinesi e i Daoisti costruirono molti templi su di esse. Il Monte Lu è ricco di paesaggi incantati (山水, *shan shui*, lett. montagne e acque) dipinti nel corso dei secoli dai pittori tradizionali. La famosa cascata in tre salti è alta 155 metri.

I seguaci del Dharma iniziarono a costruire tempi nell'ultimo periodo della dinastia Han, quindi, se e quando An Shigao vi andò, potrebbero esserci stati i primi insediamenti buddhisti; ma il luogo acquistò importanza solo a partire dal III-IV secolo.

Famosi esponenti buddhisti soggiornarono nei vari monasteri costruiti presso il monte Lu; citiamo: Huyuan (慧遠, 334-416) maestro della scuola della Terra Pura che fondò il tempio Donglin, ancora esistente; il traduttore Daosheng (道生, 355 – 434); il monaco indiano e traduttore Buddhabhadra (359-429); i patriarchi della scuola Tiantai Zhiyi (智顗, 538-597) e Guanding (灌頂, 561-632); il maestro della stessa scuola Zhikai (智鎧, 533-610) che lì si rifugiò durante un periodo di guerre, vi rimase per vent'anni ed ebbe numerosi discepoli tra cui Daoxin (道信, 580 – 651) che diverrà il quarto patriarca del Buddhismo Chan.

Secondo il letterato Li Daoyuan (酈道元, 466-527) il nome Lu si deve a un eremita di nome Lu Shu che vi avrebbe vissuto durante la dinastia Zhou (1122-256 a.C.). La divinità a cui era legata la montagna (山神 *shan shen*) viveva invece, nel vicino **lago Poyang**, ed era in grado di dividere i venti e di aiutare i marinai che navigavano sul lago. Era il lago più grande della Cina, da 1000 a 44000 km² a seconda della stagione, tristemente noto per le sue tempeste, ma oggi il volume delle sue acque si è ridotto del 90%. Si trova sul fiume Gan, affluente dello Yangtze.

Secondo il già citato testo storico: *Libro degli Han posteriori*, sul Monte Lu vivevano anche numerosi demoni, il principale dei quali era *Huangfu* (黃父, Padre giallo) che causava epidemie. Un monaco daoista, Luan Ba, che possedeva i poteri per dominare i demoni, li scacciò e da quel momento più nessuna malattia si diffuse nei dintorni del monte.

Nel *Chu san zang ji ji*, An Shigao è considerato un monaco, quindi dotato degli oggetti tradizionali, come il bastone, che in questo caso è anche un segno di poteri e di facoltà speciali.

Il bastone monastico, in sanscrito: *khakkharaka*, cinese *zhang xi* 杖錫, letteralmente: bastone di metallo (stagno), oggetto tradizionale dei mendicanti dell'antica India, aveva un'asta di legno con alla sommità una struttura metallica formata da anelli in numero variabile e significati simbolici differenti che, urtando tra loro, risuonavano e servivano in antico per allontanare gli animali soprattutto quelli pericolosi, inclusi i serpenti. In Cina, probabilmente in epoca più tarda rispetto al II secolo, era consuetudine che i monaci lo facessero risuonare davanti alle porte cui mendicavano al posto di bussare. È riportato il suo uso anche nel *Vinaya* Sarvāstivāda che però fu tradotto in cinese all'inizio del V secolo.

L'episodio leggendario narrato non stupisce in un'agiografia perché il racconto ha anche lo scopo di insegnare ai lettori alcuni punti della dottrina che erano più difficili da capire per la mentalità cinese, come le rinascite – che di fatto contraddicevano il millenario culto degli antenati, caposaldo della tradizione religiosa cinese. Viene posto l'accento sulla retribuzione karmica delle azioni, sia nell'episodio del furto del bambù, sia soprattutto nella vita dell'ex monaco.

L'episodio, come abbiamo detto, è collocato tra il racconto della precedente esistenza del *primo* Shigao principe dei Parti e la sua morte nell'esistenza presente (quella che viene narrata).

Quindi per i diversi motivi sopra esposti, l'episodio potrebbe essere stato un'interpolazione.

La fonte del racconto è ignota, si può ipotizzare qualche testo riguardante il Lushan, all'epoca sede ben nota di episodi prodigiosi.

La storia del pitone del Monte Lu venne ripresa nelle successive biografie di An Shigao e compare anche nel ***Catalogo dei mondi nascosti e visibili***, *Youming lu* 幽明錄, un testo che raccoglieva storie di miracoli buddhisti e non, tradizionalmente attribuito a Liu Yiqing, nipote di Liu Yu, il fondatore della dinastia Song nel 960. (Qualche informazione su Liu Yiqing si trova nelle cronache ufficiali della dinastia Song, *Song shu* e nel *Gaoseng zhuan* di Huijiao.)

8.2 Il racconto dal *Chu san zang ji ji* di Sengyou

Rendiamo in italiano, dopo confronto col testo cinese, la traduzione inglese di Ponampon[1] dal *Chu san zang ji ji* 出三藏記集, T55 – 2145 – 13.

In corsivo il brano già riportato nel capitolo 7.4.2.

> *Era verso la fine del regno dell'Imperatore Ling della Dinastia Han, quando Guan-Luo [la pianura di Guanzhong] era in grande caos. (Shigao) si recò a Jiangnan con in mano il suo bastone monastico*
> *Egli disse: "Devo andare a Lushan per salvare un ex compagno monaco."*
> Giunse al Tempio Gongtinghu che era stato a lungo il sito di una divinità potente/temibile [*Gongtinghu miao* si riferisce ad un antico tempio, ora scomparso, che si trovava nella città di Jiujiang 九江 nella provincia di Jiangxi].

Quando mercanti e viaggiatori venivano a pregarla, divideva il vento [nel soffiare] sia a monte che a valle, [così che] i viaggi in ogni [direzione] non avrebbero subito ritardi.

Una volta, una persona andò [al tempio] a mendicare delle canne di bambù dalla divinità, ma le prese senza permesso. La sua barca si capovolse e affondò e le canne di bambù [da sole] ritornarono al loro posto originario [al tempio]. Da allora in poi, tutti i barcaioli che navigavano [nei pressi del tempio] erano rispettosi e avevano timore perfino della (loro) ombra. [o dell'ombra della divinità? Quindi non rubarono più il bambù sacro.]

Shigao viaggiò con più di trenta imbarcazioni e (i naviganti) presentarono offerte sacrificali per chiedere protezione. Il dio [del tempio] discese a dire loro [ma senza farsi vedere, come si comprende dal seguito della narrazione]:
"C'è uno *śramaṇa* [monaco buddhista] su quella barca. Diteglī di venire su (nel tempio)!"
Tutti a bordo erano stupiti e chiesero a Shigao di entrare nel tempio. Il dio gli disse:
"Ho vissuto in un paese straniero nella mia vita precedente. Tu ed io abbiamo lasciato la famiglia per studiare il percorso [buddhista]. Ho praticato bene *dana*, la *pāramitā* (virtù) della generosità, ma ero facile all'ira, [di conseguenza] ora sono rinato come il dio del tempio Gongtinghu. La zona circostante per un migliaio di *li* [tradizionale misura di lunghezza, circa 415 metri] è sotto il mio controllo. A causa (dei meriti accumulati per la mia) generosità, ora posseggo abbondanti tesori. Tuttavia, a causa della mia rabbia, sono caduto nello stato di esistenza di questa divinità. O mio compagno monaco, nel vederti oggi [i miei sentimenti contrastanti di] felicità e tristezza sono difficili da esprimere. La mia vita presto giungerà al termine, ma il mio brutto corpo è immenso. Se abbandono la vita qui, il mio cadavere contaminerà il fiume e il lago, così ho deciso di finire la mia vita nella palude sterile sulla riva occidentale della montagna.
Temo che quando morirò, cadrò negli inferni. Possiedo migliaia di pezze di seta e vari tesori che puoi utilizzare per costruire uno *stūpa* (pagoda 塔) e diffondere il Dharma a nome

mio, così che io possa rinascere in un regno migliore."

Shigao disse: "Sono qui solo per salvarti, ma perché non riesco a vedere il tuo corpo?"

Il dio rispose: "Il mio corpo è molto strano e brutto e spaventerà la folla."

Shigao replicò: "Ti prego di mostrarti. La folla non sarà scioccata."

Il dio allungò la testa fuori dal seggio sacro (o altare 神座) e [si vide che] era un pitone gigantesco (*mang she* 蟒蛇).

Il serpente strisciò sulle ginocchia di Shigao con le lacrime che scendevano come pioggia. La sua coda era così lunga che nessuno sapeva dove terminasse.

Shigao parlò con lui in una lingua straniera [*hu*] che gli astanti non potevano capire. Poi, il pitone scomparve. Shigao prese le pezze di seta e i tesori e partì. Quando l'equipaggio della barca ebbe issato le vele, il dio apparve di nuovo in forma di pitone che era salito in cima alla montagna, e abbassò lo sguardo sulla folla. [Le persone] alzarono le mani [per salutare] e poi il pitone scomparve.

In poco tempo, [Shigao] arrivò a <u>Yu Zhang</u> [豫章 oggi la città di Nanchang] e usò i tesori del tempio [Gongtinghu] per costruire il Tempio Orientale [*dong si* 東寺; la frase, cronologicamente, dovrebbe stare alla fine della narrazione, però successivamente si dice che andò a Guangzhou.]

Non appena Shigao se ne fu andato, il dio del tempio morì.

Al crepuscolo, [presumibilmente del giorno dell'arrivo a Yu Zhang] un giovane uomo arrivò alla barca e si prostrò davanti ad An Shigao e ricevette da lui *mantra/incantesimi* e voti (impegni per la pratica del Dharma) [*zhou yuan*, 呪願]* e immediatamente scomparve.

Shigao disse alla gente che era a bordo:

"Il giovane di poco fa era il dio del tempio Gongtinghu che ha già deciso di eliminare il corpo del male."

Da quel momento, il dio del tempio non apparve più e non vi furono più prodigi.

Più tardi, la gente vide un pitone morto nella palude sulle pendici occidentali (del Monte Lu). La sua lunghezza dalla testa alla coda era di diverse miglia. Oggi, questo luogo si chiama 'Villaggio del serpente' (蛇村) e si trova nel distretto di Xunyang [尋陽; nel *Gaoseng zhuan* è: 潯陽].

* A conclusione dell'episodio ancora una considerazione: An Shigao viene considerato un maestro di mantra o di incantesimi, perché ne insegna uno al monaco che fu pitone, presumibilmente per dare maggiore importanza alla sua figura, non solo di maestro di meditazione e traduttore, ma anche di esperto di tecniche esoteriche.

Quando fu scritta la biografia, nel V secolo, mantra, *dhāraṇi* e incantesimi *zhou* avevano già avuto grande sviluppo in Cina, erano già stati tradotti parecchi *dhāraṇi-sūtra* e si stavano redigendo manuali e commentari su di esse[2], ma all'epoca di Shigao – siamo agli albori del Buddhismo in Cina – è improbabile che fossero già state eseguite traduzioni di testi indiani di dhāraṇi. Infatti Huijiao, nel suo già citato *Gaoseng zhuan,* attribuisce lo sviluppo degli incantesimi buddhisti al monaco Śrīmitra del IV secolo, considerato il traduttore di una versione, purtroppo perduta, del *Mahāmāyurī Vidyārājnī sūtra*[3]. Ovviamente An Shigao avrebbe potuto conoscere e usare testi indiani con mantra e dhāraṇi, ma siamo nel campo di ipotesi non dimostrabili.

NOTE BIBLIOGRAFICHE capitolo 8

1. Ponampon P.K., *Mission, Meditation And Miracles: An Shigao In Chinese Tradition*, University Of Otago, Dunedin, Nuova Zelanda 2014 (Tesi) pp. 37-60
2. Crosta A., *Medicina e Buddhismo*, Ed. Lulu, Releight USA 2017, pp. 211-30
3. Op. citata alla nota 2, pp. 222-24

9. La biografia di Huijiao e la cronologia nei testi su An Shigao

9.1 La biografia di Huijiao

Il *Gaoseng zhuan* 高僧傳, *Biografie dei monaci eminenti*, **in T50 – 2059**, scritto dal monaco Huijiao nel 519 o 530, racconta le vite di 257 monaci usando come fonti anche il precedente *Chu san zang ji ji*. La biografia di An Shigao è la terza, dopo le due brevi dedicate a Kāśyapa Mātaṅga e Dharmaratna, i due semi-leggendari monaci che portatono per primi il Dharma in Cina, vedi cap. 6.4.

Gli episodi della vita di An Shigao e la loro sequenza sono quasi identici a quelli riportati nella biografia precedente; dove vi sono divergenze le segnaleremo.

Per i commenti valgono quelli già espressi nei capitoli 7.4 e 8.

Gaoseng zhuan 高僧傳 **in T50 – 2059 -1 - 0323a24** - 324b12

[0323a24] 安清字世高。安息國王正后之太子也。幼以孝行見稱。加
又志業聰敏。剋意好學。外國典籍。及七曜五行醫方異術。乃至鳥獸
之聲。無不綜達。嘗行見群燕。忽謂伴曰。燕云應有送食者。頃之果
有致焉。眾咸奇之。故俊異之聲。早被西域。高雖在居家。而奉戒精
峻。王薨便嗣大位。乃深惟苦空。厭離形器。行服既畢。遂讓國與叔
出家修道。博曉經藏。尤精阿毘曇學。諷持禪經。略盡其妙。既而遊
方弘化。遍歷諸國。以漢桓之初。始到中夏。才悟機敏一聞能達。至
止未久。即通習華言。於是宣譯眾經改胡為漢。出安般守意陰持入大
小十二門及百六十品。初外國三藏。眾護撰述經要為二十七章。高乃
剖析護所集七章譯為漢文。即道地經是也。其先後所出經論。凡三十
九部。義理明析。文字允正。辯而不華。質而不野。凡在讀者皆亹亹
而不勌焉。高窮理盡性。自識緣業。多有神迹世莫能量。初高自稱。
先身已經出家。有一同學。多瞋。分衛值施主不稱。每輒慊恨。高屢
加訶諫終不悛改。如此二十餘年。乃與同學辭訣云。我當往廣州畢宿
世之對。卿明經精懃不在吾後。而性多瞋怒。命過當受惡形。我若得
道必當相度。既而遂適廣州值寇賊大亂。行路逢一少年。唾手拔刃曰。

真得汝矣。高笑曰。我宿命負卿故遠來相償。卿之忿怒故是前世時意
也。遂申頸受刃。容無懼色。賊遂殺之。觀者填陌。莫不駭其奇異。
既而神識。還為安息王太子。即今時世高身是也。高遊化中國宣經事
畢。值靈帝之末關雒擾亂。乃振錫江南。云我當過廬山度昔同學。行
達[邱-丘+共]亭湖廟。此廟舊有靈威。商旅祈禱乃分風上下各無留滯。
嘗有乞神竹者。未許輒取。舫即覆沒。竹還本處。自是舟人敬憚莫不
懾影。高同旅三十餘船奉牲請福。神乃降祝曰。船有沙門可便呼上。
客咸驚愕。請高入廟。神告高曰。吾昔外國與子俱出家學道。好行布
施。而性多瞋怒。今為[邱-丘+共]亭廟神周迴千里並吾所治。以布施
故珍玩甚豐。以瞋恚故墮此神報。今見同學悲欣可言。壽盡旦夕。而
醜形長大。若於此捨命穢污江湖。當度山西澤中。此身滅後恐墮地獄。
吾有絹千疋并雜寶物。可為立法營塔使生善處也。高曰。故來相度何
不出形。神曰。形甚醜異眾人必懼。高曰。但出眾人不怪也。神從床
後出頭。乃是大蟒。不知尾之長短。至高膝邊。高向之梵語數番讚唄
數契。蟒悲淚如雨須臾還隱。高即取絹物辭別而去。舟侶颺帆。蟒復
出身登山而望。眾人舉手然後乃滅。倏忽之頃便達豫章。即以廟物造
東寺。高去後神即命過。暮有一少年。上船長跪高前受其呪願。忽然
不見。高謂船人曰。向之少年。即[邱-丘+共]亭廟神。得離惡形矣。
於是廟神歇末無復靈驗。後人於山西澤中見一死蟒。頭尾數里。今潯
陽郡蛇村是也。高後復到廣州。尋其前世害己少年。時少年尚在。高
經至其家。說昔日償對之事。并敘宿緣。歡喜相向云。吾猶有餘報。
今當往會稽畢對。廣州客悟高非凡。豁然意解追悔前愆。厚相資供。
隨高東遊遂達會稽。至便入市。正值市中有亂。相打者誤著高頭應時
隕命。廣州客頻驗二報。遂精懃佛法具說事緣。遠近聞知莫不悲慟。
明三世之有徵也。高既王種西域賓旅。皆呼為安侯。至今猶為號焉。
天竺國自稱書為天書。語為天語。音訓詭蹇與漢殊異。先後傳譯多致
謬濫。唯高所出為群譯之首。安公以為。若及面稟不異見聖。列代明
德咸贊而思焉。余訪尋眾錄。紀載高公互有出沒。將以權迹隱顯應廢
多端。或由傳者紕繆致成乖角 輒備列眾異。庶或可論。案釋道安經
錄云。安世高以漢桓帝建和二年至靈帝建寧中二十餘年譯出三十餘部
經。又別傳云。晉太康末。有安侯道人。來至桑垣。出經竟封一函於
寺云後四年可開之。吳末行至楊州。使人貨一箱物以買一奴。名福善。
云是我善知識。仍將奴適豫章。度[邱-丘+共]亭廟神。為立寺竟。福
善以刀刺安侯脇。於是而終。桑垣人迺發其所封函財理自成字云。尊

吾道者居士陳慧。傳禪經者比丘僧會。是日正四年也。又庾仲雍荊州
記云。晉初有沙門安世高度[邱-丘+共]亭廟神。得財物立白馬寺於荊
城東南隅。宋臨川康王宣驗記云。蟒死於吳末。曇宗塔寺記云。丹陽
瓦官寺。晉哀帝時沙門慧力所立。後有沙門安世高。以[邱-丘+共]亭
廟餘物治之。然道安法師。既校閱群經詮錄傳譯。必不應謬。從漢桓
建和二年。至晉太康末。凡經一百四十餘年。若高公長壽或能如此。
而事不應然。何者。案如康僧會注安般守意經序云。此經世高所出。
久之沈翳。會有南陽韓林穎川文業會稽陳慧。此三賢者信道篤密。會
共請受。乃陳慧義。余助斟酌。尋僧會以晉太康元年乃死。而已云此
經出後久之沈翳。又世高封函之字云。尊吾道者居士陳慧。傳禪經者
比丘僧會。然安般所明盛說禪業。是知封函之記。信非虛作。既云二
人方傳吾道。豈容與共同世。且別傳自云。傳禪經者比丘僧會。會已
太康初死。何容太康之末方有安侯道人。首尾之言自為矛盾。正當隨
有一書謬指晉初。於是後諸作者。或道太康。或言吳末。雷同奔競無
以校焉。既晉初之說尚已難安。而曇宗記云。晉哀帝時。世高方復治
寺。其為謬說過乃懸矣。

Segue la nostra versione in italiano ottenuta dopo aver collazio-
nato le traduzioni di Shih[1] e di Forte[2,] seguita da confronto con il testo
cinese.

> An Qing, il cui *zi* era Shigao, era il figlio maggiore del re e
> della regina consorte (o prima consorte) di Anxi.
> Sin dall'infanzia fu lodato per la sua pietà filiale e per il suo
> comportamento; mostrò volontà ferma e intelligenza vivace, si
> dedicò agli studi. [Era capace di leggere i] libri stranieri,
> [s'intendeva] di astrologia (i sette astri), dei "cinque elementi",
> [praticava] le varie tecniche della medicina ed era persino in
> grado di comprendere il verso degli uccelli e degli animali.
> Una volta, camminando, vide uno stormo di rondini, subito
> disse ai compagni: "Le rondini dicono che vi sarà sicuramente
> qualcuno che ci invierà del cibo". Fu ciò che realmente accad-
> de dopo un po' e tutti ne rimasero stupiti. [L'episodio compare
> solo in questa biografia.] Ben presto, la fama del suo genio sor-
> prendente si sparse per i Paesi Occidentali.
> Gao [Huijiao usa spesso solo questo carattere.], sebbene fosse an-
> cora un laico [lett. fosse in casa] osservava scrupolosamente le

norme (buddhiste) dell'etica (戒, sanscrito *śīla*).

Quando il re morì, egli successe al posto del padre, ma, poco dopo, avendo meditato profondamente sulla sofferenza (*ku* 苦 sanscrito *duḥkha*) e sul vuoto (*kong* 空, sansc. *śūnyatā*; trattandosi di An Shigao probabilmente dovrebbe riferirsi alla mancanza di un sé/io, non alla vacuità intesa in senso mahāyānico), sentì disgusto e repulsione per le apparenze fisiche (形) e, quando finì il lutto, affidò il Paese allo zio e andò via dalla famiglia [*chujia* 出家, cioè divenne novizio] per praticare la Via.

Ottenne una vasta conoscenza del *Sūtra piṭaka* e si dedicò con fervore alle dottrine dell'*Abhidharma*. Recitò e memorizzò i testi di meditazione (*chan* 禪) di cui comprese il sottile insegnamento.

Dopo aver viaggiato in diversi reami operando molte conversioni, all'inizio del (regno) dell'imperatore Huan degli Han posteriori, per la prima volta venne in Cina.

La sua mente era così acuta che gli bastava ascoltare una sola volta per capire; poco tempo dopo il suo arrivo si impadronì della lingua cinese.

Allora tradusse e spiegò molti *Sūtra* dalla lingua straniera [*hu* 胡 vedi capitolo 7.4.1] in cinese. Tradusse: l'*Anban shouyi jing* [T602]; lo *Yin chi ru jing* [T603]; il *Da xiao shi er men* [vedi capitolo 13.4]; il *Bai liushi pin,* il 160° capitolo [degli *Ekottarikāgama*, testo perduto] e altro.

Lo straniero (maestro) del Tripitaka Zhonghu [眾護 Saṅgharakṣa] aveva, tempo prima, scritto un compendio dei sūtra in ventisette capitoli, Gao, allora, fece un estratto in sette capitoli del testo di Saṅgharakṣa e li tradusse in cinese (intitolandolo) *Daodi jing* [T607].

I sūtra e gli *śastra* (trattati) che egli tradusse assommano in tutto a **trentanove**: opere chiare nel significato e appropriate nel linguaggio. Eloquente, ma senza ricercatezze, semplice ma mai rozzo. [vedi capitolo 15.2 sullo stile] (per questo) chiunque li legga non si stanca.

Gao, avendo penetrato la ragione delle cose e la sua natura, conosceva il proprio destino karmico e molti segni miracolosi imponderabili per l'uomo comune.

Una volta Gao disse che nella vita anteriore aveva già abbandonato la propria famiglia [per farsi monaco, da notare che non dice che fu già principe di Partia] e con lui c'era un compagno il quale, quando andava in giro per elemosine se un benefattore si rifiutava (di dargli qualcosa), si adirava. Gao lo aveva a più riprese rimproverato e ammonito, ma non per questo egli migliorò. Erano passati più di vent'anni in questo modo e un giorno Gao disse: "Devo andare a Guangzhou per finire di espiare (atti) della mia vita precedente. Tu non mi sei secondo né per conoscenza delle Scritture né per zelo, tuttavia hai un carattere molto irascibile. Quando passerai ad altra vita rinascerai, certamente, con un brutto aspetto/corpo. Se io 'otterrò la Via', senza dubbio ti salverò."

Infine, trovandosi sulla strada per Guangzhou capitò in un grande tafferuglio di banditi, si imbatté in un giovinastro che, sputandosi sulle mani e sguainando la spada, disse: "ora ti ho!". E Gao, sorridendo, disse: "Ho un debito verso di te dalla mia esistenza precedente, dunque sono venuto da lontano proprio per saldarlo. La tua rabbia ha origine nella tua vita passata."

Così dicendo espose il collo alla lama senza mostrare alcuna paura. Il bandito, allora, lo uccise. Gli spettatori fecero ressa e si stupirono per quell'avvenimento straordinario.

La sua coscienza poi rinacque come principe ereditario di Partia, cioè nel corpo dell'attuale Shigao.

Gao venne in Cina per convertire. La sua attività come traduttore di testi terminò alla fine del regno dell'imperatore Ling, quando vi furono disordini a Guan-Luo. Allora dirigendosi verso Jiangnan, disse: "È necessario che io passi per il Monte Lu per salvare un vecchio compagno".

Kao giunse al tempio del lago Gongtinghu. In questo tempio da tempo abitato da una potenza spirituale, se i mercanti in viaggio lo pregavano, separava il vento (facendo sì che sia quelli che andavano verso) nord, (sia quelli che andavano verso) sud (potessero procedere) senza fermarsi.

Una volta vi fu qualcuno che chiese alla divinità delle canne di bambù e, sebbene non avesse ancora ottenuto il permesso, se ne impadronì. Ma ben presto la barca (sulla quale stava trasportando i bambù) si capovolse (e affondò) e tutte le canne di bambù fecero ritorno al loro posto originario. Da allora i barcaioli, presi da reverente timore, ebbero paura persino della loro ombra.

Gao e i suoi compagni di viaggio giunsero al tempio in più di trenta barche. Fecero offerte e pregarono per la buona fortuna e il dio allora, venendo giù, disse: "In una delle barche c'è un monaco buddhista, chiedetegli di salire (nel tempio)."

Tutti si stupirono e pregarono Gao di entrare nel sacrario.

Il dio disse a Gao: "In passato, in un paese straniero, andai via dalla mia famiglia e studiai la Via assieme a te; mi piaceva praticare *dana* [la generosità], ma ero di carattere molto irascibile. Adesso sono il dio del tempio Gongtinghu: per mille *li* tutto attorno ogni cosa è sotto la mia giurisdizione. A causa (dei meriti accumulati per aver praticato) *dana* ho una gran quantità di beni preziosi, ma, a causa della mia irascibilità, sono caduto nello stato di esistenza di questa divinità. Vedendo adesso il mio compagno (del passato) dovrei esprimere la gioia di incontrarlo e l'angoscia (per la condizione in cui mi trovo). La mia vita giungerà presto al termine, ma ho un corpo orribile e immenso. Dovessi morire qui, il mio cadavere insozzerà il fiume e il lago; per evitare ciò andrò in una palude a ovest della montagna [il Monte Lu]. Dopo che questo corpo perirà, temo che scenderò/finirò negli inferni. Posseggo mille rotoli di seta e diversi tesori; prendili per diffondere il Dharma e costruire uno *stūpa* (塔), forse così sarà possibile che io rinasca in un buon posto (stato di esistenza)".

Gao disse: "Sono venuto proprio per salvarti, perché non mostri il tuo corpo?"

Il dio rispose: "Il mio corpo è così mostruoso che tutti, certamente, ne avrebbero paura."

E Gao disse: "Vieni fuori, nessuno sarà sorpreso."

Il dio mise fuori la testa dal fondo del seggio sacro (神座) ed ecco apparire un gigantesco pitone dalla coda d'incalcolabile lunghezza. Il serpente si accostò alle ginocchia di Gao che gli parlò a lungo in sanscrito [lett. lingua di Brahma *fan yu* 梵語] e intonò molti inni. Il serpente versò tristemente un fiume di lacrime e dopo un po' tornò a nascondersi. Gao allora prese la seta e gli oggetti preziosi, si accomiatò dalla divinità e andò via. I barcaioli, mentre stavano alzando le vele, avendo visto il pitone che, riapparso, saliva la montagna, sollevarono le mani (per salutare), ma subito dopo esso sparì.

Non appena giunsero a Yu Zhang, con i beni del tempio Gongtinghu fondarono il Tempio Orientale (西寺). La divinità (serpente) morì subito dopo la partenza di Gao. La sera stessa, un giovane, salito sulla barca, stette a lungo in ginocchio dinnanzi a Shigao e dopo aver ricevuti da lui *mantra/incantesimi* e voti [impegni per la pratica del Dharma], improvvisamente sparì. Gao disse ai barcaioli: "Il giovane di prima è la divinità del tempio Gongtinghu che ha ottenuto di essere liberato dal brutto corpo."

Da allora la divinità scomparve e non avvennero più fatti miracolosi. In seguito venne trovato, nella palude a ovest del Monte (Lu), un pitone morto lungo parecchi *li*. Il luogo in questione è l'attuale 'Villaggio del Serpente' nel distretto di Xunyang, che deve il nome a questo evento.

Qualche tempo dopo, Gao andò di nuovo a Guangzhou in cerca del giovane che nella vita precedente lo aveva ucciso – in quel tempo infatti l'uomo era ancora in vita. Gao andò a casa di costui, gli parlò dell'espiazione di quei lontani giorni e descrisse tutte le circostanze della vita precedente e concluse allegramente: "Resta ancora un po' di retribuzione, dunque adesso devo andare a Kuaiji per finire di espiare."

L'ospite di Guangzhou si rese conto che Gao era (un uomo) fuori del comune, capì perfettamente e si pentì della sua precedente colpa. Donò del denaro a Gao e lo seguì (nel viaggio) verso Est.

Gao infine raggiunse Kuaiji e, non appena entrò in città e arrivò al mercato, gli capitò di trovarsi nel bel mezzo di una rissa: alcuni contendenti per sbaglio lo colpirono al capo ed egli subito perdette la vita.

L'ospite di Guangzhou che ripetutamente, in due esistenze, aveva conosciuto Gao e che alla fine era diventato pieno di zelo per la Legge del Buddha, descrisse i fatti e le circostanze dettagliatamente. Vicino e lontano non ci fu nessuno che, nell'apprendere la sua morte non se ne addolorasse e comprendesse che la legge della causalità si era verificata nel Triplice Mondo.

Gao, quand'era ancora principe, era tanto famoso che da tutti i viaggiatori dei Paesi Occidentali era chiamato il *Marchese di An* e tuttora lo si designa con questo nome.

Gli Indiani chiamano i propri libri *libri celesti* e le loro lingue *lingue celesti*. La pronuncia e il significato sono astrusi e bizzarri, molto differenti dal cinese.

Nelle traduzioni che sono state eseguite vi sono numerosi errori, soltanto quelle di Shigao prevalgono sulle altre.

Il venerabile Daoan pensava che [leggere le traduzioni di Shigao] era come ricevere l'insegnamento direttamente dal Buddha. Nel corso delle generazioni i grandi maestri hanno pensato (la stessa cosa) apprezzandolo.

[Da questo punto il testo non ha paralleli con il *Chu san zang ji ji*]

Io (Huijiao) nel consultare i vari cataloghi, ho constatato che le notizie concernenti il Venerabile Shigao presentano delle contraddizioni.

Sulla base di criteri interni ed esterni, se ne possono eliminare molte. A volte gli errori dei biografi possono rivelare la loro assurdità. Presento una serie di fonti differenti che possono essere discusse.

C'è scritto nel *Zonglizhongjing mulu* 綜理衆經目錄, *Catalogo delle Scritture,* compilato da Daoan (道安) nel 374:

> *An Shigao a partire dal secondo anno dell'era Jianhe* 建和 *dell'imperatore Huan* 桓 *degli Han* (148) *fino alla metà dell'era Jianning* 建宁 (168-172) *dell'imperatore Ling* 靈, *per più di vent'anni tradusse oltre trenta sūtra.*

Inoltre è detto nella biografia (di An Shigao) che:

> *Alla fine dell'era Taikang* 太康 (280-289) *dell'imperatore Wu* 武 *della dinastia Jin* 晉 *(occidentale) vi fu un monaco, il Marchese di An, che arrivò a Sang Yuan* 桑垣 *e tradusse sūtra. Qualche tempo dopo sigillò una scatola in un tempio e disse: "Potrete aprirla tra quattro anni." Alla fine della dinastia Wu* (222-280) *Gao si era recato a Yangzhou* 楊州 *dove aveva messo in vendita una cassa di oggetti (di valore) per comprare un servo di nome Fushan* 福善 *perché,*

disse, era il suo amico spirituale [*shan zhishi* 善 知 識,
sanscrito *kalyānamitra*]
[La vicenda è anomala anche perché le regole monastiche vietano
a un monaco di acquistare un servo.]

Lo portò con sé a Yu Zhang 豫章 (ora Nanchang) *per salvare la divinità del tempio Gongtinghu e costruire per lui
un tempio. Quando la costruzione fu terminata Fushan
trapassò con la sua spada il fianco del Marchese di An che
morì.* [Non si capisce il perché della diversità della vicenda.]

*Gli abitanti di Sang Yuan quando aprirono la scatola che
era stata sigillata si accorsero che le fibre del legno for-
mavano dei caratteri che dicevano:* 'Colui che avrà alta
considerazione della mia Via sarà il laico Chen Hui 陳慧,
colui che trasmetterà i sūtra della meditazione [*dhyana
sūtra, chan jing* 禪經] sarà il monaco (*śramaṇa*) (Kang)
Senghui 僧會.'

*Erano passati esattamente quattro anni (da quando fu
sigillata questa scatola).*

Inoltre nel *Jingzhou ji* 荊州記 [opera perduta] scritta da Yu
Zhongyong 庾仲雍 si dice:

*All'inizio della dinastia Jin occidentale (265-316) vi fu uno
śramaṇa, An Shigao, che salvò lo spirito del tempio
Gongtinghu e con i beni ottenuti fondò il Monastero del
'Cavallo Bianco' nella parte orientale di Changan.* [Molti
monasteri portarono questo nome, ma evidentemente c'è confusione nei nomi e nella datazione.]

È detto nel *Xuan yan ji* 宣驗記 [opera perduta] di [Liu Yiqing
劉義慶] principe di Linkuan 臨川 durante (la dinastia) Song
(宋 420-479), nome postumo Chang (康 403-444):

Il pitone (del Monte Lu) morì alla fine dei Wu (222 al 280).

Nel *Ta si ji* 塔寺記 di Tan Zhong 曇宗 (V secolo) si dice:

*Il (monastero) Waguan si 瓦官寺 a Danyang 丹陽 fu fon-
dato dallo śramaṇa Huili 慧力 al tempo dell'imperatore Ai
(哀 362-66) dei Jin 晉. In seguito vi fu lo śramaṇa An*

Shigao che lo diresse con i fondi del tempio Gongtinghu.
[Tale tempio sembra sia effettivamente stato fondato da Huili, ma non può essere stato "successivamente" diretto da Shigao.]
D'altra parte Daoan, maestro della Legge che esaminò tutte le traduzioni e catalogò i traduttori, non dev'essersi sbagliato.
Ora, dal secondo anno dell'era Jianhe 建和 dell'imperatore Huan 桓 degli Han (148) fino alla fine dell'era Taikang 太康 (280-289) della dinastia Jin 晉, corrono più di 140 anni; anche ammettendo che il venerabile Gao fosse stato molto longevo, i fatti non lo consentono.
Cosa significa? Stando alla prefazione di Kang Senghui all'*Anban shouyi jing:*

> *Questo sūtra fu tradotto da An Shigao. Dopo che esso restò nascosto per molto tempo* [la frase 久之沈翳 che riporta Huijiao non è presente nella prefazione che si è conservata nel Canone Cinese, forse egli aveva un testo diverso o in parte danneggiato] *incontrai Han Lin* 韓林 *che era originario di Nanyang* 南陽; *Pi Ye* 皮業 *di Yingchuan* 潁川 *e Chen Hui* 陳慧 *di Kuaiji* 會稽, *tre persone virtuose* (三賢者) *che credevano fermamente nella Via e li interrogai (sul senso del Sūtra). In seguito Chen Hui ne commentò il significato ed io lo assistei con le mie considerazioni.*

Ben presto, nel primo anno dell'era Taikang 太康 (280) della dinastia Jin 晉 [data certa], Senghui morì e già aveva scritto che quel sūtra dopo la sua traduzione era rimasto nascosto per molto tempo.

Peraltro i caratteri della scatola sigillata dicevano :

> *'Colui che avrà alta considerazione della mia Via sarà il laico Chen Hui, colui che trasmetterà i sūtra della meditazione sarà il monaco (Kang) Senghui.'*

Dal momento che le spiegazioni dell'*Anban* concernono in larga misura le pratiche della meditazione buddhista, ciò che era scritto nella scatola sigillata non era falso: vi si diceva nient'altro che due persone avrebbero trasmesso la Via di Shigao.
In che modo mai potrebbero essere della stessa generazione?
Senza considerare poi che nella stessa biografia (di An Shigao)

si dice che chi trasmetterà i sūtra di meditazione sarà il monaco Senghui, mentre egli era già morto all'inizio dell'era Taikang. In che modo sarebbe potuto esistere un *Marchese di An*, uomo della Via, alla fine dell'era Taikang?

Il discorso, da cima a fondo, è una contraddizione di termini.

È logico dedurre che un documento indicò, per errore, l'inizio dei Jin (d'Occidente) e, di conseguenza, gli scrittori, copiando in fretta e furia senza (operare la necessaria) collazione dei testi, scrissero qualche volta *Taikang* e altre volte *fine dei Wu*.

Dunque ciò che si dice riguardo all'esistenza di un altro Shigao all'inizio dei Jin non è più sostenibile.

Inoltre, per quanto riguarda quanto è detto nel *Ta si ji* di Tan Zhong, cioè che al tempo dell'imperatore Ai dei Jin (d'Oriente) Shiagao diresse il tempio Waguan, l'errore è sin troppo evidente.

9.2 Problemi riguardanti la cronologia nei testi su An Shigao

9.2.1 La certezza della data di arrivo in Cina

L'unica data certa, acclarata dalla stragrande maggioranza delle fonti, è l'inizio dell'era Jianhe dell'imperatore Huan della dinastia Han e il *Gaoseng zhuan* di Huijiao specifica l'anno di arrivo in Cina: **il secondo anno dell'era Jianhe dell'imperatore Huan della dinastia Han, quindi il 148 d.C.**

9.2.2 L'inesistenza di un secondo Shigao nel III-IV secolo

Dalle fonti citate da Huijiao sembrerebbe essere esistito nel III-IV secolo un altro monaco partico di nome (Shi) Gao. Anche non è da escludere che un suo seguace abbia voluto prendere un nome monastico che ricordasse il *patriarca*; come anche rileva Huijiao, è però impossibile per evidenti motivi cronologici, che costui fosse l'An Shigao cui sono attribuite la note vicende (pitone, circostanze della morte ecc.).

Sicuramente vi fu un errore nel riportare le date da parte di alcune fonti storiche.

Come scrive Huijiao, in modo conclusivo:

> Ciò che dunque si dice dell'esistenza di un altro Shigao al-
> l'inizio dei Jin non è più sostenibile.

9.2.3 La durata del soggiorno in Cina

Abbiamo commentato nel capitolo 7.4.2 che la vicenda del *primo* Shigao *continuò per più di vent'anni* e questo probabilmente ha creato un fraintendimento sulla durata del soggiorno del *secondo* An Shigao in Cina.

Analizziamo quanto riportato da Huijiao dal testo di Daoan:

> An Shigao a partire dal secondo anno dell'era Jianhe 建和 del-
> l'imperatore Huan 桓 degli Han (148) fino alla metà dell'era
> Jianning 建宁 (168-172) dell'imperatore Ling 靈, per più di
> vent'anni tradusse oltre trenta sūtra.

Tale affermazione non è in contrasto con le altre notizie, perché è anche possibile ammettere che trascorse più di vent'anni – indicazione molto elastica – ad eseguire traduzioni, però **non calcolando il periodo in cui, arrivato in Cina, dovette imparare il cinese** ed è giustificato pensare che la generica frase di Sengyou *non molto tempo dopo il suo arriv*o possa significare anche alcuni anni.

Se si ammette che nell'ultima parte della vita si allontanò da Luoyang per recarsi nel sud e viaggiare per lungo tempo, un soggiorno di circa trent'anni in Cina diventa plausibile. Tali datazioni sono legate anche alla probabile data di morte.

9.2.4 L'incertezza sulla data di morte di An Shigao

L'affermazione di Daoan riportata nel precedente paragrafo potrebbe indicare una data intorno al 170, ma riguarda la sua opera di traduttore e non determina necessariamente la data di morte. Tale datazione bassa è smentita da altre citazioni.

La biografia nel *Chu san zang ji ji*, vedi capitoli 7 e 8, dice:

Era verso la fine del regno dell'imperatore Ling della dinastia Han...

La biografia nel *Gaoseng zhuan* che abbiamo visto nel precedente paragrafo, dice:

Alla fine del regno dell'imperatore Ling ...

Poiché l'imperatore Ling regnò dal **168/9 al 189, la morte si colloca ipoteticamente alcuni anni prima del 189.**

Da queste indicazioni temporali si deduce inoltre che An Shigao trascorse in Cina oltre trent'anni (dal 148 al 180 sono trentadue anni, e non soltanto una ventina[3]).

Diversi studiosi ipotizzano che la morte di An Shigao sia avvenuta intorno al 180, che sembra essere una datazione attendibile, vedi il *Princeton Dictionary of Buddhism*[4].

NOTE BIBLIOGRAFICHE capitolo 9

1. Shih R., *Biographies des moines éminents: Kao seng tchouan de Houei-Kiao*, Traduites et annotées par R. Shih, Institut Orientaliste, Louvain Olanda 1968, pp. 4-12

2. Forte A., *An Shih-kao: biografia e note critiche*, Annali dell'Istituto Orientale di Napoli, 28, 1968, pp. 151–194

3. Nattier J., *A Guide to the Earliest Chinese Buddhist Translations Texts from the Eastern Han and Three Kingdoms*, Bibliotheca Philologica et Philosophica Buddhica, vol. X, The International Research Institute for Advanced Buddhology - Soka University, Tokyo Giappone 2008, p. 38

4. *"An Shigao"*, voce in: Buswell R.E. Jr.; Lopez D.S. Jr. ed., *The Princeton Dictionary of Buddhism*, Princeton University Press, Princeton, New Jersey USA 2014, p. 49

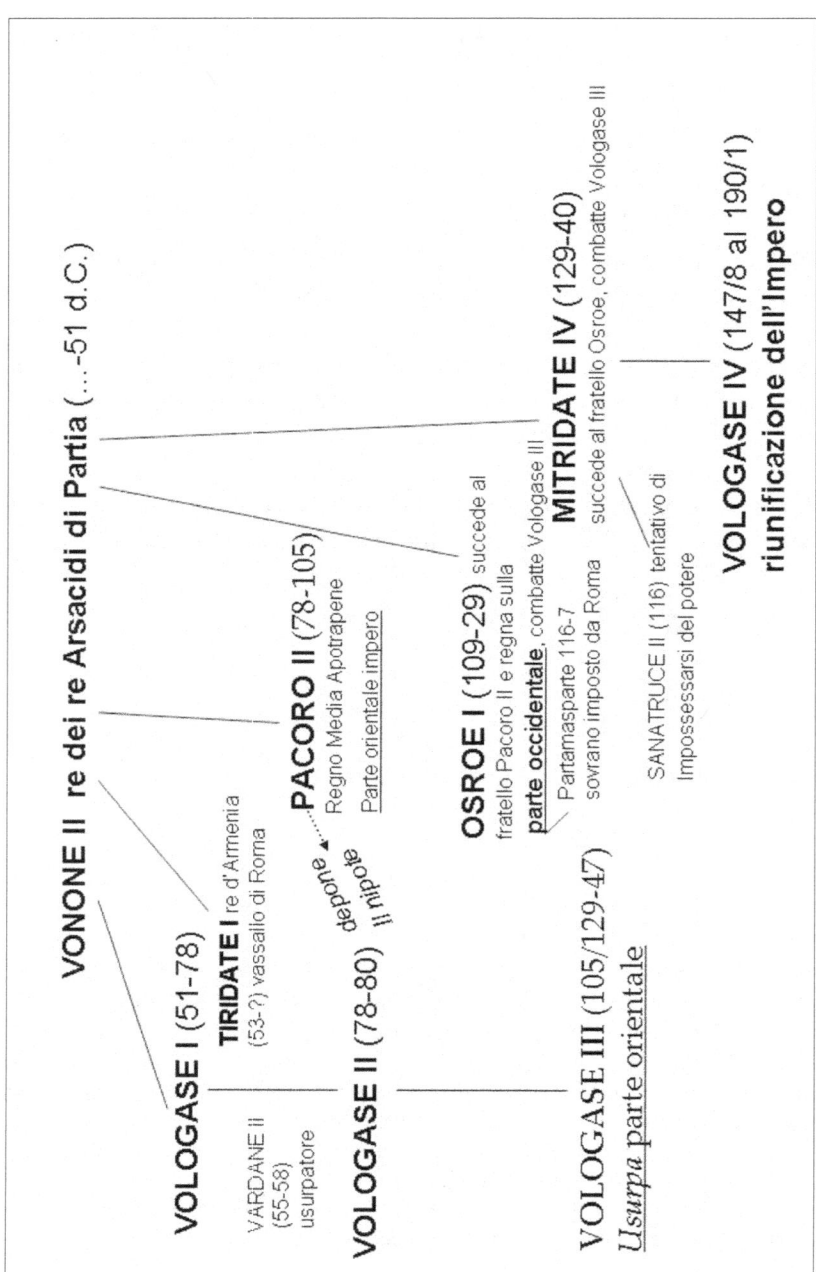

Probabili successioni nella stirpe Arsacide nel I e II secolo d.C.

VONONE II re dei re Arsacidi di Partia (...-51 d.C.)

VOLOGASE I (51-78)

TIRIDATE I re d'Armenia
(53-?) vassallo di Roma

VARDANE II
(55-58)
usurpatore

depone / *il nipote*

PACORO II (78-105)
Regno Media Apotrapene
Parte orientale impero

VOLOGASE II (78-80)

OSROE I (109-29) succede al
fratello Pacoro II e regna sulla
parte occidentale, combatte Vologase III

Partamasparte 116-7
sovrano imposto da Roma

SANATRUCE II (116) tentativo di
impossessarsi del potere

MITRIDATE IV (129-40)
succede al fratello Osroe, combatte Vologase III

VOLOGASE III (105/129-47)
Usurpa parte orientale

VOLOGASE IV (147/8 al 190/1)
riunificazione dell'Impero

10. An Shigao nella stirpe arsacide. Rinuncia e allontanamento dalla Partia

10.1 Principe ereditario di Partia?

Nella prefazione scritta da Kang Senghui, che abbiamo analizzato estesamente nel capitolo 7.3, è scritto:

> Era il figlio del re di Anxi e della sua regina. Egli cedette il trono a suo *zio* [s*hu* 叔].

Nella biografia contenuta nel *Chu san zang ji ji*, che abbiamo tradotto nel capitolo 7.4, si dice:

> An Qing, il cui *zi* era Shigao, era un principe ereditario nato dalla regina principale del re di Anxi (Partia). [...]
> Dopo aver completato il periodo di lutto [per la morte del padre], *subito abdicò al trono in favore di suo zio* e rinunciò alla vita secolare per coltivare il sentiero buddhista.

Le fonti buddhiste più antiche sembrano molto chiare, anche se alcuni studiosi hanno proposto ipotesi diverse.

Alcuni hanno ipotizzato che il termine Anxi si riferisse genericamente ai territori a ovest della Cina, ma ci sono evidenze nelle cronache cinesi (vedi capitolo 4.2) che Anxi si riferisca proprio all'impero di Partia e non ai regni satelliti.

È stato ipotizzato, da Deleanu[1] e altri, per risolvere alcuni problemi che esamineremo nel corso di questo e dei prossimi capitoli, che An Shigao fosse un principe della famiglia di uno dei regni della confederazione partica, probabilmente uno di quelli posti verso est perché era la zona in cui maggiore era l'influenza buddhista e quindi sarebbe stato più facile per un principe seguire il Dharma e ricevere insegnamenti dai molti monaci di origine indiana che si recavano nell'Asia centrale come *missionari.* In questo caso però le notizie che abbiamo sulle famiglie dei sovrani di questi regni sono molto minori rispetto a quelle – pur scarse – sugli Arsacidi; quindi tale ipotesi resta nella più profonda indeterminatezza.

Mochizuki[2], in un vecchio articolo, fece l'ipotesi che fosse figlio del re Mancu, che nel 101 inviò doni alla corte cinese, ma l'incertezza del nome e il fatto che fosse ancora regnante dopo 46 anni, quando An Shiagao rinunciò al trono e andò in Cina, rendono la teoria improbabile, così come quella espressa da Tremblay[3] che fosse un principe di Bukhara, perché la città-stato fiorì nel V secolo (vedi capitoli 5.3 e 10.3).

Abbiamo poche notizie sugli Arsacidi, quindi le ipotesi che faremo nel successivo paragrafo sono puramente indiziarie e lasciano molti interrogativi senza risposta, almeno sinché non si trovino riscontri archeologici.

Poiché le ipotesi che An Shigao non fosse un principe della Partia mancano totalmente di riscontri testuali, riteniamo di accettare i fatti descritti nelle fonti buddhiste cioè che appartenesse alla stirpe Arsacide; fosse figlio e principe ereditario di un sovrano e che si fosse allontanato dalla patria nel 147 per arrivare in Cina nel 148. Iniziamo quindi a esaminare la situazione politica della Partia all'epoca.

10.2 La situazione dinastica nella Partia del II secolo

Come abbiamo accennato la genealogia dei sovrani partici è controversa e le fonti sono scarse; ci si basa soprattutto sulle monete perché ogni imperatore, appena preso il potere, iniziava a coniare le proprie, per lo più con l'anno e talora il mese di emissione.

La genealogia arsacide è stata recentemente rivista e quindi in testi di alcuni decenni fa l'ordinale del nome non sempre coincide (Vologase IV in alcuni testi è III e gli altri omonimi a scalare, come in Debevoise[4]); occorre anche tenere presente che in alcuni casi i monarchi erano i *re dei re* (*šhāh-an-šhāh*) partici e contemporaneamente sovrani di alcuni regni minori e quindi lo stesso personaggio ha numerazioni differenti (ad esempio Vologase II di Partia fu anche Vologase I d'Armenia). Lo stesso sovrano può essere denominato con una numerazione diversa se viene considerato anche l'elenco dei *ribelli* o *usurpatori,* numerosi nella dinastia. Generalmente tali usurpatori si impadronivano di una parte del regno e coniavano proprie monete però senza l'appellativo "arsace".

Il periodo in cui visse An Shigao, accettando la tradizione del suo arrivo in Cina nel 148, fu caratterizzato da forte instabilità politica con più sovrani contemporaneamente (come appare dalla monetazione), divisione dell'Impero in due parti, guerre fratricide per il potere tra pretendenti al trono sostenuti dalle loro fazioni presso la nobiltà e l'esercito.

Poi, dal 140 al 147, vi fu un periodo di interregno, tra la morte di Mitridate IV, la definitiva sconfitta di Vologase III e la presa di potere di Vologase IV con la riunificazione dell'Impero.

La situazione dinastica in questo periodo era assai complicata: presumibilmente cinque figli dell'imperatore Vonone II presero successivamente il potere. Purtroppo le fonti indicano gli anni del regno e l'ultimo è generalmente quello della morte, ma non ci forniscono l'anno di nascita dei sovrani.

Alla morte di Vonone II salì al trono il figlio, probabilmente primogenito, **Vologase (o Vologese) I** che regnò dal 51 al 78/80 e che insediò sul trono d'Armenia il fratello Tiridate.

Vologase I dovette combattere contro il figlio *usurpatore* Vardane II che fu attivo dal 55 al 58.

Alla morte di Vologase I, nel 78/80, suo fratello **Pacoro II** prese il potere e si insediò nella parte orientale dell'Impero e regnò dal 78 al 105 (in alcune fonti 115). Egli sconfisse il nipote Vologase II, figlio di Vologase I, che aveva reclamato il trono e che fu attivo dal 77/78 al 89/90.

Alla morte di Pacoro II, suo fratello **Osroe I** si proclamò imperatore e si insediò sulla parte Occidentale dell'Impero governando dal 109 al 129, anno in cui perì durante il conflitto con Vologase III.

Nel frattempo l'imperatore romano Traiano fu l'unico che, anche se per un breve periodo, riuscì a conquistare l'Impero partico, infatti, come scrive Dione Cassio, nel 116 d.C. «impose ai Parti Partamaspate [figlio di Osroe I] come re, coronandolo con il diadema.»[5]

La politica traianea in Oriente non portò ai risultati sperati perché già nel 117 d.C. Partamaspate fu detronizzato dal padre Osroe I che divenne nuovamente l'unico re Arsacide. Osroe I ebbe una figlia catturata dai Romani nel 116 e la riottenne solo nel 129. I successori di Traiano riportarono il confine all'Eufrate e il dominio dei Parti ritornò sulle terre orientali.

Dopo la morte di Pacoro II, **Vologase III** (II nella vecchia denominazione), che è stato ipotizzato fosse un figlio di Vologase II, si dichiarò pretendente al trono e assunse il potere sulla parte orientale dell'Impero regnando con certezza dal **129, anno di morte di Osroe I, ma forse anche in precedenza, e fino al 147 circa;** un lungo regno di cui ci è rimasta una vasta e raffinata monetazione, indice di un periodo prospero. Sulle monete vi è l'appellativo di "arsace", perché doveva appartenere alla famiglia degli Arsacidi; di fatto, se la genealogia è corretta, aveva ripreso, anche se solo su una parte del regno, il potere imperiale che lo zio aveva tolto a suo padre. Ovviamente era considerato *usurpatore* dagli altri zii. Fu anche re d'Armenia dal 117/8 al 144.

Dalle cronache[6] si sa che fu il padre della principessa Ghadana, che in seguito sposò Pharasmanes II di Iberia e divenne regina dell'Iberia Caucasica, che corrisponde all'incirca all'odierna Georgia.

Una minaccia molto grave per il regno fu l'invasione, negli anni 134-36, della popolazione nomade iranica (del ramo scito-sarmatico) degli Alani che penetrarono nelle odierne Albania, Media, Armenia e Cappadocia. Furono cacciati con grande difficoltà e pesanti oneri finanziari.

Durante il regno del successore di Adriano, l'imperatore romano Antonino Pio (138-61), scoppiarono di nuovo conflitti per l'Armenia, ma sono scarsi i dettagli degli eventi, che probabilmente ebbero luogo tra 140 e 144. Ciò che si sa è che i Romani installarono un nuovo re in Armenia e Vologase III non reagì, presumibilmente perché non si sentiva abbastanza forte o forse perché non voleva mettere in pericolo il fiorente commercio sulle Vie della Seta da cui i Parti ottenevano grandi profitti. Di Vologase III rimane un sintetico cenno nell'*Epitome* del libro LXIX, 15 della *Storia Romana* di Dione Cassio.

A Osroe I succedette il fratello **Mitridate IV (129–140)** che sembra aver inizialmente controllato solo la regione dell'altopiano iranico e che continuò la lotta contro Vologase III. Mitridate IV era il figlio più giovane di Vonone II, nato da una concubina greca. In precedenza, durante l'invasione della Mesopotamia da parte dall'imperatore romano Traiano nel 116, lui e suo figlio Sanatruce II avevano già tentato di prendere il potere proclamandosi re, ma furono sconfitti da Traiano e Sanatruce era morto in battaglia.

Alla morte di Mitridate IV, suo figlio Vologase IV continuò la lotta contro Vologase III ma riuscì a riunificare l'impero solo alla di lui morte, nel 147/8, e regnò sino al 190/1.

Vologase è la grecizzazione del nome partico: Walagash, che in persiano è *Balāsh* o *Balāš*[7]. Il suo regno fu caratterizzato da un periodo di pace e stabilità sino al 161, allorché il sovrano decise di rinnovare le ostilità con Roma.

Se ipotizziamo che An Shigao quando arrivò in Cina nel 148 avesse circa 20 anni (da 16 a 30 come ipotetico arco temporale perché se rimase lì oltre vent'anni, forse una trentina, difficilmente vi sarebbe giunto ad un'età maggiore), come indicherebbero le fonti buddhiste, età in cui avrebbe avuto diritto a salire al trono e/o fare atto di rinuncia, doveva essere nato tra il 118 e il 132. All'epoca quali erano i sovrani arsacidi di cui poteva essere figlio? **La scarsità delle fonti permette solo alcune ipotesi, senza però basi concrete, per i problemi che ciascuna pone.**

Ipotesi A Se fosse stato un figlio di Osroe I che morì nel 129 o venne deposto dall'imperatore romano Traiano nel 114, dopo la morte di Traiano, non avrebbe potuto succedergli nel 147.

Ipotesi B Se fosse stato figlio di Pacoro II che morì nel 105, le problematiche sopra esposte sarebbero ancora più gravi, perché non si comprende cosa avrebbe fatto negli anni dal 105 al 145/7, in una situazione dinastica e politica estremamente difficile.

Ipotesi C Se fosse stato il figlio di Vologase III, questo spiegherebbe la *fuga* dopo la morte del padre nel 147, indicata dalle biografie buddhiste, ma non la rinuncia a favore di uno *zio* a meno che le fonti buddhiste, non conoscendo la complessa genealogia, volessero indicare genericamente un parente, che sarebbe Vologase IV, appartenente però al ramo della famiglia che aveva combattuto suo padre, situazione assai problematica.

Ipotesi D Se fosse stato figlio di Mitridate IV, il padre doveva essere nato poco prima dell'anno 51 e morto quasi novantenne nel 140 (età molto difficile da raggiungere all'epoca, ma certamente possibile). Tra il 140, morte di Mitridate IV e il 147, ascesa al trono di Vologase IV, c'è un interregno di cui abbiamo detto sopra. Comunque An Shigao avrebbe ceduto il trono al *fratello* Vologase IV e non allo zio.

Le fonti buddhiste usano il termine ***shu*** 叔 che di solito significa *fratello del padre*, cioè zio, ma può anche indicare *l'ultimo tra tre fratelli*, secondo Forte[8], ciò rende possibile il fatto che avesse in realtà ceduto il trono ad un suo fratello più giovane e sappiamo che Mitridate IV aveva avuto almeno due figli: Sanatruce, morto nel 116 e Vologase IV; An Shigao avrebbe potuto essere il fratello mediano.

In definitiva risulta praticamente impossibile situare An Shigao nella stirpe Arsacide rispettando tutti i punti indicati dalle biografie buddhiste.

Alcuni studiosi hanno rilevato che tale narrazione – il principe ereditario che rinuncia al trono – potrebbe essere un calco della vita del Buddha Śākyamuni, **ma probabilmente le fonti buddhiste non riportano correttamente le relazioni di parentela,** che comunque erano assai complicate nella dinastia Arsacide.

Abbiamo cercato di riassumere le complesse successioni con uno schema, alla pagina 120.

10.3 I motivi della rinuncia al trono

Ipotesi 1 Rinuncia volontaria come apparirebbe dai testi buddhisti, per motivi etici: essendo seguace degli insegnamenti del Buddha non riteneva fosse benefico per lui assumere il potere imperiale con tutte le conseguenze karmiche che ne seguivano a causa delle guerre, delle esecuzioni, dei riti sacrificali e via dicendo, soprattutto in un periodo di lotte fratricide.

Ipotesi 2 Rinuncia imposta dalla famiglia e dalla nobiltà partica che aveva grande influenza sulle nomine dei sovrani.

Un re che fosse apertamente buddhista non sarebbe stato accettato dalla corte arsacide che probabilmente, come abbiamo detto nel capitolo 6 sulla religione, era politeista o zoroastriana. Vi era tolleranza religiosa per i sudditi, ma la famiglia imperiale pare dovesse mantenere alcune tradizioni e usanze. Il sovrano che regnò dopo la rinuncia di An Shigao, Vologase IV, fu notoriamente seguace e fautore dello Zoroastrismo.

Inoltre colui che diverrà Vologase IV sembra aver avuto un ruolo importante nell'esercito per riuscire a continuare la lotta contro Vologase III e poi a riunire le due parti dell'impero prima della sua formale ascesa al trono.

An Shigao era buddhista, quindi è poco probabile che fosse un comandante militare.

10.4 Il ruolo e lo status di An Shigao. Espatriato volontariamente? Esiliato/ostaggio?

Nel capitolo 5 sulle *Vie della Seta* abbiamo sottolineato come il viaggio dalla Partia alla capitale cinese durasse molti mesi, condizionato anche, se per mare, dalla direzione degli alisei e, se per via di terra, dall'inclemenza del clima invernale nelle zone montuose dell'Asia centrale e dalle difficoltà dell'attraversamento di zone desertiche; quindi An Shigao presumibilmente partì circa un anno prima dell'arrivo nel *secondo anno del regno dell'imperatore cinese Huan*, che era salito al trono nel mese di agosto del 146.

An Shigao potrebbe quindi essere partito per la Cina appena dopo la presa di potere definitiva di Vologase IV nel 147.

Le possibilità sono :

• An Shigao **si allontanò volontariamente** dalla patria per motivi dinastici o personali che mai potremo conoscere. È psicologicamente poco probabile che An Shigao avesse sviluppato attività da letterato, e di elevato livello, solo dopo il suo arrivo in Cina: studio e spiritualità dovevano essere già sue precedenti predisposizioni, abitudini e forse tratti di personalità.

Le fonti buddhiste agiografiche non ci danno le motivazioni della scelta di andare proprio Cina per portarvi il Dharma. Certamente gli altri Stati dell'Asia Centrale o dell'India erano o troppo vicini alla Partia o già il Buddhismo era ampiamente praticato nei loro territori. La Cina appariva come un immenso Paese, lontanissimo e in cui il Dharma aveva appena iniziato a diffondersi.

- An Shigao fu **mandato in esilio** – il più lontano possibile – per eliminare un pretendente al trono. La prassi dei predecessori era piuttosto quella di uccidere tutti i rivali, in questo caso forse una rinuncia ufficiale o la personalità di An Shigao, che sembrerebbe essere stato più dedito agli studi e alla spiritualità che alle guerre, potrebbero aver fatto propendere per la decisione di lasciarlo in vita, ma in un esilio senza ritorno. Inviarlo in altri Stati confinanti avrebbe potuto significare la possibilità di rientrare in patria, forse a capo di eserciti alleati, mentre la Cina era troppo lontana dalla Partia.

- L'ipotesi dell'invio come ambasciatore non è suffragata dalle fonti cinesi sia storiche sia buddhiste.

- An Shigao fu inviato come **ostaggio** per mantenere buoni i rapporti con la Cina e stabilizzare la pace, almeno sul fronte orientale, dato che quello occidentale, a causa dei conflitti con l'Impero Romano continuava a rimanere instabile; questa è l'ipotesi proposta da Antonino Forte, ma in base a documenti tardi che esamineremo a fondo nel prossimo capitolo.

NOTE BIBLIOGRAFICHE capitolo 10

1. Deleanu F., *An Shigao and the History of the Anban shouyijing* , in *Ronsō: Ajia bunka to shisō [Asian Culture and Thought]*, n° 2, 1993, pp. 1-47
2. Mochizuki Shinkō, *A Study of Pure Land Buddhism*, Kanao bunendō, Tokyo Giappone 1922, p. 417
3. Tremblay X., *The Spread of Buddhism in Serindia: Buddhism among Iranians, Tocharians and Turks before the 13th Century*, in: Heirmann A.; Bumbacher S.P., *The Spread of Buddhism*, Brill, Leiden-Boston 2007, p. 93
4. Debevoise N.C., *A political History of Parthia*, The University of Chicago Press, Chicago USA 1938
5. Dione Cassio Cocceiano, *Storia Romana,* LXVIII 30, 3.
6. Toumanoff C., *Chronology of the Early Kings of Iberia*, in *Traditio* n° 25, 1969, p. 17
7. Vedi sito: http://www.iranicaonline.org/articles/balas-proper-name##5 e la bibliografia citata.
8. Forte A, *The Hostage An Shigao and His Offspring: An Iranian Family in China.* Italian School of East Asian Studies, Kyoto Giappone 1995, p. 68

Moneta di Vologase IV di Partia, sul verso il re seduto in trono riceve una corona dalla dea greca della Fortuna, Tyche. L'iscrizione in greco, ΒΑΣΙΛΕΩΣ ΒΑΣΙΛΕΩΝ ΑΡΣΑΚΟΥ ΟΛΟΓΑΣΟΥ ΑΠΕΛΑΙΟΥ ΔΙΚΑΙΟΣ ΕΠΙΦΑΝΟΥ ΦΙΛΕΛΛΗΝΟΣ *significa:* Il Re dei re Vologase Arsace, l'unto, il giusto, l'illustre, amico dei Greci. *La moneta reca inciso* ΔΞΥ, *data da leggere da sinistra verso destra, che indica il numero 464 della cosiddetta Era Seleucida che corriponde al 152–153 d.C. La scritta* ΑΠΕΛΑΙΟΥ *data la moneta al mese di Novembre. Il nome Arsace aggiunto al proprio era prassi dei sovrani partici.*

11. Le citazioni di An Shiago nelle fonti letterarie cinesi e nelle epigrafi

An Shigao, parecchi secoli dopo la sua esistenza terrena, appare in varie fonti: cronache ufficiali cinesi ed epigrafi funerarie.

11.1 An Shigao nelle cronache ufficiali cinesi

Queste fonti indicherebbero che An Shiagao fu un ostaggio inviato alla corte degli Han ed ebbe dei discendenti. Esse sono le seguenti, secondo le ricerche di Antonino Forte.

11.1.1 *Wei shu* e *Bei shi*

Le cronache ufficiali della storia della Cina comprendono 24 testi. Ci sono due fonti che citano i discendenti di An Shigao. La prima è: *Wei shu* 魏書, *Libro (Storia) della dinastia Wei*, scritta da Wei Shou nel **551-54**, e riguarda le Dinastie Wei del Nord e Occidentale dal 386 al 550; (benchè parzialmente perduta fu ricostruita).

Il secondo testo è il *Bei shi* 北史, S*toria della dinastia del Nord* dal 386 al 581 compilata nel **VII secolo**. Ricordiamo che, dopo la dinastia Han, la Cina si suddivise in più regni.

Durante i periodi di guerre e instabilità politica era comune che le famiglie cinesi si trasferissero da una località all'altra.

Nei due testi citati ci sono le biografie di **An Tong,** morto nel 429 e di suo figlio An Yuan morto nel 435. Nel 386 An Tong fu designato col titolo di *waichao daren* 外朝大人, *Grande ufficiale della corte esterna* cioè principale ministro dall'imperatore Taizu, il primo regnante della dinastia Wei del Nord.

Nella biografia di An Tong si dice:

> An Tong era un *hu* (straniero, iraniano) di Liaodong [遼東, una penisola nel nord-est della Cina]. Il suo antenato era Shigao che al tempo degli Han entrò a Luoyang come principe-figlio al servizio/al seguito [della corte cinese, quindi ostaggio *shizi* 恃子] del re di Anxi. Durante le dinastie Wei (220-265) e Jin (265-317

e 317- 420) (i discendenti di An Shigao) cercarono rifugio dai disordini in Liaodong e alla fine vi si stabilirono.[1]

Le storie citate raccontano, ad esempio, che il padre di An Tong era An Qu che fu un ufficiale sotto Murong Wei (che regnò dal 360 al 370, imperatore della dinastia degli Yan anteriori nel periodo dei Sedici Regni, che si era stabilita nell'odierna Beijing e che teneva il territorio di Liaodong sotto il proprio dominio).

Amico di An Qu era il potente mercante Gongsun Juan che prese sotto la sua protezione il giovane An Tong.

11.1.2. *Yuanhe xingzuan*

Un terza fonte è il *Yuanhe xingzuan* 元和姓纂, *Compendio dei cognomi dell'era Yuanhe*, compilato da Lin Bao **nell'anno 812**, (cui abbiamo accennato nel capitolo 1), parzialmente perso durante l'era Song, fu ricostruito nel diciottesimo secolo. Lin Bao scrive:

> «Famiglia An.»
>
> Il *Fengsu tong* [testo scritto dallo storico Ying Shao 應劭 intorno al 175, quindi contemporaneo di Shigao] dice che durante la dinastia Han visse An Cheng (che fu governatore o comandante).
>
> Il *Lushan ji* (testo scritto da Huiyuan, 334-416) dice che An Gao [per il nome vedi capitolo 1.4] era il figlio del re di Anxi che entrò come ostaggio alla corte durante l'era Han [...] e (i suoi discendenti) vissero nel territorio di Liang [un antico stato nell'odierno Shaanxi, nella zona nord-occidentale della Cina, confinante col Gansu]. A partire da An Nantuo dell'ultima era Wei a suo nipote An Panshaluo per generazioni vissero a Liangzhu [凉州, oggi Wuwei nella provincia di Gansu, situata sul tratto orientale della Via della Seta, era una provincia importante dal punto di vista economico, oltre che da quello della trasmissione culturale: vi si trovano templi buddhisti come le celebri Grotte dei Mille Buddha a Mogao, vicino a Dunhuang]. (Costoro e i loro discendenti) ebbero il ruolo di *sabao* [vedi capitolo 5.3.2, nel testo segue la genealogia ...]. Poi, come detto sopra, si trasferirono in Liaodong.[2]

Del citato *Lushan ji* si è conservato un frammento in cui è detto[3]:

> Sotto (il Monte Lu) c'è lo spirito del tempio chiamato Gaongting. Lo spirito è il Marchese di An.

11.1.3. *Xin tang shu*

Altra fonte è la *Tavola genealogica del grande ministro Li Baoyu* (704-777) nel **Xin tang shu**, 新唐書, *Nuova storia dei Tang*, la storia ufficiale della dinastia Tang, finita di compilare nel 1060 sulla base di cronache antecedenti. In due biografie è detto che nel 757 ottenne di poter cambiare il suo cognome da *An* a *Li*, quello della famiglia imperiale, per non portare lo stesso nome del famoso ribelle An Lushan che forse era un membro di un ramo collaterale della famiglia, e anche per contrastare le correnti xenofobe che erano attive in quel periodo. Però questa e altre fonti su Li Baoyu non citano tra i suoi antenati i predetti An Tong e An Youan, quindi si dovrebbero supporre due rami della famiglia che proclamava come capostipite An Shigao.

Altre genealogie successive e dizionari poetici riportano la discendenza da An Shigao, scritto di nuovo col carattere *shi* perché ormai era decaduto il divieto di usarlo. Rimandiamo per approfondimenti al testo di Forte che, analizzando anche le discrepanze tra le fonti più tarde, conclude che probabilmente il Gansu fu la regione in cui i discendenti di An Shigao vissero prima di trasferirsi a Liaodong come affermato dalla genealogia di Li Baoyu e forse un ramo della famiglia rimase nel Gansu e raggiunse Liaodong dopo che l'altro ramo vi si era stabilito fin dall'era Wei[4].

Tale divergenze geografiche però appaiono poco spiegabili, forse ci fu confusione tra i viaggi del capostipite e i successivi spostamenti delle supposte famiglie da lui discendenti.

11.1.4 Altre fonti successive.

Forte[5] rileva che tale discendenza è riportata anche nello *Shizu lüe* 氏族略, *Compendio dei nomi di famiglia e dei lignaggi* contenuto nel **Tong zhi** 通志, *Trattati generali (delle Istituzioni)* compilato nel **1160** circa da Zheng Qiao 鄭樵.

Inoltre è citata nel commentario all'opera storica **Zizhi Tongjiang** 資治通鑑, pubblicata nel **1084** da Hu Sanxing (胡三省) e in altre opere per le quali rimandiamo al citato testo di Forte[6].

11.2 Fonti epigrafiche

Forte esamina tre iscrizioni del VII e VIII secolo.

La prima è la stele funeraria di **An Yuanshou** morto nel **683** la cui tomba, che conteneva anche le spoglie della moglie, fu scoperta nel villaggio di Xinzhai, subprefettura di Liquan nello Shaanxi, nel 1972. Costui proveniva dalla regione di Guzhang 古丈縣 nel distretto di Liangzhou ed era un generale della guardia imperiale. Il padre era An Xinggui, citato nel *Yuanhe xingzuan* e nel *Xin tang shu*, quindi è chiara la sua appartenenza alla presunta discendenza di An Shigao[7].

La seconda iscrizione[8] riguarda **An Zhonjing** nipote di An Xingui e padre di Li Bayou, morto nel **726** che fu un alto comandante militare e la cui tomba è stata scoperta nel villaggio di Zhigong a sud di Wucheng, vicino a Wuzang, nella provincia di Shangdong. L'epigrafe dice che era originario di Wuwei e che discendeva dal figlio del re di Anxi che fu ostaggio nell'era degli Han. Shigao (i suoi discendenti) da Henan andarono a Liaodong; in seguito i discendenti di An Tong (che viene nominato col suo nome postumo), si stabilirono a Liangzhou. La famiglia, come prevedibile, aveva diversi rami che evidentemente risiedevano in località differenti. L'epigrafe fornirebbe dettagli sugli spostamenti del clan, ma mostra discrepanze rispetto ad alcune notizie contenute nelle cronache.

La terza iscrizione riguarda **An Lingjie** morto nel **704**, la cui stele fu trovata a Xian nel diciannovesimo secolo ed è importante per la genealogia della famiglia, anche se il personaggio non è nominato nelle fonti storiche. In essa è scritto:

> I suoi antenati erano di Guzhang in Wuwei. Originarono dal figlio del re del paese di Anxi che fu al servizio/seguito (入侍) durante la dinastia Han e si stabilì lì (in Cina). (I suoi antenati) durante la dinastia Wei del Nord (386-556), Zhou (557- 581) e Sui (581-618) prestarono servizio a corte nella capitale [...].[9]

Anche se non è citato il nome di An Shigao, è evidente che ci riferisce a lui e il testo fornisce anche informazioni sul fatto che si erano stabiliti a Guzang durante la dinastia Wei del Nord e che seguirono le successive dinastie nelle varie loro capitali.

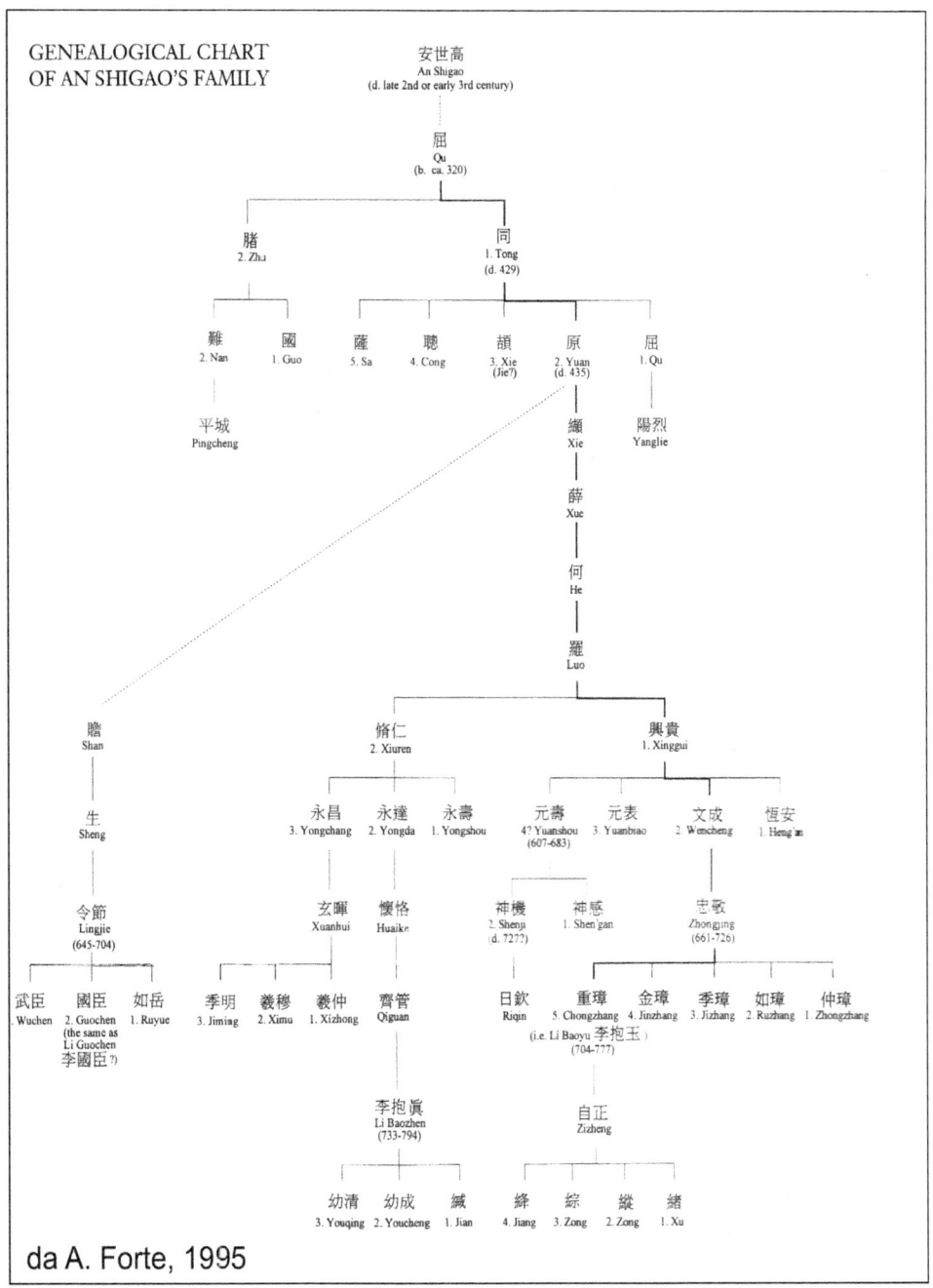

GENEALOGICAL CHART
OF AN SHIGAO'S FAMILY

da A. Forte, 1995

Evidentemente, commenta Forte, alcuni membri della famiglia non stavano a Liangzhou, ma si stabilirono dove le varie dinastie avevano le loro capitali: Pingcheng, Luoyang dopo il 423 sotto i Wei del Nord e poi Chang'an. Però tali problematiche che riguardano questi discendenti esulano dalla nostra ricerca.

I punti fermi rimangono che per secoli in alcune fonti ufficiali e lapidi funerarie viene detto che un figlio del re di Anxi-Partia sotto gli Han fu ostaggio, presumibilmente prestò servizio a corte, e quindi fu un laico, ed ebbe discendenti.

Per completezza di informazione vedi la tavola genealogica realizzata da A. Forte alla pagina precedente.

11.3 Il cognome An in Cina

È essenziale, per evitare fraintendimenti, fare una precisazione sul cognome An che attualmente è ancora molto frequente in Cina.

Durante il regno Arsacide di Partia, fu dato ai Parti emigrati in Cina, quindi nel periodo delle contemporanee dinastie Quin (221 a.C. - 206 a.C.) e Han anteriori e posteriori.

Durante il periodo dei Wei del Nord, **nel VI secolo, Anchi** (安迟) **era il cognome degli Xianbei,** un gruppo etnico di popoli nomadi che risiedevano in Manciuria e Mongolia orientale, che in seguito ridussero il cognome al solo carattere An.

Durante la dinastia Tang **nel secolo VIII, il cognome An fu utilizzato dagli Xueyantuo** (薛延陀), un'antica popolazione turca del centro/nord dell'Asia.

Nella dinastia Tang nel IX secolo, il cognome fu anche talvolta usato da popolazioni sogdiane (vedi capitolo 5.3) che, in precedenza, avevano usato esclusivamente il cognome Kang 康. La situazione nei secoli successivi non interessa ai fini di questo testo.

Le fonti cinesi di epoca Tang attestano, dal secolo VIII, gli *Hu dai nove cognomi*, una ripartizione della Sogdiana in nove *famiglie o clan hu* 胡: questo carattere indicava le persone e le lingue non cinesi usate nell'Asia centrale, tra le quali il sogdiano e i prakriti indiani.

A questi cognomi corrispondevano altrettante aree della regione, quindi la provenienza geografica determinava il cognome dei sogdiani stabilitisi in Cina, con i quali le varie amministrazioni dell'impero cinese intrattenevano intensi rapporti, specie di carattere commerciale, fin dal III-IV secolo d.C.

Le nove famiglie erano le seguenti, ma non si sa con certezza se a tali toponimi corrispondesse una reale suddivisione della Sogdiana, ciascuna retta da un proprio re, oppure se invece fosse una convenzione burocratica.

1) Kang 康, per le persone provenienti dalla città di Samarcanda;

2) Mi 米, per i provenienti dalla regione di Maymurgh o dalla città di Panjakent, nell'attuale Tagikistan, a 60 km ad est di Samarcanda, era uno dei centri sogdiani più famosi, fondato nel V secolo poi distrutto durante l'invasione araba;

3) Cao 曹 per i provenienti da Kabudhan, a nord di Samarcanda e del fiume Zeravshan e corrispondente a tre regioni limitrofe poste tra Ishtikhan e Ustrushana;

4) Shi 史, da Kesh, antica città che poi prese nome di Shahrisabz, circa 80 km a sud di Samarcanda;

5) He 何 per i provenienti dalla media valle del fiume Zarafshan, tra gli odierni Uzbekistan e Tagikistan, all'epoca sotto la dominazione Kuśāṇa;

6) **An 安 per i provenienti dalla città di Bukhara, fondata nel V secolo d.C.;**

7) Shi 石, per i provenienti da Shash, l'attuale regione di Tashkent, capitale dell'Uzbekistan;

A queste sette principali si aggiungono altre due famiglie, non sempre menzionate:

8) Bi, per i provenienti da Paykent città oasi importante nel VII secolo, sulla Via della Seta, nei pressi di Bukhara;

9) Fadi o Moudi, che indicava una zona posta sulla via per la Corasmia, il corso inferiore dell'Amu Darya, e sono state proposte varie identificazioni: Vardana a nordest di Samarcanda oppure Amul sul medio corso dell'Amu Darya o altre città-oasi.

Per le persone provenienti dall'India invece si usava il cognome Zhu e, per quelle dalla Turchia, Zhe.

Riteniamo quindi sia essenziale non confondere la – o le – famiglie An provenienti dalla Partia arsacide con i successivi Sogdiani o di altra etnia: sono popolazioni differenti, all'epoca talora in guerra, con lingua e tradizioni culturali diverse, anche se ovviamente con più punti di contatto tra loro rispetto alla cinese.

Quindi è possibile ipotizzare che una famiglia An, di antica immigrazione in Cina durante il periodo della dinastia arsacide, volesse chiaramente differenziarsi dai Sogdiani di Bukhara che dal V secolo ebbero il cognome An.

Vi furono diverse famiglie con cognome An, ma che non vantavano antenati Arsacidi o Parti, ma erano Sogdiani che dichiaravano ascendenze diverse, ad esempio nella tomba di An Qie morto nel 579 – tipicamente sogdiano per la tipologia di decorazioni e di arredi con influenze zoroastriane – il suo epitaffio dice che proveniva da Guzang (oggi Wuwei) e i suoi antenati appartenevano a un ramo dei discendenti del mitico Imperatore Giallo (*sic*)! Il cognome era stato loro assegnato in base al loro precedente luogo di residenza. Egli era stato un mercante, un *sabao,* vedi capitolo 5.3.2, e un *dadudu* o grande comandante[10].

Altre ricche sepolture di Sogdiani, dal VI secolo, con sarcofagi che presentano evidenze zoroastriane, rivelano l'importanza anche economica di questi mercanti, ma il tema esula dal presente testo.

11.4 Lo status e il ruolo degli ostaggi nelle civiltà antiche e nella Cina della dinastia Han

La prassi degli ostaggi era molto utilizzata nell'antichità, oltre allo scambio di principesse (figlie o sorelle) da dare in moglie ai sovrani, spesso anche i principi erano utilizzati come pegni di pace o di alleanza o di vassallaggio e tale uso è attestato in Cina dalla dinastia Xia, 2000 a.C. circa.

Anche in altre civiltà era consuetudine comune: presso gli Egizi, documentata almeno dal 1400 a.C.; nell'antica Roma e ne tratta anche il *De bello gallico* di Cesare; in Grecia e Macedonia, ad esempio Filippo II di Macedonia, padre di Alessandro il Grande, quand'era giovane, fu tenuto in ostaggio per anni dai Tebani. Principi e principesse Arsacidi furono mandati a Roma come ostaggi durante le guerre tra i due Imperi e sono attestati dalle fonti romane.

Per quanto riguarda la Cina, una delle politiche più importanti della dinastia Han, utilizzata sistematicamente, fu proprio il sistema degli ostaggi che erano fondamentalmente di due tipologie: ostaggi scambiati reciprocamente e ostaggi consegnati unilateralmente oppure prigionieri di guerra.

Potevano essere stranieri – ed erano usati per proteggere le relazioni nazionali, per stabilire una pace temporanea, per ottenere un obiettivo politico – oppure Cinesi appartenenti a famiglie di cui si voleva garantire la fedeltà.

Lo studioso Yang Lien-sheng[11] afferma che i figli che i re stranieri inviavano alla corte cinese come ostaggi erano detti *zhizi* 質子, *figli-ostaggi*, termine che però non è usato nelle fonti in riferimento ad An Shigao, mentre si trova *shizi* 侍子 *figlio/principe al seguito*; **questo secondo termine era usato quando tali ostaggi erano nominati attendenti alla corte (simili ai *paggi* occidentali) o guardie al palazzo imperiale**.

Gli ostaggi erano alloggiati nella capitale e trattati gentilmente, ma erano soggetti alle leggi cinesi e alle relative pene.

Al posto di *shizi* si trova in alcune fonti: *rushi* 入侍, **persona al servizio/seguito** con lo stesso significato del precedente.

11.5 Quale valore dare a queste fonti letterarie ed epigrafiche e come interpretarle?

Un grave problema rimane il vuoto di notizie tra la morte di An Shigao (170-180 circa) e le prime attestazioni, intorno al 320. Certamente potrebbero essere spiegate oltre che da una casuale carenza di fonti, dal burrascoso periodo storico che vide la caduta della dinastia Arsacide, che rese forse i loro membri meno importanti alla corte cinese e che quindi, almeno per un certo periodo mantennero un basso profilo. Inoltre in quel periodo in Cina la dinastia Han ebbe alterne fortune sino alla sua caduta nel 220, seguita da decenni di lotte e divisioni, come abbiamo accennato nel capitolo 4.1, però rimaniamo nel capo della pura speculazione, in attesa che futuri ritrovamenti archeologici possano colmare le lacune.

L'altro grave problema è che queste fonti datano dalla metà del VI secolo all'XI, quindi parecchi secoli dopo la morte di An Shigao, intorno al 180: questo riduce la loro attendibilità.

Un lecito dubbio è se i membri della/e famiglia/e An, la cui genealogia, almeno dall'inizio dal IV secolo fino al VII, secondo Forte, è abbastanza chiara, **avessero millantato questa discendenza principesca per motivi di prestigio o altro.**

Una caratteristica di tutte le epoche e di tutte le zone geografiche, diremmo anzi una tendenza tipica della specie umana, è la pretesa di discendere da persone nobili o famose o addirittura da divinità; infatti, nessuno si compiace di umili natali!

Quindi come dalla storia occidentale ben conosciamo, per esempio, la pretesa discendenza da Zeus di Alessandro Magno o dal principe troiano Enea della famiglia Julia dell'imperatore romano Augusto, così ancor oggi molte persone fanno eseguire ricerche araldiche per attestare antenati di sangue nobile, anche in Cina accaddero fatti analoghi.

Come il Sogdiano prima citato che si proclamò discendente dall'Imperatore Giallo, così anche i membri della famiglia An che riuscirono ad ottenere cariche militari e civili importanti in Cina, per illustrare il loro casato, cercarono l'unico personaggio di cognome An e di stirpe regale che la tradizione indicava fosse vissuto in Cina e la cui vicenda – principe di Partia che rinunciò al trono ed andò in Cina – doveva essere abbastanza nota popolarmente anche al di fuori dei circoli buddhisti.

Vi sono altri esempi di famiglie che proclamarono di essere discendenti da ostaggi dell'epoca Han, come Kang Xun (464–520), ricordato in una biografia nel *Liang shu* (*Libro storico della dinastia Liang* scritto da Yao Silian nel 635), che sosteneva di discendere da un ostaggio reale del Kangju durante la dinastia Han che fu restituito allo stato civile e si stabilì nel Gansu[12].

De la Vaissière scrive:

> **Queste biografie e genealogie non devono essere prese alla lettera. Esse sono state abbellite per scopi di opportunità.** Nelle genealogie presentate dai membri di queste grandi famiglie sino-occidentali, infatti, nessun nome risale nel Gansu oltre il IV – V secolo.
>
> **Gli antenati reali, ostaggi sotto gli Han, sembrano essere mitici e citati soprattutto per scopi di prestigio, al fine di stabilire legami con un'epoca gloriosa.**[13]

Però, trovato l'antenato, queste famiglie An come potevano spiegare la presenza di un Arsacide in Cina?

L'unica teoria che individuarono, secoli dopo la vita di An Shigao, fu che fosse stato un ostaggio, *status* sociale di prestigio.

Gli estensori delle cronache e delle epigrafi citate nei precedenti paragrafi forse non sapevano che An Shigao era stato un esponente buddhista oppure lo consideravano un affare privato.

Però, con più probabilità, lo tacquero volutamente perché gli eventuali discendenti non avrebbero avuto vantaggi nel proclamare come capostipite un *monaco* buddhista, oltretutto se la famiglia nei secoli si era avvicinata allo Zoroastrismo.

Per secoli i *testa rapata* o i *vestiti di nero*, come venivano definiti i monaci in Cina, furono considerati negativamente soprattutto perché rinunciavano a continuare la stirpe, contravvenendo alle norme confuciane. Inoltre vivevano di accattonaggio, almeno nelle fasi iniziali, tanto che in seguito, quando fu accettata anche agli alti livelli della società cinese e con la costruzione del grandi templi sotto il controllo statale, in molte scuole la pratica di mendicare fu abbandonata o almeno ridotta a pura formalità. Il fatto di non lavorare era un altro punto di critica, infatti la scuola Chan/Zen stabilirà che i monaci, in cambio del cibo ricevuto, dovessero avere un'occupazione: coltivare la terra, copiare testi, dipingere, curare i malati e via dicendo.

Nel prossimo capitolo esamineremo più a fondo alcune ipotesi accennate in precedenza.
An Shigao avrebbe potuto essere un ostaggio?
An Shigao fu un laico oppure un monaco?

NOTE BIBLIOGRAFICHE capitolo 11
1. Forte A. *The Hostage An Shigao and His Offspring: An Iranian Family in China;*.Istituto Italiano di Cultura, Scuola di Studi dell'Asia Orientale, Kyoto Giappone 1995, p. 15
2. Op. citata alla nota 1, pp 17-20
3. Op. citata alla nota 1, pp. 20-1
4. Op. citata alla nota 1, pp. 22-8
5. Op. citata alla nota 1, p. 29
6. Op. citata alla nota 1, pp. 32-9
7. Op. citata alla nota 1, pp. 42-45
8. Op. citata alla nota 1, pp. 45-53
9. Op. citata alla nota 1, pp. 53-63
10. Linduff K.M.; Wu M.J., *The construction of Identity: Remaining Sogdian in Eastern Asia in the 6th Century,* in *Journal of Indo-European Studies Monography Series n° 52,* Institute for the Study of Man, Washington DC USA 2006 pp. 219-46 (traduzione del testo dell'epitaffio pp. 245-46)
11. Yang Lien-sheng, *Hostage in Chinese History,* in *Harvard Journal of Asiatic Studies,* vol. 15 n° 3-4, 1952, pp. 507-21; reprint *Studies in Chinese Institutional History,* Harvard University Press Cambridge Ma, USA 1961 pp. 43-57, riferimento a p. 509; citato anche da Forte p. 15
12. De la Vaissière É., Sogdian Traders: *A History,* in *Handbook Of Oriental Studies - Central Asia,* vol. 10, Brill, Leiden - Boston 2005, p. 62
13. Op. citata alla nota 12, p. 63

12. An Shigao fu un ostaggio alla corte Han?
Fu laico o monaco?

12.1 Avrebbe potuto essere un ostaggio?

Iniziamo l'analisi ponendoci la domanda: l'Impero di Partia mandò ostaggi alla corte Han?

Nel già citato *Xiyu zhuan* 西域傳, *Trattato sulle Regioni occidentali*, capitolo 88 contenuto nel **Libro degli Han posteriori**, vi è un passo molto interessante a questo proposito.

> Nel sesto anno [dell'era Yongyuan, anno 94], (il generale) Ban Chao [32-102] attaccò di nuovo e sconfisse Yanqi 焉耆 [una città-oasi sulla Via della Seta settentrionale nelle regioni occidentali]; allora, più di cinquanta (!) Stati offrirono ostaggi e si assoggettarono [all'Impero Han]. Stati come Tiaozhi 條支 e Anxi 安息 e quelli fino alla sponda del mare, lontana oltre 40.000 *li*, tutti offrirono tributi presentati per mezzo di vari interpreti.
>
> Nel nono anno, Ban Chao inviò il suo aiutante Gan Ying 甘英 perché percorresse tutta la strada fino alla costa del Mar occidentale [Mediterraneo; il testo annota in seguito che occorsero 60 giorni a cavallo per raggiungere Anxi] e ritorno.
> Le precedenti generazioni non avevano mai raggiunto uno di questi luoghi, né il *Classico delle Montagne* [si riferisce al testo: *Shanhai Jing* 山海經, *Classico (trattato) delle Montagne e dei Mari*] diede alcun dettaglio su di loro. (Gan Ying) redasse una relazione sulle abitudini e topografia di tutti questi Stati e trasmise un resoconto dei loro oggetti preziosi e meraviglie.
>
> Allora gli Stati lontani Mengqi 蒙奇 [dovrebbe essere la Margiana, stato semi-indipendente ai confini della Partia] e Doule 兜勒 [dovrebbe essere la trascrizione di Thuhāra o Tukhāra che era la Daxia 大夏, regione tra Pamir e Hindukush, situata nella zona centrale della Battriana] fecero atto di sottomissione inviando emissari per offrire tributi.[1]

Che cinquanta Stati, anche se piccoli regni, si sottomettessero alla Cina sembra un atto più formale che sostanziale.

Per l'impero di Anxi e per regni come la Margiana, si parla solo di tributi e non di ostaggi!

La corte Han interpretava i doni come una forma di sudditanza, invece probabilmente quegli Stati li consideravano solo un modo per mantenere relazioni di buon vicinato.

Altri fondamentali interrogativi:

Dal *Libro degli Han* si evince che nel 94 la Partia era uno stato assolutamente indipendente dalla Cina, infatti non le consegnò ostaggi: perché mai avrebbe dovuto farlo nel 147-148?

Perché le fonti storiche e le cronache ufficiali della dinastia Han relative a quegli anni non citano la inusuale presenza di un ostaggio di quel Regno e/o il titolo di *marchese di An* attribuito a un principe della Partia, fatti che erano certamente di tale importanza da essere registrati?

Lo *status* di ostaggio è collegato al fatto che non fosse un monaco; infatti un ostaggio o un ufficiale al servizio della corte avrebbe dovuto assolvere molteplici obblighi che erano incompatibili con i voti monastici buddhisti.

Anche se fosse rimasto un laico, assai difficilmente gli obblighi burocratici o militari di un ostaggio gli avrebbero lasciato abbastanza tempo a disposizione per svolgere le funzioni di traduttore o redattore di molti testi e di insegnante di meditazione.

Le fonti buddhiste citate nei capitoli 7 e 8 descrivono lunghi viaggi e la morte a Kuaiji, assai lontano dalla capitale Luoyang: gli ostaggi non sembra avessero libertà di muoversi nel territorio cinese. Ovviamente si potrebbe pensare alla concessione di autorizzazioni che, essendo legati alla sua funzione religiosa, ci paiono un'ipotesi difficile da accettare.

In conclusione, la maggior parte degli studiosi non considera An Shigao un ostaggio, ma un monaco (o eventualmente un laico) buddhista.

Deleanu[2], anche con altre motivazioni e Nattier[3] criticano l'ipotesi di Forte. Anche Zurcher[4] lo cita *tout court* come un monaco.

Solo raramente gli studiosi evitano di prendere posizione ma solo sul suo stato di monaco o laico, non di ostaggio, ad esempio gli autori de *The Princeton Dictionary of Buddhism*: «it is not clear whether he was a monk or a lay person»[5].

12.2 An Shigao ebbe dei discendenti?

Daoxuan (596-667) storico buddista nella sua *Continuazione delle biografie dei monaci eminenti, Xu gaoseng zhuan,* 續高僧傳, T50 – 2060 – 11, scritto a metà del VII secolo, dice che Jizang (549-623), patriarca della scuola Sanlun (三論 o dei *Tre trattati* di stretta impronta Mādhyamika, la scuola filosofica mahāyāna della *Via di mezzo*) aveva cognome An e la sua famiglia proveniva da Anxi. La scuola Sanlun passò in Giappone col nome di Sanron e un suo esponente, Anchō (763-814), nel suo *Chūronshoki* 中論疏記 (commentario al *Commentario del Mādhyamika śāstra* di Jizang), non solo conferma l'origine di Jizang, ma specifica che «era discendente di Shigao, principe ereditario del regno di Anxi» e questa è l'unica, per ora accertata, indicazione in fonti buddhiste, anche se tarde[6.]

Durante la dinastiaWu (222-264) e l'inizio della Jin (265-317), secondo fonti del IV secolo, visse uno *śrāmaṇa* (chiaramente indicato come un monaco) di nome An Shigao, secondo Forte presumibilmente nipote del primo, circostanza che contribuì a creare confusione riguardo allo *status* del primo An Shigao[7].

Il fatto che eventualmente avesse avuto dei discendenti non è problematico, neppure riguardo al suo *status* di monaco, perché An Shigao potrebbe aver avuto figli prima di essere ordinato, in Partia o eventualmente tra la sua rinuncia al trono e l'arrivo in Cina.

I principi Arsacidi, come era costume in tutte le stirpi dell'antichità, venivano fatti sposare giovanissimi per assicurare una discendenza alla casata, quindi potrebbe aver già avuto dei figli che avrebbe portato con sé al sicuro per non abbandonarli nella caotica e pericolosa situazione politica dalla Partia quando se ne andò.

Inoltre all'epoca il celibato dei monaci non era osservato stettamente in Serindia (termine coniato dall'archeologo Aurel Stein ai primi del Novecento e che indica l'area che mette in contatto la Cina con l'India, ovvero la regione del Bacino del Tarim o Turkestan orientale), ad esempio il famoso monaco e traduttore Kumarajiva ebbe dei figli.

12.3 An Shigao fu monaco o rimase laico?

Non si ha alcuna notizia certa se – e soprattutto quando – sia stato ordinato monaco.

Alcuni studiosi hanno rilevato che le fonti buddhiste tarde, come abbiamo visto, operarono una de-laicizzazione del personaggio, che evidentemente godeva di duratura fama, perché consideravano che se il primo traduttore, almeno dei testi che si erano conservati, e famoso insegnante di meditazione fosse stato un *semplice* laico, ciò avrebbe sminuito la sua importanza, quindi era necessario dargli maggiore risalto considerandolo un monaco e cooptandolo, a torto o ragione, nei ranghi monastici buddhisti.

Naturalmente anche nelle fonti religiose si parla senza problemi di traduttori laici, ma in questo caso potrebbe aver giocato un importante ruolo la sua fama che, lo si è visto nel capitolo precedente, probabilmente aveva nei secoli superato il ristretto ambito buddhista.

Nella **prefazione all'*Anban shouyi jing***, Khang Senghui lo definisce *bodhisattva* che, abbiamo spiegato nel capitolo 7.1, è un termine che non indica lo *status*, e non si riferisce a lui come a un monaco ordinato.

In T33 – 1694 è conservata **una prefazione anonima del III secolo al sūtra *Yin chi ru jing zhu*** 陰持入經註 (*Sūtra sugli aggregati, gli elementi e le sfere psicosensoriali* reperibile in T15 – 603;

vedi capitolo 14.2 - *g*). In essa viene detto che An Shigao rinunciò ai diritti al trono per dedicarsi alla *vita religiosa*, una terminologia non chiara perché *anpin ledao* 安貧樂道 letteralmente vuol dire: *accontentarsi della povertà ed essere felice della Via*, un'espressione che all'epoca era usata per indicare un ideale di vita confuciano. Poteva semplicemente significare che non desiderava il trono e preferiva dedicarsi agli studi, concetto che fu poi assai ampliato e dettagliato nelle successive agiografie[8].

Xie Fu 謝敷 (circa seconda metà IV secolo) e Daoan (道安 (312-385; citato nel *Chu san zang ji ji* T55 – 2145 – 6 - 00044b3 e 00044c19) lo definiscono *kaishi* 開士 che significa *risvegliato* ed è un'altra traduzione di *bodhisattva*, legato all'espressione *shejia* 捨家 che vuol dire: *separato dalla sua famiglia*, ma che, secondo Forte[9,] non ha il significato tecnico del termine sanscrito *pravrajita*, in cinese *chujia* 出家, che indica colui che è entrato in noviziato, cioè ha lasciato la casa per diventare monaco mendicante.

Nattier[10] rileva che Yan Fotiao 嚴佛調, un monaco buddhista cinese che era stato discepolo di An Shigao, in una prefazione composta alla fine del II secolo, gli attribuisce il titolo di *heshang* 和上, termine kotanese che si ritrova anche nel *Vinaya* Dharmaguptaka e in alcune traduzioni di Lokakṣema (in T418 e T282). Tale vocabolo rende il sanscrito *upādhyāya*, "precettore monastico", anche se talora fu usato per indicare un "monaco anziano". Nel *Chu san zang ji ji* T55 – 2145 -10- 0069c21, si trova questa prefazione al commentario *Shami shii hui zhangju xu di er* 沙彌十慧章句序 che è un testo perduto e che tratteremo nel capitolo 16.3.

Nella biografia contenuta nel *Chu san zang ji ji* e che abbiamo esaminato nel capitolo 7.4, è invece detto chiaramente che «rinunciò alla famiglia per diventare monaco (出家, vedi sopra) e per coltivare il sentiero buddhista (修道)» e successivamente si parla del *bastone da monaco* e, anche tralasciando la vita del *primo S*higao, egli volle andare al Monte Lu per aiutare un ex compagno monaco; però ormai siamo nell'ambito dell'agiografia.

Anche se non vi è concordanza tra le diverse fonti, che quindi non danno la certezza che fosse diventato monaco, tuttavia, come scrive Nattier[11]:

> **Data l'unanimità di tutte le altre scritture più antiche su questo punto, sembra che non ci sia una buona ragione per scartare l'ipotesi tradizionale che An Shigao fosse un monaco.**

NOTE BIBLIOGRAFICHE capitolo 12

1. Yu Taishan, *China and the Ancient Mediterranean World,* in *Sino-Platonic Papers*, 242, Philadelphia USA 2013,

2. Deleanu F., *An Shigao and the History of the* Anban shouyijing , in *Ronsō: Ajia bunka to shisō [Asian Culture and Thought],* no. 2, 1993 pp. 1-47

3. Nattier J., *A Guide to the Earliest Chinese Buddhist Translations Texts from the Eastern Han and Three Kingdoms,* Bibliotheca Philologica et Philosophica Buddhica, vol. X, The International Research Institute for Advanced Buddhology - Soka University, Tokyo Giappone 2008, pp. 39-40

4. Zurcher E., *Buddhism in China: Collected Papers of Erik Zurcher Paperback,* Brill Academic Publishers, Leiden Olanda 2014, p. 30 e succ.

5. *"An Shigao",* voce in: Buswell R.E. Jr.; Lopez D.S. Jr. ed., *The Princeton Dictionary of Buddhism*, Princeton Univer. Press, Princeton New Jersey USA 2014, p. 159

6. Forte A. *The Hostage An Shigao and His Offspring: An Iranian Family in China*; Istituto Italiano di Cultura, Scuola di Studi dell'Asia Orientale, Kyoto Giappone 1995, pp. 65-6

7. Op. citata alla nota 6, p. 76

8. Op. citata alla nota 6, p. 66

9. Op. citata alla nota 6, p. 75

10. Op. citata alla nota 3, p. 39

11. Op. citata alla nota 3, p. 40

13. Opere tradotte da An Shigao

Quali testi abbia tradotto o composto An Shigao è un quesito assai dibattuto, sia nelle fonti più antiche che sono discordanti, sia tra gli studiosi contemporanei che si basano soprattutto su analisi lessicali e grammaticali.

13.1 Quali e quanti sūtra tradusse An Shigao? I cataloghi antichi e il CBETA

La citata biografia nel *Chu san zang ji ji* elenca 35 opere, di cui alcune sono perdute.

Il catalogo di Daoan, compilato nel 374, ne attribuisce 34, ma solo 19 si sono conservate e 4 sono a lui attribuibili con certezza.

I cataloghi successivi arrivarono ad attribuirgliene da circa 30 sino a ben 176. Tale aumento può essere anche dovuto a titoli duplicati o diversi per lo stesso testo (es. *Apitan wu fa jing* e *Wu fa jing*), a titoli citati solo in alcuni elenchi e non in altri, oppure a titoli di testi perduti che rappresentano una notevole percentuale.

In molti casi sono stati attribuiti a lui parecchi testi che erano in precedenza considerati di traduttori anonimi, quindi si tratta della **pseudoepigrafia** (dal greco antico ψευδής, *falso* ed ἐπιγραφή, *iscrizione*) cioè l'attribuzione di un'opera a un autore non responsabile della stesura del testo in questione. Tale attribuzione può derivare da un errore della tradizione o da deliberata scelta di falsificazione o, nel caso di Shigao, per conferire autorità al testo.

In questa incertezza, che data dal IV secolo, il **CBETA**, cioè la più recente edizione del Canone buddhista cinese (Chinese Buddhist Electronic Taisho Association), gliene attribuì **55** sulla base delle citazioni contenute in nove antichi cataloghi, che elenchiamo di seguito in base alla data di redazione. Il più antico è quello di Sengyou, il più volte citato *Chu san zang ji ji* che utilizzò i *colophon* e la lista più antica di Daoan, quindi a esso va attribuito un notevole peso.

Per approfondire vedi la tabella di Ponampon[1].

1. T2145 di Sengyou che nell'anno **510** elencò 35 testi.
2. T2146 di Fajing che nel **594** ne elencò 35/36.
3. T2034 di Fei Changfang che nel **597** ne elencò 171.
4. T2147 di Yancong che nel **602** ne elencò 29.
5. T2149 di Daoxuan che nel **664** ne elencò 22/34.
6. T2148 di Jingtai che nel **665** ne elencò 32/33.
7. T2153 di Ming Quadeng che nel **695** ne elencò170/172.
8. T2154 di Zhisheng che nel **730** ne elencò100/166.
9. T2157 di Yuanzhao che nell'**800** ne elencò 92/105.

Oltre alle attribuzioni attualmente contenute nel Canone cinese, sono stati studiati o scoperti altri testi che la critica attuale ritiene opera di An Shigao.

13.2 Attribuzioni ed esclusioni secondo gli studi recenti

Gli studiosi moderni hanno rivisto l'elenco delle attribuzioni e considerato opere di An Shigao ben pochi scritti: Nattier[2] elenca 16 testi, Zurcher[3] arriva a 19 e Zacchetti[4] ne indica 13 e alcuni dubbi, che sono segnati nelle ultime colonne della tabella alle pp. 154-56.

I tre testi dell'elenco di Zurcher su cui Zacchetti[5] nutre dubbi sono:
a) T602 che tratteremo nel capitolo 14.2 - *e*.
b) T605; assai simile al T604 che negli antichi cataloghi è indicato come di autore anonimo e per Zacchetti le evidenze testuali portano a concludere che sono della stessa mano; quindi se da Zurcher è stato rigettato il T604, anche il T605 non dovrebbe essere attribuito ad An Shigao. Vedi anche gli studi di Harrison[6] che approfondiremo nel capitolo 14.2 - *h* ; *i*.
c) T792 per evidenze testuali è simile ai precedenti, quindi non attribuibile ad An Shigao.

Alcune precisazioni sui seguenti sūtra.

Nel Canone cinese ci sono cinque testi: **T2 – 105; T2 – 109; T13 – 397; T15 – 605** e il **T17 – 792** che sono problematici per le molte differenze stilistiche, ma elencati da Daoan.

I testi T105 e T109, che compaiono nella lista di Sengyou e sono accettati da Ui[7], furono respinti da Zurcher in base a evidenze testuali e caratteristiche lessicali e al fatto che non esistono *colophon* né sono citati nelle biografie.

Un cenno specifico merita il **T13 – 397 -13**, *Shifang pusa pin* 十方菩薩品, *Il Bodhisattva delle dieci direzioni* che è il capitolo 13 della raccolta *Dafang deng da ji jing* 大方等大集經, *Mahāsannipāta sūtra*, nel CBETA attribuita a Dharmakṣema 曇無讖 (inizi del V secolo, le cui traduzioni sarebbero i testi numerati dall'1 al 12 o 13 mentre quelle di Narendrayaśas 那連提耶舍, alla fine del VI secolo, i testi dal 14 al 17). Questo capitolo 13, essendo stato celato nella citata raccolta, è stato ignorato anche se fu citato da Daoan col titolo *Wushi jiaoji jing* 五十校計經, *Sūtra sui 50 esempi* cui Sengyou diede il titolo alternativo: *Mingdu wushi jiaoji jing* 明度五十校計經, *Prajñāpāramitā* [*mingdu* è un'antica traduzione del vocabolo] *sūtra sui 50 esempi*, però testi con questi titoli non si trovano nel Canone cinese. Anche se dalla sola analisi dei titoli, il T397 potrebbe essere ricondotto ad An Shigao – sebbene di orientamento Mahāyāna – Nattier[8] ha compiuto un dettagliato confronto delle evidenze lessicali, escludendone l'attribuzione.

Il T397 contiene anche molti dati astrologici (vedi § 13.8) per lo più assenti nelle versioni sanscrite.

Nattier analizza ampiamente i cinque testi di cui sopra, giungendo alla conclusione che:

> Lo scenario più plausibile, insomma, è che **questi testi sono stati prodotti da una varietà di individui che si consideravano membri del lignaggio/scuola di An Shigao**, ma le cui preferenze stilistiche e i contesti linguistici (tra cui, in alcuni casi, la formazione in cinese letterario) differivano nettamente dai suoi. Così, mentre è probabile che queste traduzioni siano risalenti alla seconda parte del periodo Han Orientale, è più sicuro considerare semplicemente che sono successive alla vita di An Shigao di un numero imprecisato di anni.[9]

13.3 Attribuzioni aggiuntive e scoperte recenti

Oltre a quelli elencati in CBETA, vi sono altri testi che tradusse An Shigao. Uno si trova nel Canone coreano, 20 – 811, *Chujia gongde yinyuan jing* 出家功德因緣經, **Sūtra sui meriti della vita monastica.**[10]

Studi attuali hanno proposto altri testi che possono essere attribuiti ad An Shigao.

Per Stefano Zacchetti[11] sono i seguenti :

T2 – 101, *Za ahan jing* 雜阿含經, **Saṁyuktāgama**; tale raccolta anche per Harrison[12] è opera di An Shigao; invece per Nattier[13] probabilmente fu prodotta da membri della sua scuola, esclusi i sūtra n° 9 e 10.

T28 – 1557, *Apitan wu fo xing jing* 阿毘曇五法行經, *Sūtra sui cinque fattori mentali secondo l'Abhidharma*. Il testo è citato nella lista di Segyou; Zacchetti ha proposto, come già fece Nattier, che debba essere attribuito ad An Shigao, anche se fu negato dai criteri conservativi di Zürcher.

T25 – 1508, *Ahan kuojie shier yinyuan jing non xun nma* 阿含口解十二因緣經, *Sūtra sulla spiegazione orale delle dodici relazioni causali negli āgama*. Secondo i precedentemente citati studi di Nattier e di Zacchetti[14] non è una traduzione ma, come recita il titolo, una *spiegazione orale*, opera di Shigao. Il Canone cinese attribuisce l'opera ad An Xuan e Yan Fotiao, due discepoli di Shigao, presumibilmente perché li considerò coloro che trascrissero gli insegnamenti del Maestro partico. Vedi § 13.10.

Recenti scoperte di testi attribuibili ad An Shigao sono avvenute nel 1999 nella collezione **di antichi manoscritti del Kongo-ji a Osaka**. Si tratta di due rotoli contenenti scritti che sono stati datati alla fine dell'era Han in Cina e per titolo e argomento dovrebbero essere opere di Shigao. Queste copie furono realizzate tra XII e XIII secolo[15]. Copiare testi per conservarli rimediando al degrado dei supporti della scrittura fu una costante in molte civiltà antiche; nel Buddhismo inoltre tale attività, insieme con lo studio e l'insegnamento dei sūtra fu, ed è, considerato apportatore di meriti karmici, come espressamente indicato in molti testi Mahāyāna.

Zacchetti[16] li definisce come segue:

Prefazione di Kang Senghui seguita dal testo dell'*Anban shouyi jing* (di contenuto un po' diverso dall'omonimo del canone cinese (T602), vedi capitolo 14.2 - *e -f.*

Inoltre, vedi capitolo 14.4, si trovano: il ***Fosuo shi er men jing*** 佛說十二門經, n° 283-364, che sembra essere il testo perduto citato da Sengyou *Da xiao shi'er men (jing), (Sūtra) delle 12 porte (anelli/pratītyasamutpāda) grandi e piccole* 大小十二門.

Un *secondo testo*, con lo stesso titolo n° 365-384

Un *commentario* anonimo ai *sūtra delle 12 porte* e ad altri argomenti correlati con la meditazione, n° 385-584, che Zacchetti ipotizza derivi dalla scuola di An Shigao e riporti gli insegnamenti orali del maestro.

13.4 Classificazione delle opere di An Shigao

La maggior parte degli studiosi suddivide le opere di An Shigao conservate nel Canone cinese in tre categorie:

- testi *āgama*, che a loro volta possono essere raggruppati in altre categorie anche in dipendenza dalla scuola di provenienza, nel caso di An Shigao la Sarvāstivāda e la Dharmaguptaka (questi *āgama* sono ulteriormente ordinati secondo i loro paralleli in altre raccolte, quando disponibili, oppure in base alle osservazioni di Daoan riguardo alla loro classificazione);
- testi Mahāyāna;
- trattati.

Il vocabolo sanscrito *āgama*, usato per indicare queste raccolte nel Canone cinese, significa *ciò che è stato tramandato* e venne usato dalle più antiche scuole buddhiste per indicare i discorsi del Buddha, quindi corrisponde ai primi quattro *nikāya* del Canone pāli.

Nella tabella riportata alle seguenti pagine 154-156 sono elencate le raccolte in cui rientrano i testi e le attribuzioni.

n°	T (cbeta)	Titolo	raccolta	Sarvāstivāda	Dharmaguptaka	Mahāyāna	meditazione	medicina	Aut. NATTIER	Aut. ZACCHETTI	Aut. ZÜRCHER	Aut. da altri	§ e capitolo
1	T1-13	Chang ahan shi bao fa jing (Daśottara sūtra) 長阿含十報法經 (DN 34 in pāli)	Dīrghāgama	*Z	*				*	*	*		13.6
2	T1-14	Renben yusheng jing (Mahānidāna sūtra) 人本欲生經 (DN 15 in pāli)	Dīrghāgama (o Madhyamāgama)	*Z	*				*	*	*	certo	14.2a
3	T1-16	Shi jialuo yue liufang li jing 尸迦羅越六方禮經	Āgama										13.6
4	T1-31	Yiqie liu she shou yin jing (Sarvāsrava sūtra) 一切流攝守因經 (MN 2 in pāli)	Madhyamāgama		*				*	*	*		14.2b
5	T1-32	Si di jing (Satyavibhaṅgasūtra) 四諦經 (MN 141 in pāli)	Madhyamāgama	*					*	*		Daoan	12.6
6	T1-36	Benxiang yizhi jing 本相猗致經	Madhyamāgama						*	*	*		13.6
7	T1-48	Shifa feifa ji 是法非法經	Madhyamāgama						*	*	*		13.6
8	T1-57	Loufenbu jing (Nirvedhika sūtra) 漏分佈經	Madhyamāgama		*				*	*	*		13.6
9	T1-91	Poluomenzi mingzhong ainian buli jing 佛說婆羅門子命終愛念不離經	Āgama										13.6
10	T1-92	Shazhijushi bachengren jing 十支居士八城人經	Āgama		*					*			14.2c
11	T1-98	Pufayig jin (Arthavistarasūtra) 普法義經	Dīrghāgama		*				*		*		13.6
12	T2-105	Wuyin piyu jing 五陰譬喻經	Saṃyuktāgama						scuola				13.6
13	T2-109	Foshuo zhuanfalun jing 佛說轉法輪經	Saṃyuktāgama						scuola			Ui	13.6
14	T2-112	Foshuo bazhengdao jing (Mūhyāvasūtra) 佛說八正道經 (associato a SN 5 in pāli)	Saṃyuktāgama	*					*	*	*		13.6
15	T2-131	Foshuo poluomen bisi jing 佛說婆羅門避死經	Āgama										13.7
16	T2-140	Anabindihua qizi jiing 阿那邠邸化七子經	Āgama				•						13.6
17	T2-149	Foshuo Anan tongxue jing 佛說阿難同學經	Āgama										13.6
18	T2-150a	Qi chu san guan jing (Saptasthānasūtra) 七處三觀經	Ekottarikāgama / Ekottarikāgama ong. Saṃyuktāgama	*			•		*	*	*		13.6 / 14.2d
19	T2-150b	Jiu heng jing 九橫經	Ekottarikāgama	*					*				13.7
20	T2-151	Foshuo ahan zheng xing jing 佛說阿含正行經	Āgama								*		13.6
21	T3-167	Taizi mupo jing 太子慕魄經	Jātaka										13.9

154

#	T	Titolo	Raccolta							Rif.
22	T12-348	*Foshuo dacheng fangdeng yao hui jing* 佛說大乘方等要慧經	Ratnakūṭa	■						13.6
23	T12-356	*Foshuo baoji sanmei Wenshushili pusa wen fashen jing* 佛說寶積三昧文殊師利菩薩問法身經	Ratnakūṭa	■						13.6
24	T14-492a	*Foshuo Anan wen shi fo jixiong jing* 佛說阿難同事佛吉凶經	Sūtrasaṃnipāta							13.6
25	T14-492b	*Anan wenshi fo jixiong jing* 阿難問事佛吉凶經	Sūtrasaṃnipāta							13.6
26	T14-506	*Jiantuo guowang jing* 犍陀國王經	Sūtrasaṃnipāta							13.6
27	T14-525	*Foshuo zhangzhezi aonao san chu jing* 佛說長者子懊惱三處經	Sūtrasaṃnipāta							13.6
28	T14-526	*Foshuo zhangzhezi zhi jing* 佛說長者子制經	Sūtrasaṃnipāta	■						13.6
29	T14-551	*Foshuo Modeng nu jing* 佛說摩鄧女經	Sūtrasaṃnipāta ?							13.8
30	T14-553	*Foshuo Nainü Qiyu yinyuan jing (Amrapāli e Jīvaka avadāna sūtra)* 佛說柰女耆域因緣經	Sūtrasaṃnipāta		•					13.7
31	T14-554	*Foshuo Nainü Qipo jing (Amrapāli e Jīvaka sūtra)* 佛說柰女耆婆經	Sūtrasaṃnipāta		•					13.7
32	T15-602	*Foshuo da anban shouyi jing (Ānāpānasmṛti-sūtra)* 佛說大安般守意經	Sūtrasaṃnipāta			?	*		certo	14.2e
33	T15-603	*Yin chi ru jing* 陰持入經	Sūtrasaṃnipāta			*	*		certo	14.2g
34	T15-604	*Foshuo chanxing san shi qi pin jing* 佛說禪行三十七品經	Sūtrasaṃnipāta							14.3h
35	T15-605	*Chanxing faxiang jing* 禪行法想經 (AN 1.6 e 1.20 pāli)	Sūtrasaṃnipāta			*	?	scuola	Ui	14.2i
36	T15-607	*Daodi jing* 道地經	Sūtrasaṃnipāta			*	*		certo	14.2j
37	T15-621	*Foshuo foyin sanmei jing* 佛說佛印三昧經	Sūtrasaṃnipāta	■					certo	14.3
38	T15-622	*Foshuo zishi sanmei jing* 佛說自誓三昧經	Sūtrasaṃnipāta	■						14.3
39	T16-684	*Foshuo fumu en nan bao jing* 佛說父母恩難報經	Sūtrasaṃnipāta							13.6
40	T16-701	*Foshuo wenshi xiyu zhong seng jing* 佛說溫室洗浴眾僧經	Sūtrasaṃnipāta	■						13.7
41	T17-724	*Foshuo zuiye yingbao jiaohua diyu jing* 佛說罪業應報教化地獄經	Sūtrasaṃnipāta							13.6

n°	T (cbeta)	Titolo	raccolta	Sarvāstivāda	Dharmaguptaka	Mahāyāna	meditazione	medicina	Aut. NATTIER	Aut. ZACCHETTI	Aut. ZÜRCHER	Aut. da altri	§ e capitolo
42	T17-729	Foshuo fenbie shan e suo qi jing 佛說分別善惡所起經	Sūtrasaṃnipāta										13.6
43	T17-730	Foshuo chuchu jing 佛說處處經	Sūtrasaṃnipāta										13.6
44	T17-731	Foshuo shiba nili jing 佛說十八泥犁經	Sūtrasaṃnipāta										13.6
45	T17-732	Foshuo ma yi jing 佛說罵意經	Sūtrasaṃnipāta										13.6
46	T17-733	Foshuo jianyi jing 佛說堅意經	Sūtrasaṃnipāta										13.6
47	T17-734	Foshuo gui wen Mulian (Maudgalyāyana) jing 佛說鬼問目連經	Sūtrasaṃnipāta										13.6
48	T17-779	Foshuo ba daren jue jing 佛說八大人覺經	Sūtrasaṃnipāta			■							14.3
49	T17-791	Foshuo chujia yuan jing 佛說出家緣經	Sūtrasaṃnipāta								*		13.6
50	T17-792	Foshuo fashouchen jing 佛說法受塵經 (AN 1.1 pāli)	Sūtrasaṃnipāta			■			scuola ?				13.6
51	T24-1467a	Foshuo fanjie zuibao qingzhong jing 佛說犯戒罪報輕重經	Vinaya										13.5
52	T24-1470	Da biqiu sanqian weiyi jing 大比丘三千威儀	Vinaya										13.5
53	T24-1492	Foshuo shelifu huiguo jing 佛說舍利弗悔過經	Vinaya										13.5
54	T28-1557	Apitan wu fo xing jing 阿毘曇五法行經	Abhidharma						*	*	*	Ui	14.1
55	T49-2027	Jiaye (Kassapa) jie jing 迦葉結經	Shizhuan bu										13.6
	T13-397-13	Shifang pusa pin 十方菩薩品	Mahāsaṃnipāta						Harrison				12.3
	T2-101	Za ahan jing 雜阿含經	Samyuktāgama						*	*			13.3
	T25-1508	Ahan kuojie shier yinyuan jing 阿含口解十二因緣經	Commentari						scuola	*		Daoan	13.10
	T13-397-13	Shi fang pusa jing parte de Dafang deng da ji jing	Commentari										
		Testi del Kongo-ji											
	Can. Corea no 20-811	Chujia gongde yinyuan jing 出家功德因緣經										certo	13.3 / 14.2f / 14.4

Le raccolte tradotte in cinese sono talora incomplete e i singoli
sūtra raramente corrispondono nelle raccolte parallele. La critica sulla
comparazione è assai vasta e complessa ed esula dai fini di questo testo.

Digha nikāya (Canone pāli) corrisponde a ***Dirghāgama***, in cinese
Chang ahan 長阿含: nel Canone cinese si sono conservati 30
sūtra in T1 proveniente dalla scuola Dharmaguptaka.

Majjhima nikāya corrisponde a ***Madhyamāgama***, *Zhong ahan* 中阿含
222 sūtra in T26 proveniente dalla scuola Sarvāstivāda.

Saṃyutta nikāya corrisponde a ***Saṃyuktāgama***, *Za ahan* 雜阿含: 136
sūtra in T99 proveniente dalla scuola Mulasarvāstivāda e 364 sūtra in T100, simile al precedente, ma non se ne conosce l'origine.

Aṅguttara nikāya corrisponde a ***Ekottarikāgama***, *Zengyi ahan* 增一阿
含: 473 sūtra in T125 forse proveniente dalla scuola Mahāsaṅghika.

Nel Canone cinese vi sono alcuni testi di chiaro orientamento
Mahāyāna che però gli studiosi negano essere opera di An Shigao, sia
per motivi legati alla linguistica, sia al contenuto, perché i soli testi sicuramente suoi appartengono agli āgama e/o alle scuole del Buddhismo delle origini. Vedi § 13.6 e capitolo 14.3.

Riguardo ai **trattati** o alle opere che non sono traduzioni ma
testi redatti e composti da An Shigao, approfondiremo nel capitolo 14
che riguarda i testi di abhidharma e di meditazione.

Un altro tipo di classificazione riguarda il **contenuto** dei testi e
così si possono raggruppare in opere che riguardano:
la meditazione,
i principi fondamentali del Dharma,
la medicina,
l'astronomia/astrologia,
le regole monastiche,
le narrazioni delle categorie *avadāna* (parabole e storie biografiche sulla realizzazione spirituale) e *jātaka* (racconti delle
esistenze anteriori del Buddha).

13.5 I Testi *Vinaya*

Nell'elenco delle attribuzioni ad An Shigao in CBETA compaiono tre testi che riguardano le regole monastiche, quindi classificati come *Vinaya*, ma **gli studiosi contemporanei hanno escluso che siano sue opere** per molte ragioni, tra le quali il fatto che le più antiche fonti non citano suoi scritti sull'argomento.

- **T24 – 1467a**, *Foshuo fanjie zuibao qingzhong jing* 佛說犯戒罪報輕重經, *Sūtra sulla retribuzione delle violazioni di precetti gravi e lievi.*

- **T24 – 1470, Da biqiu sanqian weiyi jing** 大比丘三千威儀, *Sūtra sui tremila precetti (di dignità) dei grandi monaci.*

- **T24 – 1492, Foshuo Shelifu huiguo jing** 佛說舍利弗悔過經, *Sūtra sul pentimento di Śāriputra* (uno dei maggiori discepoli del Buddha), testo di orientamento Mahāyāna.

13.6 Testi *āgama*

Gli āgama che riguardano la meditazione saranno esaminati nel prossimo capitolo, gli altri inclusi nel Canone cinese sono i seguenti.

- **T1 – 13, Chang ahan shi bao fa jing** 長阿含十報法經, *Sūtra sui dieci Dharma nei Dirghāgama.*
Noto anche col titolo in sanscrito: *Dirghāgama daśottara sūtra*. Il testo corrisponde, nel *Digha nikāya* del Canone pāli, al sutta 34 intitolato (in pāli, *Dasūttara sutta*) *La decina espansa*. Si tratta di un esteso testo (appunto nella raccolta dei *Discorsi lunghi*) che elenca dieci categorie – che si trovano anche in altri sutta pāli (*Digha nikāya* 33; in vari testi dell'*Aṅguttara nikāya* e nel *Paṭisambhidamāgga, Il sentiero della discriminazione,* conservato nel *Khuddhakanikāya* e attribuito a Sāriputta, in sanscrito Śāriputra).
Le categorie, facciamo riferimento al testo pāli[17], sono:
  1) Una realtà che è molto utile.
  2) Una realtà da sviluppare.
  3) Una realtà da conoscere in dettaglio.

4) Una realtà da abbandonare.

5) Una realtà che non fa avanzare nella pratica.

6) Una realtà che fa avanzare nella pratica.

7) Una realtà difficile da penetrare.

8) Una realtà da far sorgere.

9) Una realtà da imparare in dettaglio.

10) Una realtà da realizzare.

Ognuna delle categorie è a sua volta suddivisa in 10 sottocategorie ad esempio: una realtà molto utile, due realtà molto utili, tre ecc.; un realtà da sviluppare, due realtà da sviluppare e così via, con l'elencazione del contenuto; quindi vi è un elenco piuttosto complesso, ma che era un efficace promemoria.

Dato che forse fu considerato da An Shigao come un testo che riuniva e sintetizzava molti insegnamenti del Buddha, si spiega perché lo abbia scelto per tradurlo e utilizzarlo per introdurre i fondamenti del Dharma in Cina.

• **T1 – 16, Shijialuoyue liufang li jing** 尸迦羅越六方禮經, **Sūtra dei sei omaggi di Singalaka** (Shijialuoyue), che ha un parallelo nel Canone pāli nel Si(n)gālovāda sutta, L'istruzione a Sigāla, Dīgha Nikāya 31. Il Buddha incontra il brāhmaṇa Sigāla mentre si accinge a compiere il tradizionale rito di venerazione dei quattro punti cardinali più lo Zenit e il Nadir e gli insegna invece come deve comportarsi un laico seguace del Dharma[18]. Si tratta di un testo che la critica contemporanea non ritiene opera di An Shigao.

• **T1 – 32, Si di jing** 四諦經, **Sūtra sulle quattro (Nobili) Verità.**
Il testo, nel Majjhima nikāya del Canone pāli, corrisponde al sutta 141 intitolato (in pāli, Saccavibhaṅga sutta), Sūtra sull'analisi delle Quattro (Nobili) Verità[19].

• **T1 – 36, Benxiang yizhi jing** 本相猗致經, che significa all'incirca: **Sūtra sulle cause dei [quattro] caratteri fondamentali [dell'esistenza].**
Il breve testo elenca la sequenza dei fattori che forniscono le con-

dizioni o il nutrimento (sanscrito *āhāra*) sia per il desiderio, sia per la vera conoscenza che conduce alla liberazione. Il testo ha un paralleo in *Aṅguttara nikāya* 10.62, *Taṇhā sutta, Sutta sul desiderio*[20], e compare anche tradotto in T1 – 26.

- **T1 – 48, *Shifa feifa ji* 是法非法經, *Sūtra sui dharma e gli adharma*.** I due vocaboli sono usati nel senso di: giusto e sbagliato; nel testo il Buddha fa osservazioni morali sull'importanza di alcune doti (estetiche, di eloquenza ecc.) spiegando che il monaco conta solo sulla qualità della sua pratica e conoscenza del Dharma.

- **T1 – 57, *Lou fenbu jing* 漏分佈經, *Sūtra sulla propagazione delle contaminazioni*** (in sanscrito *āśrava*, oscurazioni mentali).
  Il testo tratta i sei fattori spirituali dannosi (sanscrito *āśrava*): piaceri sensoriali, sensazioni, percezioni, desideri, karma, sofferenza; e il modo in cui riconoscerli e neutralizzarli. Ha un parallelo in *Aṅguttara nikāya* 6.63, *Nibbedhika sutta*[21] e un'altra versione cinese è reperibile in T1 – 26.

- **T1 – 91, *Poluomen zi ming zhong ai nian buli jing* 佛說婆羅門子命終愛念不離經**, una delle varie possibile traduzioni è: *Sūtra sull'attaccamento del Brāhmaṇa al figlio perduto*.
  Si narra di un Brāhmaṇa il cui figlio muore; per la disperazione egli smette di mangiare e vive perennemente in lutto, fissato sull'attaccamento per il giovane. Si tratta di un testo che la critica contemporanea non ritiene di An Shigao.

- **T1 – 98, *Pufayi jing* 普法義經, *Sūtra del senso universale*,** detto anche *Arthavistara sūtra*.
  Il testo non ha un parallelo nel Canone pāli e appartiene ai *Dīrghāgama* della scuola Sarvāstivāda/Mūlasarvāstivāda, è attribuito a Śāriputra e non segue un ordine numerico nella presentazione degli argomenti che, invece, procedono tematicamente, seguendo uno schema che porta al raggiungimento della piena liberazione e della libertà dalla rinascita.

Inizia con il gruppo delle dodici *circostanze favorevoli* che sono un prerequisito per incontrare l'insegnamento buddhista (una rinascita umana, il possesso di tutte le facoltà fisiche e mentali, nascere in un luogo dove si può incontrare il Dharma, non aver commesso i cinque crimini gravi, nutrire fiducia nel Dharma; essere nati in un periodo in cui sia apparso un Buddha, Egli abbia insegnato, il Suo insegnamento perduri, vi siano i mezzi per praticare il Dharma, si possa incontrare un Saṅgha. Al termine del testo sono elencati *i dieci fattori di un Arhat* (gli otto rami del Nobile Ottuplice Sentiero più la *retta libertà* e la *retta conoscenza*).

- **T2 – 105**, ***Wuyin piyu jing*** 五陰譬喻經, ***Sūtra sul paragone dei cinque skandha***.
  Gli *skandha* o *aggregati*, che includono tutti i fenomeni fisici e mentali dell'esistenza condizionata, sono: le forme (di carattere fisico) paragonate alla schiuma del Gange; le sensazioni, paragonate alle bolle dei monsoni estivi; le percezioni paragonate al calore; le formazioni karmiche paragonate ad un banano (perché il tronco, seccando, si vuota del midollo, correlato quindi anche alla vacuità) e la coscienza paragonata ad una visione illusoria (gli ultimi quattro aggregati sono di carattere mentale). I cinque skandha sono essi stessi *vuoti* e non si deve aver attaccamento per loro.
  Il testo, nella raccolta *Saṁyuktāgama*, è considerato opera della scuola di An Shigao anche perché contiene una parte in poesia e non si trovano versi in alcun testo che sia sicuramente una sua traduzione.

- **T2 – 109,** ***Foshuo zhuanfalun jing*** 佛說轉法輪經, ***Sūtra della messa in moto della ruota del Dharma***.
  Si tratta di un altro breve testo ritenuto opera della scuola di An Shigao, il cui contenuto è ben espresso dal titolo.

- **T2 – 112,** ***Foshuo bazhengdao jing*** 佛說八正道經, ***Sūtra sull'Ottuplice Sentiero***.
  Il testo, attribuito a Shigao, è ritenuto appartenere alla scuola Sarvāstivāda e il contenuto è chiaramente indicato dal titolo.

- **T2 – 140,** *Anabindi hua qi zi jing* 阿那邠邸化七子經, *Sūtra sulla conversione dei sette figli di Anāthapiṇḍika* (o Anāthapiṇḍada, in cinese Anabindi 阿那邠邸).
Costui era un ricco mercante discepolo del Buddha del quale sono narrate alcune vicende nel Canone pāli. Egli aveva un figlio e tre figlie: queste ultime furono grandi seguaci del Buddha, invece il figlio si dedicava solo al commercio e tardivamente divenne discepolo del Buddha. Nel testo cinese invece ha sette figli non virtuosi che, diversamenente da lui, non venerano il Buddha e il Dharma. Il padre utilizza dei mezzi abili e poi racconta una parabola per far sì che poi anch'essi diventino seguaci del Buddha.
Si tratta di un testo āgama che la critica contemporanea non ritiene di An Shigao.

- **T2 – 149,** *Foshuo Anan tongxue jing* 佛說阿難同學經, *Sūtra del compagno di studi di Ānanda.*
Si tratta di un testo āgama che la critica contemporanea non ritiene di An Shigao.

- **T2 – 150a,** *(Fo shuo) qichu sanguan jing,* (佛說)七處三觀經, *(Saptasthāna sūtra) Sūtra sui sette oggetti [di meditazione] e i tre tipi di "contemplazioni".*
Il T150a si trova nella sezione *Ekottarikāgama* del Canone Cinese e contiene 45 sūtra divisi in 47 sezioni. Quello che dà il titolo è formato dalle prime tre sezioni e tratta di meditazione, quindi lo esamineremo nel capitolo successivo.
Gli altri 44 sūtra sono per lo più piuttosto brevi, e non sempre hanno un parallelo nel Canone pali. Per un'analisi rimandiamo all'approfondito studio di Harrison[22].

- **T2 – 151,** *Foshuo ahan zheng xing jing* 佛說阿含正行經, *Sūtra sulla corretta condotta negli āgama.*
Si tratta di un testo āgama che la critica contemporanea non ritiene di An Shigao.

Due opere fanno parte del *Ratnakūṭa,* un'antica raccolta di **testi Mahāyāna**, che la critica contemporanea non ritiene di Shigao. Sono:

- **T12 – 348**, *Foshuo dacheng dasheng fangdeng yao hui jing* 佛 說大乘方等要慧經, *Mahāyāna vaipulya sūtra sul principio/i (o fattori) della saggezza.*

  È più antico testo che riguarda Maitreya; anche se non fu tradotto da An Shigao, indica che il culto di questo bodhisattva entrò in Cina agli albori dello sviluppo del Buddhismo in quel Paese. In questa scrittura, il Buddha insegna a Maitreya gli otto modi per raggiungere la conoscenza suprema, avendo la compassione come principale propensione. Probabilmente la dizione *dacheng* 大乘, *Mahāyāna,* fu aggiunta in seguito[23]

- **T12 – 356**, *Foshuo baoji sanmei Wenshushili pusa wen fashen jing* 佛說寶積三昧文殊師利菩薩問法身經, *Sūtra Ratnakūṭa [samādhi] sulle domande di Mañjuśrī sul Dharmakāya.*

  I seguenti sūtra appartengono alla raccolta **Sūtrasannipata**, *Jing ji bu* 經集部, una raccolta miscellanea, e la critica contemporanea non li ritiene opera di An Shigao.

- **T14 – 492a**, *Foshuo Anan wen shi fo jixiong jing* 佛說阿難問事 佛吉凶經, *Sūtra richiesto da Ānanda sulle circostanze faste o nefaste per la venerazione del Buddha.*

- **T14 – 492b**, *Anan wen shi fo jixiong jing* 阿難問事佛吉凶經 (titolo come il precedente).

- **T14 – 506**, *Jiantuo guo wang jing* 犍陀國王經, *Sūtra di re Skandha.*

- **T14 – 525**, *Foshuo zhangzhe zi aonao san chu jing* 佛說長者子 懊惱三處經, *Sūtra sui tre dolorosi stati di rinascita del figlio del* **gṛhapati** [vocabolo sanscrito che indica il *capofamiglia*; in cinese *zhangzhe* 長者].

- **T14 – 526**, *Foshuo zhangzhezi zhi jing* 佛說長者子制經, *Sūtra delle regole per il figlio del gṛhapati.*

- **T16 – 684**, *Foshuo fumu en nan bao jing* 佛說父母恩難報經, *Sūtra sulla preziosità (difficile-fruire) dell'amore parentale.*
Nel Canone esistono una ventina di testi con titolo simile o identico, di traduttori successivi all'epoca di An Shigao; per la cultura cinese il tema del rapporto con i genitori era molto importante, anche per i legami con le tradizioni confuciane.

- **T17 – 724**, *Foshuo zuiye yingbao jiaohua diyu jing* 佛說罪業應報教化地獄經, *Sūtra sulla retribuzione dei crimini karmici e sulla conversione degli inferni.*
Diyu 地獄 è una traduzione del sanscrito *naraka*, uno dei sei stati di esistenza degli esseri nel saṃsāra: otto "inferni" caldi, otto freddi, un insieme di inferni periferici e un insieme di inferni effimeri, in totale diciotto tipologie, vedi anche T17 – 731.

- **T17 – 729**, *Foshuo fen bie shan e suo qi jing* 佛說分別善惡所起經, *Sūtra sulla discriminazione dell'origine di azioni buone e cattive.*

- **T17 – 730**, *Foshuo chuchu jing* 佛說處處經, *Sūtra su diversi principi (o sūtra generale).*

- **T17 – 731**, *Foshuo shiba nili jing* 佛說十八泥犁經, *Sūtra sui diciotto niraya* [*nili* 泥犁 traduce il pāli *niraya*, inferni detti in sanscrito *naraka*, vedi T17 – 724].

- **T17 – 732**, *Foshuo ma yi jing* 佛說罵意經, *Sūtra sull'ingiuria (o calunnia).*

- **17 – 733**, *Foshuo jianyi jing* 佛說堅意經, *Sūtra sulla mente ferma/saggezza.*

- **T17 – 734,** *Foshuo gui wen Mulian jing* 佛說鬼問目連經, *Sūtra della richiesta del fantasma a Maudgalyāyana/Mogallana* (in cinese *Mulian* 目連).

- **T17 – 791,** *Foshuo chujia yuan jing* 佛說出家緣經, *Sūtra sulle condizioni per l'ammissione al Saṅgha* [in cinese *chujia* 出家, traduce il sanscrito *pravrajita*, entrata in noviziato].

- **T17 – 792,** *Foshuo fashou chen jing* 佛說法受塵經, *Sūtra sulle percezioni contaminanti*.
  Si tratta di un breve testo che i critici ritengono tradotto dai discepoli di An Shigao e che, nell'*Aṅguttara Nikaya* del Canone pāli, corrisponde al sutta 1.1 della raccolta *Rūpādī - Ekaka vagga* (il libro degli *uno,* sulla *forma*), intitolato *Cittapariyādānavaggo, Ossessioni della mente*. Viene detto, in dieci enunciati, che i cinque oggetti dei sensi delle donne ossessionano la mente degli uomini e viceversa[24]. (Almeno c'è *par condicio!*)

- **T49–2027,** *Jiashe (Kassapa) jie jing* 迦葉結經, *Sūtra compilato da Kassapa*. Appartiene alla raccolta *Shi zhuan bu* 史傳部, *Storie*. La critica contemporanea non lo ritiene opera di An Shigao.

13.7 Testi di argomento medico

Ad An Shigao sono attribuiti diversi testi di contenuto medico che fanno capire perché nelle biografie esaminate nel capitolo 7 sia descritto con molti dettagli come un esperto di medicina.
Li elenchiamo nell'ordine in cui compaiono nel Canone cinese.

- **T2 – 131,** *Fo shuo Poluomen bi si jing* 佛說婆羅門避死經, *Sūtra dei Brāhmaṇa per evitare la morte*, che la critica recente non ritiene opera di An Shigao. Quattro brāhmaṇa *xianren* 仙人 (quest'ultimo vocabolo indica gli esseri *Immortali* dell'antica tradizione cinese, però qui si riferisce ai saggi indiani o *ṛṣi)* coltivarono pratiche per evitare la morte in varie situazioni: un brāhmaṇa entra nello spazio (cielo); uno nel grande mare; uno nel ventre delle montagne (forse una grotta); uno nella terra; essi tuttavia finiscono col perdere la vita. La ricerca dell'immortalità è un antico mitema che forse ebbe origine in India e trovò grande sviluppo in Cina [si trova anche in raccolte di fiabe recenti come *Il paese dove non si muore mai* nella raccolta *Fiabe italiane* di Italo Calvino ed. Einaudi, Torino 1956, rist. Mondadori, Milano 1968 e 1993, fiaba n° 27].

Il Buddha, in conclusione del sūtra, recita questi versi:

> Non nello spazio, non nel mezzo del mare,
> non sotto la roccia delle montagne,
> non v'è un luogo in tutta la terra
> che sottrae l'uomo alla sua fine.

Traduzione completa del sūtra in italiano, di Nicola Bianco, reperibile sul web[25].

- **T2 – 150b, *Jiu heng jing* 九橫經, *Sūtra delle nove cause di (morte) imprevista/prematura*** (*hengsi* 橫死) è una raccolta di testi originariamente *Saṃyuktāgama*[26].
  Anche nel *Saṃyuktāgama* T2 –150a, sono ripetute le nove cause di morte accidentale e prematura, in un contesto medico-spirituale[27].

- **T14 – 553 e 554.** La storia di Jīvaka, il famoso medico contemporaneo del Buddha, che conosciamo anche dal Canone pāli (per approfondire vedi Crosta[28]), è narrata in due sūtra separati:
  Fo shuo Nainu Qiyu yinyuan jing 佛說奈女祇域因緣經, T14 – 553, che Salguero[29] denomina dal sanscrito: ***Sūtra dell'avadāna*** [parabola e storia biografica sulla realizzazione spirituale] *di Āmrapāli e Jīvaka* [il cinese usa *yinyuan* 因緣, che è un termine tecnico che indica le cause e condizioni in senso buddhista] e
  Fo shuo Nainu Qipo jing 佛說奈女耆婆經, T14 – 554, ***Sūtra di Āmrapāli e Jīvaka***.

I sūtra sono probabilmente due versioni del medesimo testo, una più lunga ed estesa e la seconda in forma ridotta. Le traduzioni in cinese sono attribuite ad An Shigao, citate nel *Lidai sanbao ji* (T2034) compilato da Fei Changfang, ma, secondo alcuni studiosi, molto probabilmente risalgono al III-IV secolo e sono opera di Dharmarakṣa. Per la loro struttura narrativa possono anche essere classificati come *avadāna*.

- **T16 – 701, *Fo shuo wenshi xiyu zhong seng jing*** 佛說溫室洗浴眾僧經, ***Sūtra del Saṅgha sulle abluzioni e sulla sala da bagno*** viene indicato come una traduzione di An Shigao ma presumibilmente è più tardo, forse opera di Dharmarakṣa, e tipicamente cinese anche per alcuni riferimenti a oggetti e prodotti non usati in India. Il sūtra descrive l'atteggiamento ideale di monaci e laici verso il bagno e fu assai commentato nei secoli successivi e diventò famoso il paragone-metafora tra igiene personale o pulizia esterna e purezza interiore. Un corpo pulito e splendente è considerato anche un segno di grande virtù e la terminologia usata per la pulizia può riferirsi sia all'aspetto esterno/fisico che a quello interno/ mentale/morale. Viene anche indicato un nesso causale tra 'sporco' e 'malattia' e non a caso la storia è riferita al medico Jīvaka. Per approfondire il testo, vedi Crosta[30].

Una sezione di embriologia e medicina è anche contenuta nel T1508, vedi § 13.10.

13.8 Testi di astrologia/astronomia

Come abbiamo letto nelle biografie, An Shigao era considerato anche un esperto di questa disciplina, ma non si sono conservati testi a lui attribuiti che la riguardano. L'unico che avrebbe attinenza, in realtà, si può considerare un *avadāna* che racconta una interessante storia di ottenimento del Risveglio. Il testo attribuito ad An Shigao è:

- **T14 – 551, *Fo shuo Modeng nu jing*** 佛說摩鄧女經, ***Sūtra della ragazza Mātaṅgī*** (Modeng).
  Esiste anche un sūtra dal medesimo contenuto, di traduttore anonimo in T14 – 552, *Fo shuo Modeng nu jie xing zhong liu shi jing* 佛說摩登女解形中六事經, *Sūtra sulle sei caratteristiche (disgustose) del corpo comprese dalla ragazza Mātaṅgī.* (vedi *infra*).

Questo testo merita un approfondimento. Secondo Daoxuan, nel suo catalogo intitolato *Da Tang neidian lu* 大唐內典錄 (in T55 – 2149), il *Śārdūlakarṇāvadāna*[31], un trattato astrologico indiano o meglio un *avadāna* buddhista in sanscrito risalente al I secolo e presumibilmente appartenuto alla scuola Sarvāstivāda, fu tradotto in cinese da An Shigao circa nel primo anno dell'era Yuanjia (151) dell'imperatore Huan della dinastia Han posteriore; questa prima versione ha nel catalogo anche il titolo alternativo di: *Ershiba xiu* 二十八宿, *Ventotto nakṣatra* (case astrologiche in cui è presente la Luna), **ma in questo sūtra non si parla di astrologia, si racconta solo la storia di Mātaṅgī.** Si può ipotizzare che si sia perduta una parte del testo oppure vi sia stata confusione tra gli estensori dei Cataloghi perché, invece, **le nozioni astrologiche sono presenti in due traduzioni successive:** di Zhu Lüyan 竺律嚴 e Zhi Qian 支謙 eseguita nel 230, in **T21 – 1300**, col titolo *Modeng ga jing* 摩登伽經, *Sūtra di Mātaṅga* e poi di Dharmarakṣa 竺法護 all'inizio del IV secolo in **T21 – 1301** *Shetoujian taizi ershiba xiu jing* 舍頭諫太子二十八宿經, *Sūtra del principe Śārdūlakarna* (舍頭諫) *e dei ventotto nakṣatra*.

In queste versioni si narra la vicenda di una donna appartenente alla tribù/etnia dei Matanga, «sciamani che coltivavano l'arte delle pozioni magiche»[32] cui Ānanda aveva chiesto dell'acqua e che si infatua della sua bellezza e lo vuole sposare. La madre della donna cerca, per mezzo di incantesimi e rituali magici, di rendere il monaco sottomesso e fargli accettare questo amore. Il Buddha interviene per salvare Ānanda dall'infrangere i precetti e fa venire lui e la donna alla sua presenza. Poi le dice che se vuole sposare Ānanda deve raparsi i capelli come i monaci. La donna lo fa e ritorna dal Buddha che le spiega l'impermanenza e l'impurità dei sei "oggetti" di Ānanda che la donna amava: occhi, naso, bocca, orecchi, voce e il camminare. Per questi insegnamenti la donna raggiunge lo stato di *arhat*. Ella poi si vergogna della sua precedente ignoranza e illusione e chiede di diventare monaca. Il Buddha accetta e poi spiega ai monaci che la donna fu in cinquecento esistenze precedenti la moglie di Ānanda, ora invece, nel sentiero del Dharma, sono come fratello e sorella.

(Questo racconto compare anche nel *Śūraṅgama sūtra* che è però assai posteriore.)

Il testo è molto interessante perché mette in risalto la possibilità di accedere al Risveglio per un essere tre volte svantaggiato – donna, povera e fuori casta. Il concetto di casta per il Buddha non ha alcun senso e importanza, ed è ribadito in T1300 dove, quando Ānanda chiede acqua alla donna, ella gli dice di essere una fuori casta, un'intoccabile, quindi la sua acqua sarebbe contaminata, ma il monaco le risponde che nel cuore dei seguaci del Buddha alberga l'uguaglianza e la non-distinzione delle caste. Anche nella vicenda che si racconta in seguito, nelle vite precedenti i personaggi hanno più volte variato l'appartenenza alle diverse caste.

I testi al T551 e T552 terminano qui e corrispondono al primo capitolo del testo sanscrito del *Śārdūlakarṇāvadāna* e delle traduzioni sucessive in T1300 e T 1301.

Nel T1300 la traduzione comprende la storia della ragazza poi vengono introdotte le nozioni di astrologia e astrologia e quelle sui presagi. Il testo contiene anche mantra.

Nel T1301 si racconta estesamente un seguito della vicenda.

Dopo che la donna fu ordinata monaca, il re Prasenajit si lamentò col Buddha che un'appartenente alla casta degli intoccabili o dei fuori casta, fosse entrata nel *Saṅgha*. Allora il Buddha raccontò che, molto tempo prima, era vissuto il re di nome Mātaṅga, molto versato nei Veda che cercava una sposa adatta per il figlio Śārdūlakarṇa (Orecchio-di-tigre) e pensò a Prakṛti una fanciulla di casta brāhmaṇica. Il padre della ragazza si indignò per la richiesta e chiese al re di dimostrare la sua competenza sulle costellazioni/*nakṣatra*. Il re le spiegò e così il testo espone questa parte di astrologia*.

Profondamente colpito dalle sue conoscenze, il brāhmaṇa acconsentì al matrimonio. Il Buddha spiega che Sàrdūlakarna è oggi Ānanda, il brāhmaṇa e lo stesso re Mātaṅga sono il Buddha e Prakṛti la ragazza fuori casta.

* I sūtra in T1300 e T1301 contengono una lunga sezione di astrologia lunare caratteristica della forma più primitiva della scienza astrale indiana e presentano i ventotto *nakṣatra* a partire da quello che si ritiene rappresenti l'equinozio di primavera del 2.350 a.C. (!)

Se si confrontano con la versione sanscrita, attribuita al laico Triśaṅku, una serie di dettagli astronomici sono noti solo nelle versioni cinesi; tra questi, elenca Mark (vedi *infra*): la descrizione dei due sistemi di sette o nove pianeti: Sole, Luna, Marte, Giove, Saturno, Venere e Mercurio, più Rahu e Keto; il ciclo metonico di sette mesi intercalari in diciannove anni, insieme ad un sistema alternativo di "mesi intercalari doppi in cinque anni"; il movimento del Sole durante tutto l'anno; un'altra serie di sette pianeti elencati nell'ordine identico a quello usato nell'antica Grecia e il periodo siderale dei sette pianeti. È interessante notare che tali informazioni non si trovano nei testi astronomici indiani più antichi.

Alcuni concetti del *Śārdūlakarṇāvadāna* hanno un'origine babilonese, anche se molti furono reinterpretati per essere adattati al contesto indiano, come la trattazione dei presagi celesti, atmosferici e terrestri. Queste nozioni furono trasmesse in India durante i primi secoli della nostra era e, nel corso del primo millennio, a questo testo furono aggiunti molti altri capitoli, i quali testimoniano l'evoluzione nel campo dei presagi e dell'astrologia.

L'inserimento di nuovi elementi greco-indiani in testi buddisti non è sorprendente; infatti sono ben note le influenze greche anche sull'arte buddhiste di Gandhara e su opere come il testo paracanonico *Milindapañha*, il cui protagonista è Menandro I (r. 165/ 155-130 a.C.), re indo-greco della Battriana. Vedi anche:

- Mark B.M, *The Transmission of Buddhist Astral Science from India to East Asia: The Central Asian Connection*, in *Historia Scientiarum* Vol. 24–2, 2015, pp. 59-75

13.9 *Jātaka*

Oltre agli *avadāna* riguardo a Jīvaka, trattati nel § 13.7, e ai sūtra sulla vicenda della ragazza Mātaṅgī nel § 13.8, un altro testo narrativo fu attribuito ad An Shigao, anche se negato dalla critica contemporanea.

- **T3–167, *Taizi mupo jing* 太子慕魄經, *Sūtra del principe Mupo*.** (Esiste un altro testo di analogo titolo, contenuto in T3 – 168 e tradotto da Dharmarakṣa.).
Si tratta della traduzione della *vita anteriore* del Buddha n° 538, che in pāli ha titolo: *Mūga-pakkha-jātaka*[33] (*Mūga*, in sanscrito

mūka, significa: *silenzioso, muto.*)
Un principe ereditario di Benares, di nome Temiya, per un voto
ascetico, finse di essere muto, sordo e storpio. Vari mezzi furono
utilizzati per cercare di infrangere il suo riserbo e di testare la sua
sensibilità, ma senza risultati per sedici anni. Alla fine, dopo che
gli indovini avevano convinto il re che, per evitare grandi future
disgrazie, doveva farlo uccidere e seppellire, mentre veniva con-
dotto al luogo dell'esecuzione, per non creare dolore e karma ne-
gativo alla sua famiglia e all'auriga che doveva giustiziarlo, cominciò a parlare e gli diede insegnamenti etici. In seguito diventò
un asceta insieme a suo padre.

Restano oscuri i motivi della scelta proprio di questa storia tra le
547 dei *Jātaka*; forse, oltre ad essere famosa all'epoca – compare
in un rilievo del I-II secolo conservato nel National Museum di
Delhi – i discepoli o gli estimatori antichi di An Shigao, potrebbero aver rilevato un parallelismo tra i due principi che rinunciano al
mondo.

13.10 Il testo in T25 – 1508

Come abbiamo accennato nel paragrafo 13.3, il testo reperibile
in **T25 – 1508,** *Ahan kuojie shier yinyuan jing* 阿含口解十二因緣經,
***Sūtra sulla spiegazione orale delle dodici relazioni causali negli
āgama,*** è di difficile classificazione perché **non è una traduzione,
ma un insegnamento di An Shigao** e perché contiene elementi ete-
rogenei: la parte fondamentale riguarda i *12 anelli* o *pratītyasamutpāda,* quindi potrebbe venire considerato un āgama; vi sono varie
liste numeriche che potrebbero rientrare nell'*Abhidharma*; inoltre
nella sezione finale sono esposti elementi di medicina.

Potrebbe essere il più antico testo esegetico composto in Cina,
ipotizza Zacchetti[32], che ha svolto su questo scritto un ampio studio,
cui rimandiamo per approfondimenti. Zacchetti rileva che per alcune
caratteristiche linguistiche e lessicali ci sono somiglianze con altre
opere sicuramente di An shigao, anche se contiene numerose glosse
interpolate.

In conclusione, ritengo che tutti i motivi discussi (nelle pagine) sopra suggeriscono che il AHKY [T1508] è veramente un'opera di An Shigao e molto probabilmente non è una traduzione, ma riflette il suo insegnamento personale.[33]

Il fatto che nel titolo compaia la dizione *spiegazione orale* – unica nella letteratura buddhista cinese – e che Yan Fotiao ribadisca, in T2145 69- 27-29, che An Shigao spiegò la dottrina del Buddha sia oralmente che per iscritto, potrebbe essere un'indiretta conferma della sua autenticità.

La struttura e i contenuti del T1508 si possono dividere nelle sezioni seguenti:

a) (righe 53a 7-13) elenco dei 12 anelli del pratītyasumutpāda;

b) (53a 14-18) coltivazione dei quattro principi, il cui significato non è chiaro secondo il citato studio di Zacchetti;

c) (53a 18-25) i 12 anelli esistono in forma interna ed esterna;

d) (53a 26-28 – 53b 6) alcune definizioni dell'anello dell'*ignoranza* seguito da un'altra esposizione ed elencazione dei 12 anelli;

e) (53b 6-11) classificazione di cinque dei 12 anelli in accordo con i tre tempi: ignoranza e formazioni karmiche sono il legame con le vite passate; coscienza e nome-e-forma sono il presente; i sei *āyatana* rappresentano il futuro;

f) (53b 11- 19 – 53c 6) una lunga sezione elenca le dieci azioni non virtuose (uccidere, rubare, avere comportamenti sessuali scorretti, mentire, calunniare, proferire ingiurie, chiacchierare futilmente, invidiare, essere malevolenti, alimentare punti di vista errati o dubbi) combinate con i cinque skandha. Poi le dieci azioni sono combinate con i 12 anelli, ma, secondo Zacchetti, il testo è molto oscuro;

g) (53c 7-19) esposizione dei cinque skandha, dei diciotto dhātu e dei 12 anelli come le tre grandi categorie che sono implicate nella rinascita;

h) (53c 19-28) si spiega che il *sé* è una mera entità nominale;

i) (53c 28 – 54a 10) i dodici *venti* (correnti energetiche) del corpo. I 5 elementi, combinati con gli skandha giocano un ruolo chiave nel ciclo del saṃsāra;

j) (54a 10-20) due classi di azioni salutari/virtuose e due classi di azioni non salutari e le loro conseguenze sulle future rinascite;

k) (54a 21-28) la coscienza come fattore chiave nel processo di rinascita;

l) (54a 28 – 54b 3) "l'essere che acquisisce un corpo dalle impurità della donna e dell'uomo, una volta cresciuto, è tratto in inganno dai cinqua skandha, dai sei dhātu e dai dodici āyatana";

m) (54b 4-6) un'oscura sezione su tre categorie rilevanti per la nascita umana;

n) (54b 7 – 54c 10) il processo di rinascita; la formazione dell'embrione; la relazione tra genitori e figli;

o) (54c 11-22) vari tipi di sensazioni dolorose fisiche e mentali. Cause di morte e malattia.

p) (sino alla fine, 55b 1) l'esposizione è poco chiara; il testo contiene una serie di liste numeriche e raccoglie materiale eterogeneo: i sapori, la fisiologia, nozioni di medicina...

Zacchetti rileva che alcuni brani del T1508, in particolare la sezione "c", presentano somiglianze con parti dello *Śālistamba sūtra*, *Sūtra della pianticella di riso*[34] (uno dei più antichi della corrente Mahāyāna, anche se non tutti i commentatori concordano con questa classificazione). Questo implica che già circolasse nella Cina del II secolo, come pare affermato da Sengyou che riporta una citazione da Daoan in cui è detto che quel testo era giunto in Cina alla fine dell'epoca Han.

NOTE BIBLIOGRAFICHE capitolo 13

1. Ponampon P.K., *Mission, Meditation and Miracles: An Shigao in Chinese Tradition*, University of Otago, Dunedin, Nuova Zelanda 2015 (Tesi), pp. p. 120-48
2. Nattier J., *A Guide to the Earliest Chinese Buddhist Translations Texts from the Eastern Han and Three Kingdoms,* Bibliotheca Philologica et Philosophica Buddhica, vol. X, The International Research Institute for Advanced Buddhology - Soka University, Tokyo Giappone 2008, pp. 175-7
3. Zurcher E., *The Buddhist Conquest of China - The Spread and Adaptation of Buddhism in Early Medieval China*, Brill. Leiden Olanda 2007, p. 33 e note 82 e 83 p. 331
   - Zurcher E.,. *A New Look at the Earliest Chinese Buddhist Texts* in Shinohara K.; Schopen G. eds., *From Benares to Beijing: Essays on Buddhism and Chinese Religion,* Mosaic Press, Oakville ON Canada 1991, p. 300
4. Zacchetti S, *Teaching Buddhism in Han China: A Study of the* Ahan Koujie Shi'er Yinyuan Jing *T1508 Attributed to An Shiga*o, in: *Annual Report of the International Research Institute for Advanced Buddhology at Soka University* n° 7, 2004, pp. 197-224
5. Zacchetti S, *Defining An Shigao's Translation Corpus: The State of the Art in Relevant Research*, ed. Shen Weirong, *Science Press* n° 3, 2010, pp. 259-62
6. Harrison P., *The Ekottarikāgama Translations of An Shigao,* ed. Petra Kieffer-Pülz and Jens-Uwe Hartmann, *Bauddhavidyāsudhākaraḥ: Studies in Honour of Heinz Bechert on the Occasion of His 65th Birthday (Indica et Tibetica 30),* Swisttal-Odendorf: Indica et Tibetica Verlag, 1997, pp. 261-84
7. Ui Hakuju, *Yakukyōshi kenkyū*, Iwanami Shoten, Tokyo Giappone 1971 pp. 349-52 (citato da Nattier, op. cit. alla nota 1, p. 51)
8. Op. citata alla nota 2, p. 57
9. Op. citata alla nota 2, pp. 68-71
10. Op. citata alla nota 1, p. 165
11. Op. citata alla nota 5, pp. 262-64
12. Harrison P., *Another Addition to the An Shigao Corpus? Preliminary Notes on an Early Chinese Saṃyuktāgama Translation* in: *Early Buddhism and Abhidharma Thought: In Honour of Doctor Hajime Sakurabe on His Seventy-Seventh Birthday [Shoki Bukkyō Kara Abidaruma E: Sakurabe Hajime Hakushi Kiju Kinen Ronshū],*: Heirakuji Shoten, Tokyo Giappone 2002, pp. 1-32
13. Op. citata alla nota 2, p. 176
14. Op. citata alla nota 4.
15. Deleanu F. *The Newly Found Text of the* An ban shou yi jing *Translated by An Shigao*, in *Journal of the International College for Advanced Buddhist Studies,*vol. 6, March 2003, p. 66
16. Zacchetti S., *An Shigao's Texts Preserved in the Newly Discovered Kongo-Ji Manuscript and Their Significance for the Study of Early Chinese Buddhism* in: *Journal of Indian and Buddhist Studies* 52, n° 2, March 2004, pp. 898–895

- Zacchetti S., *A 'New' Early Chinese Buddhist Commentary: The Nature of the Da Anban Shouyi Jing* (T602) *Reconsidered* in: *Journal of the International Association of Buddhist Studies* 31, n° 1–2, 2010, pp. 421-484

17. Per il testo pāli rimandiamo alla traduzione italiana in http://www.canone-pali.net/dn/dn_34.htm

18. Testo reperibile in italiano anche sul web: https://suttacentral.net/it/dn31

19. -- *Saccavibhanga Sutta: Discourse on The Analysis of the Truths* (MN 141), translated from the Pali by Piyadassi Thera. *Access to Insight (Legacy Edition)*, 30 November 2013, http://www.accesstoinsight.org/tipitaka/mn/mn.141.piya.-html , consultato il 12 marzo 2017

20. -- *The numerical discourse of the Buddha - A Translation of the* Aṅguttara Nikāya, *Translated from the Pāli by* Bhikkhu Bodhi, Wisdom Publications, Somerville MA USA 2012, pp. 1418-19

21. Op. citata alla nota 20, pp. 958-64

22. Op. citata alla nota 6

23. Karashima S., *Who Composed the Mahāyāna Scriptures? – The Mahāsāṃghikas and Vaitulya Scriptures,* The International Research Institute for Advanced Buddhology Soka University ARIRIAB vol. 26,18, Tokyo Giappone 2015

24. Op. citata alla nota 20, pp. 89-90

25. http://www.liber-rebil.it/sutra-dei-brahmana-evitare-la-morte-canone-cinese-t131/

26. Crosta A., *Medicina e Buddhismo*, Ed. Lulu, Releight USA 2017, pp. 195-96

27. Demieville P., 'Byō', in Sylvain Levi et al. (eds.), *Hōbōgirin: Dictionnaire encyclopedique du Bouddhisme d'apres les sources chinoises et japonaises,* Maison Franco-Japonaise, Tokyo Giappone 1937, Vol. 3, p. 256

28. Op. citata alla nota 26, pp. 115-28

29. Salguero C.P., *Translating Buddhist Medicine in Medieval China,* University of Pennsylvania Press. Philadelphia USA 2014, pp. 126-28

30. Op. citata alla nota 26, pp. 134-35

31. Cowell E.B.; Neil R:A:, The *Divyâvadâna: A Collection of Early Buddhist Legends*, The Cambridge University Press, Cambridge GB 1886; testo sanscrito del *Śārdūlakarṇāvadāna* pp. 611-55

32. Thich Nhat Hanh, *Vita di Siddhartha il Buddha,* Astrolabio - Ubaldini, Roma 1992, p.266

33. -- *The Jataka,* Vol. VI, trad. Cowell E.B; Rouse W.H.D, Cambridge University Press; Cambridge GB 1907, pp. 1-19

32. Op. citata alla nota 4

33. Op. citata alla nota 4, p. 217

34. Il testo si è conservato in quattro versioni cinesi, la più antica del III secolo (in T709-710-711-712); in una tibetana e ampie citazioni in testi sanscriti. Una versione italiana tradotta dalla ricostruzione sanscrita è reperibile in:
- Gnoli R. (a cura di), *Buddhismo – Testi sanscriti del grande Veicolo*, Mondadori, Milano 2007, pp. 169-177

Statua di bodhisattva in piedi, arte di Gandhara, scisto grigio, III secolo d.C.,
conservata al Metropolitan Museum of Art di New York.
La figura può essere identificata come Maitreya dall'orlo della fiaschetta d'acqua
sacra nella mano sinistra e dalla particolare acconciatura con un nodo in cima al
capo; presenta baffi e tratti somatici più vicini all'iconografia greca che a quella
asiatica. Sulla base della statua, figure di donatori venerano un reliquiario
buddhista che poggia su un basso trono sotto un baldacchino.
Foto di Sailko in pubblico dominio.

14. Testi di An Shigao sulla meditazione

Uno degli argomenti che occupano un posto importante nei testi di An Shigao è la meditazione; un altro, di misura minore, è l'*Abhidharma*.

14.1 Testi di *Abhidharma*

L'*Abhidharma* (in sanscrito *abhi* significa 'superiore' e *dharma* indica i fenomeni) è una raccolta di testi poi divenuti canonici, ma composti secoli dopo i primi due *canestri* (dei *Sūtra* e del *Vinaya)*. Per estensione il termine designa anche la metodologia delle prime scuole filosofiche sviluppatasi in seno al Buddhismo. **Probabilmente il processo della sua sistematizzazione partì dall'esigenza di elencare per lo studio mnemonico le parti essenziali degli insegnamenti racchiusi nei *Sūtra*.** Alcuni insegnamenti concisi, sommari o estratti e liste sistematiche (chiamati *mātṛka*) delle parole del Buddha sono all'origine dell'*Abhidharma* che, ad opera dei discepoli del Buddha e degli studiosi, costituirono poi questo tipo di letteratura. Col tempo questi sommari ed elenchi, tramandati all'inizio oralmente, assunsero sempre più l'aspetto di uno studio approfondito di natura filologica, cognitiva e psicologica. Quindi l'*Abhidharma*, con la sua osservazione dei fattori fisici e mentali, diventò uno strumento importantissimo per la meditazione di visione profonda e per la differenziazione tra la realtà come ci appare in base alla nostra erronea e fuorviante attività sensoriale e la Vera Realtà. Per questi motivi si ritiene che ogni scuola avesse propri testi di *Abhidharma*, anche se solo due raccolte si sono conservate: quella in pāli della scuola Theravāda e quella in sanscrito della scuola Sarvāstivāda.

Quindi le opere di An Shigao in cui compaiono elenchi di punti dottrinali del Dharma possono essere considerate abhidharmiche, come ad es. **T1 – 13**, *Chang ahan shi bao fa jing* 長阿含十報法經, che abbiamo trattato nel capitolo 13.6 e altre che esamineremo nel corso di questo, perché sono principalmente testi per la meditazione.

Formalmente però solo un testo, considerato opera di An Shigao anche da Nattier, Zurcher e Zacchetti, si trova nella raccolta abhidharmica del Canone cinese ed è:

• **T28–1557, *Apitan wu fo xing jing* 阿毘曇五法行經, *Sūtra della pratica dei cinque Dharma dell'Abhidharma*.**
Sengyou lo classifica come testo di *Abhidharma*, ma nei successivi cataloghi viene inserito o tra i trattati o tra i testi di monaci di elevate realizzazioni spirituali.
Forte[1] rileva che corrisponde al primo capitolo dell'*Apidamo pinlei zu lun* 阿毘達磨品類足論 *Śāstra sui gradi e le categorie dell'Abidharma* in T26 – 1542, traduzione di Xuanzang 玄奘 dell'*Abidharma prakaraṇapāda śāstra* di Vasumitra e al *Sa po duo zong wu shi lun* 薩婆多宗五事論, *Śāstra sui cinque argomenti della scuola Sarvāstivāda* tradotto da Facheng 法成 in T28 – 1556; però all'inizio dell'opera attribuita a Shigao compaiono alcune spiegazioni che sono assenti nei due trattati prima citati.

Secondo Daoan ci sono alcuni testi (T607, T603, T14 e T602) che contengono elenchi di termini e concetti di *chan shu* 禪數; però non è chiaro se tale termine si riferisca alla meditazione e all'*Abhidharma* oppure anche alla tecnica meditativa della *conta dei respiri* (vedi *infra* T603). Zacchetti[2] traduce il termine *chan shu* con «pratiche meditative e Abhidharma» e conclude che An Shigao era esperto in entrambe.

Ricordiamo che An Shigao opera nel II secolo, mentre i grandi trattati abhidharmici e meditativi sono più tardi: per la scuola Theravāda, il *Visuddhimagga* di Buddhaghosa è del V secolo; per la scuola Sarvāstivāda (vedi capitolo 6.3.2), l'*Abhidharma mahā-vibhāṣā śāstra* era, nel migliore dei casi, in corso di stesura nel II secolo; lo *Yogācārabhūmi śāstra* è del IV secolo. Quindi benché fossero ben note le nozioni insegnate del Buddha, però la loro sistematizzazione non era ancora stata completata.

14.2 Testi sulla meditazione

Nel Taisho Tripitaka, tra i testi attribuiti ad An Shigao, vi sono alcuni sūtra che riguardano la meditazione e di essi pochi sono autentici (che nell'elenco sottostante sono indicati con: A), due sono da riconsiderare per motivi diversi (A?), gli altri non sono opera di Shigao, ma dovuti a pseudoepigrafia (P). Inoltre ce ne sono tre, non di Shigao, che appartengono alla corrente Mahāyāna (PM). All'elenco delle opere sulla meditazione vanno aggiunti i testi recentemente trovati nel Kongo-ji (vedi capitoli 13.3 e 14.4):

a)	T1 – 14	*Renben yusheng jing*	A
b)	T1 – 31	*Yiqie liu she shou yin jing*	A
c)	T1 – 92	*Shizhi jushi bacheng ren jing*	P
d)	T2 – 150a	*Qichu sanguan jing*	A
e)	T15 – 602	*Foshuo da anban shouyi jing*	A?
f)	Testo del Kongo-ji dell'*Anban shouyi jing*		A
g)	T15 – 603	*Yin chi ru jing*	A
h)	T15 – 604	*Foshuo chanxing sanshiqi pin jing*	P
i)	T15 – 605	*Hanxing faxiang jing*	A?
j)	T15 – 607	*Dao di jing*	A
k)	T15 – 621	*Foshuo foyin sanmei jing*	PM
l)	T15 – 622	*Foshuo zishi sanmei jing*	PM
m	T17 – 779	*Foshuo ba daren jue jing*	PM
n)	Due testi del Kongo-ji del *Foshuo shi er men jing* e il *commentario*		A

* (a) **T1–14, *Renben yusheng*** 人本欲生經, ***Sūtra della brama e della rinascita umana.***
  Ci sono alcune corrispondenze con il *Mahānidāna sutta,* in *Dhigha nikāya* 15 del Canone pāli[3].
  Questo sūtra tratta i ***dodici anelli*** della catena dell'esistenza (o della produzione condizionata o dell'interdipendenza) in sanscrito: *dvādaśanga* ***pratītyasamutpāda.*** Per approfondire la terminologia cinese utilizzata da An Shigao in questo e negli altri sūtra che

trattano l'argomento, si rimanda al dettagliato articolo di Greene[4]. Tradizionalmente essi sono: ignoranza, formazioni karmiche, coscienza, nome-e-forma, sei sfere sensoriali o organi di senso *(āyatana)*, contatto, sensazione, brama/sete, attaccamento, divenire o esistenza, nascita, vecchiaia-e-morte. Era un argomento fondamentale per la filosofia buddhista e fu molto trattato nei testi pre-abhiharmici. Il sūtra espone inoltre:

- *le quattro Nobili Verità*;
- *i cinque aggregati o skandha*;
- *i sette tipi di esseri senzienti* [in sanscrito *sapta vijñānasthitayaḥ* che sono sette tipi di coscienza: *1)* gli esseri differenti nei corpi e nelle idee; *2)* esseri di corpi diversi ma simili idee; *3)* esseri simili nel corpo ma diversi nelle idee; *4)* esseri simili nel corpo e nelle idee; *5 – 6 – 7)* tre classi di esseri non materiali];
- *le otto liberazioni,* in sanscrito *aṣṭa-vimokṣa* e in cinese *ba jietuo* 八解脫, [gli stadi successivi che il meditatore sperimenta durante il progredire degli assorbimenti meditativi. Tre sono nel Regno della Forma e riguardano la liberazione dal desiderio collegato alla percezione 1) delle forme; 2) delle forme interiori ed esteriori; 3) si è solamente attratti dal bello. Trascese le percezioni della forma e della diversità si entra nel Regno del Senza-forma conseguendo le sfere: 4) dello spazio infinito; 5) della coscienza infinita; 6) del nulla, 7) della né percezione né non-percezione, 8) della cessazione di percezioni e sensazioni o *Nirvāṇa*.]

- (b) **T1 – 31,** *Yiqie liu she shou yin jing* 一切流攝守因經, ***Sūtra sugli āśrava/contaminazioni mentali e la contemplazione delle cause***, in sanscrito: *Sarvāsrava sūtra*.

Corrisponde, nel *Majjhima nikāya* del Canone pāli, al sutta 2 intitolato *Sabbāsava sutta*[5]. Riteniamo che sia da considerare un testo sulla meditazione perché riguarda l'utilizzo dell'appropriata attenzione o consapevolezza per «non far sorgere nuovi *āśrava* e distruggere quelli già sorti».

Per la trattazione degli āśrava vedi il T1 – 57 nel capitolo 13.6.
Sono spiegati *"i sette metodi per superare o abbandonare o eliminare gli āśrava"*:

conoscendoli/sapendo vederli;

difendendosi con l'arma della riflessione sui cinque sensi;

utilizzando in modo appropriato, senza attaccamenti, abiti, cibo, luogo in cui si soggiorna, medicine;

sopportando (con pazienza) caldo, freddo, fame, dolore…;

evitando animali infuriati o velenosi, luoghi malsani ecc.;

combattendo e annientando i pensieri di brama, malevolenza/avversione e ira;

sviluppando i *sette fattori dell'Illuminazione* che sono: consapevolezza/presenza mentale, analisi ed investigazione del Dharma, impegno o energia, gioia, pacificazione o quiete, stabilita meditativa, equanimità.

- (c) **T1 – 92 Shizhi jushi bacheng ren jing** 十支居士八城人經, **Sūtra su Dasama** (*Shizhi* 十支) **il capofamiglia** *(jushi* 居士, sanscrito *grhapati*) **di Aṭṭhakanagara** (in pāli, nome di città, 八城).
  Il testo traduce i nomi sanscriti, non li traslittera come di solito.
  Il sūtra ha un parallelo nel *Aṭṭhakanagara sutta* del Canone pāli in *Majjhima nikāya* 52 e nel *Dasama sutta* in *Aṅguttara nikāya* 11.7, testo sull'insegnamento che Ānanda dà a Dasama, il laico proveniente da Aṭṭhakanagara.
  Nel sūtra c'è la spiegazione riguardo a:
    (1-2-3-4) i quattro *dhyana* (sanscrito; in pāli *jhāna*) o livelli di assorbimento meditativo;
    (5-6-7-8) i quattro *brahmavihāra* o dimore di Brahma o gli illimitati che sono l'amore universale (o *metta*, o benevolenza o gentilezza amorevole), la compassione, la gioia compartecipe o altruistica, l'equanimità;
    (9-10-11) le tre *sfere*: dello spazio infinito, della coscienza infinita e del nulla.
  Vengono definite da Ananda **le undici porte**. Ricordiamo che in questi undici stadi c'è ancora la percezione, che scompare solo nel

12° livello o sfera 'in cui non esiste né percezione né non-percezione' e che qui non viene trattato. Dopo questa spiegazione, Dasama disse ad Ānanda:

> Come se un uomo che va in cerca di un tesoro, trovasse undici tesori tutti in una volta, così io che cercavo una porta per l'immortalità (cioè il Nirvāṇa), ho in una sola volta acquistato il sapere di undici porte dell'immortalità. Come un uomo che ha una casa con undici porte, in un incendio si potrebbe salvare per ognuna di esse, così io potrei salvarmi per ognuna di queste undici porte dell'immortalità.[6]

Si tratta di un testo che la critica contemporanea non ritiene di An Shigao.

- (d) **T2 – 150a, *(Fo shuo) qichu sanguan jing*,** (佛說) 七處三觀經, ***Sūtra sui sette oggetti (di meditazione) e i tre tipi di "contemplazioni"***, (in sanscrito *Saptasthāna sūtra*).
  Questo testo, come abbiamo accennato nel capitolo 13.6, è formato dalle prime tre sezioni delle 47 contenute nel sūtra che si trova nella sezione *Ekottarikāgama* del Canone Cinese[7], ma secondo Zacchetti dovrebbe appartenere al *Saṃyuktāgama* ed è contenuto anche in un'antologia anonima di questi testi intitolata *Za ahan jing* 雜阿含經 in T2 – 101. Ha un parallelo in *Saṃyutta nikāya* 22.57, *Sattaṭṭhāna sutta*, *Sutta sui sette casi*.
  Il testo elenca **7 oggetti o basi**, *qichu* 七處, sulle quali meditare e che sono: la *forma* o esistenza materiale; 2) l'origine; 3) la cessazione; 4) la pratica che porta all'estinzione cioè l'Ottuplice Sentiero; 5) il gusto; 6) la sofferenza/dolore; 7) la rinuncia. Ognuna delle sette è applicata ai cinque skandha.
  I tre tipi di *vipaśyanā, sanguan* 三觀, sono: il corpo fisico o **forma**; i **cinque aggregati** e i **sei *āyatana*** o organi di senso (vedi T603).

Riteniamo sia un significativo esempio dei testi di An Shiagao e riportiamo l'intero sūtra, oggetto di uno studio di Vetter e Harrison[8], **tradotto in italiano nell'appendice, vedi pp. 216-222.**

- (e) **T15 – 602, (Foshuo da) anban shouyi jing** （佛說大）安般守
  意經.

Si tratta del più famoso testo di An Shigao, generalmente noto col titolo sanscrito di *Ānāpānasmṛti* (in pāli, *ānāpāna-sati*) *sūtra* che significa: ***Sūtra della consapevolezza della respirazione***. È il più antico testo cinese sull'argomento.

Deleanu[9] scrive che potrebbe essere la traduzione di un piccolo manuale compilato da appartenenti alla scuola Sarvāstivāda-Yogācāra intorno all'anno 100, probabilmente scritto nel prakrito gāndhārī e intitolato: *Ānāpānasvadi.*

Sengyou, nel *Chu san zang ji ji*, riporta il catalogo di Daoan che elenca due *Anban [shouyi] jing* tradotti da An Shigao: il *"Piccolo" sūtra anban* in un rotolo, 抄安般守意經一卷 (T55 – 2145-5) e il *"Grande" sūtra anban* 大安般經 e quest'ultimo corrisponderebbe a quello in T602. In altre parti del testo di Sengyou e in particolare nella citata biogafia di An Shigao, si parla di un solo *Anban shouyi jing*. Dopo la scoperta dei testi del Kongo-ji si è compreso che effettivamente vi erano due distinti testi. La situazione si fa più confusa nei cataloghi antichi successivi dove si cita un terzo *Anban*! Rimandiamo al citato articolo di Zacchetti[10] per approfondimenti sulla complessa questione e sugli studi attuali.

Zacchetti e Deleanu sottolineano che il T602, come era già stato osservato da antichi commentatori, è formato da un testo base cui sono inestricabilmente mescolate delle glosse interlineari, che probabilmente erano spiegazioni scritte o riportate da Chen Hui e Kang Senghui, e che furono aggiunte al testo da Daoan o da successivi compilatori del Canone.

Zacchetti[11] conclude che probabilmente inizialmente c'era solo un unico testo sull'ānāpānasmṛti, una traduzione ascritta ad An Shigao fin dai tempi di Kang Senghui, e il cui titolo originale era, con ogni probabilità, semplicemente *Anban shouyi jing*. Questo è dimostrato dalle prime prefazioni e dalle citazioni di questo testo che si trovano nei commenti dell'epoca dei Tre Regni. Questo primo testo, che ad un certo punto – non sappiamo precisamente quando – si era perso nella linea di trasmissione principale del

Canone cinese, è il recentemente riscoperto manoscritto del Kongo-ji.

In una fase successiva, durante il quarto secolo, si inizia a trovare menzione di un secondo testo, chiamato da un certo numero di fonti *"Grande" Anban shouyi jing*. Ad un certo punto, forse a cominciare dal catalogo di Sengyou, questo testo fu attribuito ad An Shigao come una delle sue traduzioni. Questo processo comportò anche un cambiamento di titolo per l'originale *Anban shouyi jing,* che fu etichettato (almeno in alcune fonti), per contrasto con la seconda scrittura, come: *"Piccolo" Anban [Shouyi] jing.*

Questa potenziale fonte di confusione è stata, purtroppo, fin troppo bene sfruttata dai cataloghi redatti nelle epoche Sui e Tang. Per un caso del destino solo il secondo testo, forse più tardi, fu conservato nel Canone sotto il nome di An Shigao al numero T602.

Nel citato studio, Zacchetti[12] elenca i contenuti del T602, che si possono raggruppare in quattro parti.

1. Definizione di *ānāpānasmṛti* (T602 - 163c20–164a24).

2. Ampia esposizione delle *sei pratiche della respirazione*(T602 - 164a24–167c1):

- ○ *shu* 數 (*sanscrito gaṇanā*) contare i respiri (vedi *infra* testo del Kongo-ji);

- ○ *sui* 隨 *(anugama/anubandha)* seguire, cioè concentrare l'attenzione su inspirazione ed espirazione;

- ○ *zhi* 止 *(sthāpanā)* variamente tradotto con: mettere a fuoco, fissare, acquietare, ma il carattere è in altri testi usato per indicare *śamatha*, la meditazione che porta alla calma mentale. Dopo che ci si è familiarizzati col precedente metodo, si passa a questo in cui si smette di contare. L'attenzione è focalizzata su inspirazione ed espirazione, dove entra ed esce l'aria; è un'osservazione consapevole del percorso del respiro. Il tenere l'attenzione mentale *fissa* su un oggetto permette di ridurre l'intensità dei pensieri.

- ○ *guan* 觀 *(upalakṣaṇā)* contemplare/osservare; questo carattere è usato in altri testi per indicare la meditazione *vipaśyana*;

○ *huan* 還 (*vivarta* che significa: modificazione, alterazione) "girare";

○ *jing* 淨 *(pariśuddhi)* purificare.

A proposito della quinta e sesta pratica, nel T 602 e nella versione del Kongo-ji il testo è differente, ma oscuro in entrambi i casi.

Nel T602 vengono così definite (nella traduzione in inglese di Zacchetti[13])

> Il quinto [aspetto], girare/distogliersi e sbarazzarsi di catene, significa ottenere di liberarsi delle sette cattive azioni del corpo; il sesto aspetto, la purificazione e lo sbarazzarsi di catene, consiste nel liberarsi delle tre cattive azioni della mente [vedi *dieci azioni non virtuose*, capitolo 13.6 in T1508]: questo è chiamato 'svoltare/girare'. 'Girare' significa che la mente non produce più male (cattive azioni); <produrre> il male costituisce il non-girare.

Sembrerebbe una glossa che enuncia gli ottenimenti di questa pratica, non la pratica stessa; infatti, vedi *infra*, si trova una diversa spiegazione nel testo del Kongo-ji.

3. Esposizione dei *trentasette fattori ausiliari dell'Illuminazione* (T602 - 167c2–168c16). (Vedi *infra* il sūtra specifico a essi dedicato, il T604.)

4. *Śamatha* e *vipaśyanā* (止觀) e le *Quattro Nobili verità* (T602 - 168c17–169a7).

Nel T620 manca il capitolo specifico sui *Quattro Frutti*, presente invece nel testo del Kongo-ji, vedi *infra*.

La *parte finale,* piuttosto confusa, contiene molte ripetizioni e glosse.

- (f) **Testo del Kongo-ji dell'*Anban shouyi jing***

É composto dalla *prefazione* di Kang Senghui, righe n° 1-59, seguito dal testo dell'*Anban shouyi jing,* n° 61-274, di contenuto un po' diverso dall'omonimo del canone cinese (T602). Appare come un testo senza spiegazioni interpolate. Alla fine ci sono tre brevi glosse, n° 375-81, che iniziano con: *Il maestro disse...*

Florin Deleanu[14] (2003) analizzò e confrontò dettagliatamente i due testi. L'*Anban shouyi* del Kongo-ji può essere suddiviso in cinque principali sezioni di cui le prime quattro hanno il medesimo argomento del T602 .

1) - Definizione di *ānāpānasmṛti*. (Righe 61-62).
- Esposizione *dei liushi* 六事 (sanscrito *ṣaṭkāraṇa*) sei pratiche o stadi riguardo alla consapevolezza della respirazione (righe 63-126).

2) - Esposizione dei *trentasette fattori ausiliari dell'Illuminazione* (righe 127-217).(Vedi anche T604)

3) - Esposizione di alcune categorie dottrinali (righe 230-241) relative alla *meditazione*:
- *śamatha* e *vipaśyanā*;
- il contenuto delle Quattro Nobili Verità;
- l'esposizione delle *quattro comprensioni* (per le quali An Shigao usa i caratteri: *si jie ji* 四解依); in sanscrito: *catuḥ-pratisaṁvid*; pāli *catupaṭisambhidā*) o *abilità di comprensione analitica o discriminazione e di espressione senza ostacoli.*

Nei testi del Canone pāli le *comprensioni* sono quelle:
- dei Dharma (*dhamma-paṭisambhidā*);
- del loro vero significato (*attha-p.*);
- del linguaggio (*nirutti-p.*);
- dell'eloquente insegnamento dei dharma e dei loro significati (*paṭibhāna-p.*).

Per queste An Shigao usa quattro termini particolari: *fa jie* (法解), *li jie* (利解), *fenbitou jie* (分別投解) e *biancaibo jie* (辯才博解)[15].

4) - I *quattro Frutti* 四果 o *i quattro stadi degli esseri nobili o ārya* (righe 241-274): *śrotāpanna* (in sanscrito), vocabolo che indica coloro che sono "entrati nella corrente" (須陀洹); *sakṛdāgāmin* o coloro che rinascono una sola volta (斯陀含); *anāgāmin* o coloro che non ritornano nel *saṃsāra* (阿那含) e *arhat* (阿羅漢).

Rendiamo in italiano alcuni brani tradotti in inglese da Shi Guo Huei[16] che ritiene che questo testo non deriverebbe da un originale indiano (in sanscrito o pāli o altri dialetti), ma sarebbe un'opera che An Shigao compilò secondo la teoria dell'ānāpānasati e dell'*Abhidharma* della scuola Sarvāstivāda.

> **(*Anban shoui* del Kongo-ji, righe 71-3)** Che cosa è la *conta* (*shu* 數, sanscrito *gaṇanā*)? Contare inspirazione ed espirazione da uno a dieci. Non contare più di dieci, e non contare meno di dieci. Contare uno alla fine della inspirazione e contare due a fine espirazione. Se si conta qualsiasi altro numero diverso da due, mentre dovrebbe essere due, inizia a contare da uno. Se si conta qualsiasi altro numero diverso da nove quando dovrebbe essere nove, si inizia (di nuovo) a contare da uno. [Nella tradizione buddhista vi sono altre tecniche: contare solo l'inspirazione oppure l'espirazione sino a 10, oppure contare per ogni numero un ciclo inspirazione-espirazione.]
>
> **(righe 76-77)** Cosa è *seguire* (*sui* 隨, *anugama*)? Segui la completa inspirazione, non contare *uno* mentre stai inspirando. Segui la completa espirazione, non contare *due* mentre stai espirando. Quando si inspira e si espira dovresti concentrarti sul respiro. [Si ribadisce di contare alla fine dell'atto respiratorio, nella pausa dove più facilmente si infilano i pensieri.]
>
> **(riga 87)** Contemplare (*guan* 觀, *upalakṣaṇā*): (è lo stato fisico e mentale) quando respiriamo. L'inspirazione è diversa dall'espirazione.
>
> **(riga 105)** Inspirazione ed espirazione. Quando osserviamo l'inspirazione e l'espirazione, contempliamo (meditiamo su) l'attaccamento alla nostra <u>forma</u> fisica.
>
> Inspirazione ed espirazione. Quando percepiamo il contatto con l'inspirazione e l'espirazione, contempliamo l'attaccamento alle nostre <u>sensazioni</u>.
>
> **(righe 106-107** Inspirazione ed espirazione. Quando la nostra mente distingue la sensazione dell'inspirazione e dell'espirazione, contempliamo l'attaccamento ai nostri <u>concetti</u>.
>
> Inspirazione ed espirazione. Quando la nostra mente risponde ai concetti [derivati] dalla sensazione proveniente da inspirazione ed espirazione, contempliamo l'attaccamento alle nostre <u>volizioni</u>.

Inspirazione ed espirazione. Quando percepiamo la cognizione e l'esperienza dai precedenti processi fisici e mentali, contempliamo l'attaccamento alla nostra <u>coscienza</u>. [La consapevolezza è qui applicata ai cinque skandha anche se si usano vocaboli differenti dai più consueti.]

(righe 107-109) Quando inspiriamo ed espiriamo, contempliamo gli attaccamenti alla nostra forma fisica, alle sensazioni, ai concetti, alle volizioni e alla coscienza [cioè i 5 skandha o aggregati]. Lasciamo andare (via) i pensieri vaganti quando sorgono. La nostra capacità di contemplazione sarà aumentata e la nostra mente diventerà molto sottomessa e in grado di contemplare le Quattro Nobili Verità. Questo stato di comprensione è ciò che si intende per fede. Questa è la contemplazione.

(righe 110-117) Cosa è *girare* (*huan* 還, sanscrito *vivarta*)? Distaccarsi dai cinque aggregati. Contemplare con discriminazione o in modo perspicace il sorgere (dell'inspirazione) e il perire (dell'espirazione).

Come menzionato sopra, contempliamo la fonte dell'inspirazione e dell'espirazione. Noi inspiriamo perché abbiamo i cinque aggregati. Senza i cinque aggregati, non v'è alcuna inspirazione.

Contemplare con discriminazione o in modo perspicace il sorgere (dell'inspirazione) e il perire (dell'espirazione).

Contempliamo le fonti dell'inspirazione e dell'espirazione. Noi espiriamo perché abbiamo i cinque aggregati. Senza i cinque aggregati, non v'è alcuna espirazione.

A completamento di questo passaggio citiamo da Zacchetti[17], dal *Zaochan sanmei jing* 坐禪三昧經, T15 – 614, considerato una traduzione di Kumārajīva. In questo testo è spiegato il *vivarta* (scritto con il carattere *zhuan* 轉).

Avendo abbandonato la fissazione sugli accessi [corporei del vento, cioè le narici], si lascia questo [precedente] rozzo metodo di contemplazione. Avendo così fatto, ci si rende conto che la respirazione è impermanente: questo è chiamato "contemplazione del girare" (轉觀, *zhuan guan*). Si contemplano i *cinque skandha* (五陰) come impermanenti e si è consapevoli del fatto che l'inspirazione e l'espirazione emergono e cessano senza essere permanenti. Si percepisce che il respiro iniziale non viene da alcuna parte, poi si osserva che il successivo respiro allo stesso modo [svanisce] senza traccia, esistendo (solo) nella connessione di fattori causali, e [poi] cessa di esistere quando i fattori causali sono sconnessi. [Tutto] questo è definito come "metodo della contemplazione del girare".

• (g) **T15 – 603, *Yin chi ru jing*** 陰持入經, ***Sūtra sugli aggregati*** *[yin* 陰, sanscrito *skandha], **gli elementi** (o costituenti) [chi,* 持 *dhātu] **e le sfere psicosensoriali** [ru* 入, *āyatana].*

Si tratta di un testo che sintetizza, secondo il metodo delle *mātṛka*, alcune fondamentali nozioni della filosofia e della meditazione buddhista e inizia con l'affermazione che tutto ciò che il Buddha pratica e insegna può essere condensato in tre categorie numeriche che sono oggetto di meditazione:

a) *i cinque aggregati* o *skandha* (i cinque insiemi in cui si possono raggruppare tutti i fenomeni fisici e mentali, cioè la forma, le sensazioni, le percezioni, le formazioni karmiche e la coscienza) che sono impermanenti, dolorosi, vuoti nel senso di privi di un sé e non auto-esistenti;

b) *i diciotto elementi* o *dhātu* (sei oggetti dei sensi: forme, suoni, odori, sapori, fenomeni tangibili e fenomeni mentali; le sei facoltà dei sensi; le sei coscienze sensoriali)

c) *le dodici sfere psicosensoriali* o *āyatana* 十二處 (vengono considerati i sei organi di senso e le sei sorgenti esterne cioè gli oggetti dei sensi).

Il testo elenca successivamente anche:

- i trentasette *bodhipakṣyadharma* o fattori ausiliari dell'Illuminazione (trattati in particolare nel sūtra al T604 vedi *infra*);

- *i quattro stadi degli esseri nobili* o *ārya* (vedi sūtra precedenti, in sanscrito: *śrotāpanna, sakṛdāgāmin, anāgāmin* e *arhat*);

- la pratica di *śamatha* o meditazione di calma dimorante e di *vipaśyanā* o meditazione di visione profonda;

- *i due tipi di Nirvāṇa*: *con residuo*, che è lo stato che l'arhat raggiunge da vivo e *senza residuo* quando muore;
- *le nove realizzazioni successive (o graduali)* (dette in pāli *anupubbasamāpattii* che sono gli otto assorbimenti meditativi delle quattro sfere materiali o della forma pura e delle quattro sfere immateriali o del senza forma, cui è aggiunta la nona realizzazione che è l'estinzione);
- il significato di *ostacolo* (nella meditazione e nelle *realizzazioni*).

Il sūtra introduce poi sette argomenti per l'analisi applicata ai cinque *skandha* ed è interamente costituito da una serie di domande e di definizioni concernenti appunto gli aggregati.

Il contenuto del testo non segue lo stile convenzionale dei sūtra, ma può essere considerato un *manuale di meditazione* collegato allo *Yogācārabhūmi*, vedi *infra* T15 – 607 (j), perché ne condivide molti elementi. Yamabe[18] scrive: «I testi di An Shigao rappresentano la fase iniziale della sistematizzazione delle tecniche buddhiste di meditazione che alla fine culminarono nella compilazione del voluminoso *Yogācārabhūmi*». Inoltre egli presume anche che i testi di meditazione da An Shigao in particolare possano essere stati i precursori dello *Śrāvakabhūmi* (una parte dello *Yogācārabhūmi*) e afferma: «An Shigao è stato effettivamente collegato alla tradizione dei meditatori Yogācāra nel nord-ovest dell'India che in seguito formarono la scuola Yogācāra».

In contrasto Zacchetti[19] sostiene che: «Gli elementi che accomunano i due testi sono tutti concetti buddhisti molto comuni (cioè *skandha, dhātu, āyatana,* le Quattro Nobili Verità, il *pratītyasamutpāda* ecc.), e sono meglio spiegati come una parallela incorporazione di uno strato di materiale abhidharmico precoce. In tal caso la somiglianza, anche nella sequenza dei termini esposti dai due testi, non implica necessariamente una diretta connessione genetica tra *Yin chi ru jing* (T603) e *Śrāvakabhūmi*».

Zacchetti[20] considera il T603 come una delle prime opere buddhiste tradotte in cinese e il linguaggio[21] rivela, molto più che in altre traduzioni, **la caratteristica di An Shigao di usare variazioni lessicali,** probabilmente anche dovute al fatto che spiegava oralmente ai discepoli i testi e doveva cercare di far comprendere tutta l'ampiezza di significato del termine originario; ad esempio *dhātu* vine tradotto con *chi* 持 che rende l'idea del supporto; oppure con *ben* 本 che è legato al significato di fondamento, radice, origine; oppure con 本持 che lega i due concetti di elemento portatore della relazione di causa-effetto; invece nell'accezione di sfera cosmica usa *jie* 界 che è un'invenzione sua che divenne in seguito la traduzione standard.

Per il concetto di aggregati o skandha, qui usa *yin* 陰, ma nel T150a, usa un altro carattere: 蘊. Per *āyatana* usa *ru* 入, ma anche *chu* 處. Bisogna comunque sempre ricordare che queste parole all'epoca non avevano ancora una traduzione consolidata.

Inoltre Zacchetti afferma che anche il commento su questo sūtra, lo *Yin chi ru jing zhu* 陰持入經序 in T33 – 1694 è molto antico. La versione esistente in T603 non è completa e Nattier[22] sottolinea che essa «finisce bruscamente» come se il testo fosse mutilo.

In uno studio che confronta questo sūtra con il *Peṭakopadesa* di Mahākaccayana contenuto nel *Khuddakanikāya* del Canone pāli, Zacchetti[23] suggerisce che esso può corrispondere a un testo non canonico denominato *Il sesto capitolo del Peṭakopadesa*.

Zacchetti inoltre aggiunge che «il *Peṭakopadesa*, insieme al *Nettippakaraṇa* [un'opera esegetica dello stesso autore e di contenuto simile], è considerata canonica (come parte del *Khuddakanikāya*) dai seguaci della scuola Theravāda birmana, ma non canonica dagli altri».

Zacchetti sottolinea che lo *Yin chi ru jing* era considerato da Kang Senghui e Chen Hui, discepoli o seguaci di An Shigao, «una delle loro principali fonti dottrinali, unitamente all'*Anban shouyi jing*» e che questi testi continuarono ad essere molto importanti per i buddhisti cinesi ancora nel corso del quarto secolo.

- (h) **T15 – 604,** *Foshuo chanxing sanshiqi pin jing,* 佛說禪行三
十七品經, *Sūtra sui trentasette metodi per la pratica della meditazione.*
È uno dei testi di meditazione che il Canone attribuisce ad An Shigao. Nattier e Zacchetti osservarono che il T604 condivide un gran numero di peculiari caratteristiche con il T605; quindi i due testi devono essere direttamente connessi.
Successivamente però Zacchetti e Harrison utilizzarono l'analisi interna del T604 e affermarono che dovrebbe essere respinto come testo autentico di Shigao.
Il sūtra è comunque interessante per le tematiche meditative e ne trattiamo brevemente.

Una volta il Buddha insegnava nel parco Jetavana nella città di Śrāvastī e spiegò estesamente i **trentasette** *bodhipakṣadharma,* in cinese *sanshiqi jing fa* 三十七經法, o **fattori o metodi ausiliari dell'Illuminazione** che sono i seguenti:
quattro *attenzioni ravvicinate* 四意止 (sul corpo, sulle sensazioni, sulla mente, sugli oggetti mentali);
quattro *perfetti* o *retti abbandoni* 四正斷 (abbandono degli atti non virtuosi già prodotti e di quelli non ancora prodotti, accrescimento degli atti virtuosi già prodotti, sviluppo degli atti virtuosi non ancora prodotti);
quattro *membra miracolose* o *basi dei poteri* 四神足 (volontà, perseveranza, concentrazione mentale, analisi);
cinque *facoltà* 五根 (fede/fiducia, energia o perseveranza, attenzione, concentrazione, conoscenza superiore/saggezza);
cinque *forze* o *capacità* 五根 che sono lo sviluppo delle cinque precedenti;
sette *fattori del Risveglio/Illuminazione* 七覺意 (consapevolezza/presenza mentale, analisi ed investigazione del Dharma, impegno o energia, gioia, pacificazione o quiete, stabilità meditativa, equanimità);
otto *addestramenti dell'Ottuplice Sentiero* 八行 che i lettori ben conoscono. (Per approfondire vedi Cornu[24].)

- (i) **T15 – 605,** *Chanxing faxiang jing* 禪行法想經, *Sūtra del pensiero sui Dharma nella pratica della meditazione.*
  Questo testo è stato accettato da Daoan, Ui e Zürcher come opera di An Shigao. Harrison rileva che corrisponde, almeno in parte, a materiali conservati nell'*Aṅguttara nikāya* del Canone pāli.
  Invece secondo Nattier e Zacchetti il T605 non può essere considerato opera di An Shigao, come abbiamo già accennato nel capitolo 13.2; ma è un'interessante opera sulla meditazione.
  Si tratta di un breve sūtra, di 17 linee e 276 caratteri, che contiene **trenta oggetti di meditazione o percezioni,** *xiang* 想, in pāli *sañña*, in sanscrito *saṃjñā*. Il testo inizia dicendo che il Buddha si trovava nel parco Jetavana nella città di Śrāvastī (come nel precedente testo T604) e insegnò la tecnica della meditazione con trenta *percezioni sañña*. Alcune hanno corrispondenti che sono trattati in vari *sutta* del Canone pāli, altre non lo hanno.
  Per un'analisi specifica dei trenta *sañña*, si rimanda alla tabella di Ponampon[25].

- (j) **T15 – 607,** *Dao di jing* 道地經, *Sūtra sulle terre/livelli dello yoga/meditazione/Dao/Via* o in sanscrito *Yogabhūmi sūtra,*
  Sengyou nel citato *Chu san zang ji ji* (vedi capitolo 7) e analogamente Huijiao (vedi capitolo 9) scrissero che An Shigao aveva fatto una traduzione ridotta o parziale, in sette capitoli, dell'*Yogācārabhūmi (sūtra)*[26], *Sūtra sulle terre dei praticanti dello yoga (meditazione),* testo attribuito al monaco Saṅgharakṣa[27] e reperibile nella successiva traduzione cinese di Dharmarakṣa in T15 – 606.
  Non confondere quest'ultima opera con la più nota, ma posteriore, *Yogācārabhūmi śāstra, Trattato sulle terre dei praticanti dello yoga,* testo composto da Asaṅga e appartenente alla scuola Mahāyāna detta appunto Yogācāra (o Yogācāra-Vijñānavāda o Cittamātra) la cui filosofia fu sistematizzata da lui e da suo fratello Vasubandhu, che vissero in India nel quarto secolo. La traduzione completa in cinese fu opera di Xuanzang, che ne portò una copia dall'India nell'ottavo secolo.

La scuola Yogācāra ebbe lontane origini tra i Sarvāstivādin durante il periodo di transizione tra "Hinayāna" e Mahāyāna, tanto che alcuni studiosi parlano di *Sarvāstivāda-yogācāra* o di *Proto-yogā-cāra*. L'uso dell'espressione *yogācāra bhikṣu* appare in sūtra del più precoce Mahāyāna e la parola *yogācāra* stessa nei testi assume molteplici significati; il più frequente è quello di "persona che pratica lo *yoga*". Esistono però divergenze tra gli studiosi su cosa si intendesse all'epoca con il vocabolo *yoga* e sul fatto che le idee della scuola Yogācāra fossero collegate alla pratica dello yoga inteso come meditazione, ipotesi molto dubbie e non suffragate dalla storia di questa tradizione (che anzi è piuttosto scolastica e incentrata sullo studio). *Yogācāra* è un modo per descrivere il percorso di analisi delle essenze/dharma, *anche,* ma non solo, per mezzo della meditazione; più in generale è un termine che indica l'intera carriera spirituale, il cammino verso il Risveglio di quello che diventerà un bodhisattva. Il termine potrebbe essere paragonato a espressioni che indicano un "programma di applicazione" come in pāli *vimuttimagga* (percorso di liberazione) o *visuddhimagga* (cammino della completa purificazione) o in tibetano *lam rim* (sentiero graduale).

Per approfondimenti si rimanda all'articolo di Silk[28] che, tra l'altro, sottolinea che il vocabolo *yogācāra* non compare in quasi tutta la letteratura canonica in pāli e raramente nella post-canonica. Si può identificare il termine *yogācāra/yogāvacāra* nei testi delle scuole Theravāda, Mahāsāṃghika e Sarvāstivāda (e forse Sautrāntika) quindi non è possibile assegnare il suo utilizzo a uno specifico significato legato ad una scuola perché è troppo comune e generalizzato. Generalmente tradotto in cinese con: *yuga xing* 瑜伽行.

Dato che Saṅgharakṣa, scrive Demieville[29], fu considerato uno dei Patriarchi della scuola dei Sarvāstivādin del Kashmir, sarebbe stato interessato e forse personalmente coinvolto con il suo correlato sistema yogācāra.

Zacchetti[30] rileva che il T607 è scritto con un ricco vocabolario e abbondanza di parole e caratteri rari, caratteristiche che ne fanno un testo insolito rispetto alle altre traduzioni e il più difficile nella produzione di An Shigao. Secondo gli studi precedentemente citati, c'è una corripondenza tra i capitoli dello *Yogābhūmi* T607 di An Shigao e l'*Yogācārabhūmi* di Saṅgharakṣa, indicata nella tabella sotto.

T607 di An Shigao	*Yogācārabhūmi* di Saṅgharakṣa
Capitolo 1 - introduzione	capitolo 1
Capitoli 2 - 5 - i cinque *skandha*	capitoli 2 - 5
Capitolo 6 - la pratica di *śamatha* e in particolare la contemplazione delle impurità e del disfacimento del corpo;	capitolo 22
Capitolo 7 - i 55 punti della contemplazione del corpo nella *vipaśyanā*	capitolo 24

L'opera di An Shigao sembra essere stata concepita come una sorta di introduzione ai concetti di impermanenza, sofferenza e impurità della vita e al percorso di *śamatha* e *vipaśyanā* che conduce all'eliminazione della sofferenza.

Demieville[31] sottolinea che la traduzione in T607 è una piccola antologia di brani, non un testo completo in se stesso anche se ridotto: una prova è che il capitolo sesto (dalla riga 0235b24) di An Shigao è intitolato (già anticamente perché citato nella prefazione di Daoan) *La pratica dei principi fondamentali dei "poteri spirituali"* (preferiamo questa dizione al vocabolo *taumaturgia* usato da Demieville), *Shenzu xing*, 神足行, in sanscrito *ṛddhipādacaraṇa*, ma nel testo tale argomento non viene trattato. Questo titolo può essere spiegato solo se ci si riferisce alla traduzione completa eseguita nel 284 da Dharmarakṣa, intitolata *Xiuxing dao di jing* 修行道地經, *Yogācārabhūmi sūtra*, reperibile in T15 – 606. In quest'ultima, il capitolo 22, dopo la trattazione della «contemplazione degli aspetti ripugnanti/impuri del corpo» (*bu jing guan*

不淨觀) in particolare le fasi della decomposizione del cadavere (con cui il capitolo sesto dell'opera di An Shigao termina bruscamente), presenta un lungo sviluppo sui quattro *Dhyana* e sui poteri spirituali (*ṛddhipāda*) che ne sono il risultato.

14.3 Testi Mahāyāna di meditazione

Anche se si trovano nella sezione degli *āgama* del Taishō Tripiṭaka, il contenuto dei seguenti tre testi è tipicamente connesso con le teorie del Grande Veicolo e la critica attuale nega siano opera di An Shigao.

- (k) **T15 – 621, *Foshuo foyin sanmei jing*** 佛說佛印三昧經, ***Sūtra sul samādhi del sigillo del Buddha.***
La critica moderna nega l'attribuzione di questo testo al maestro partico per molte ragioni. Nattier ha rileva che «adopera un vocabolario che An Shigao non usa», ad esempio il termine *sanmei* 三昧 per indicare il samādhi. L'inizio del testo è tipicamente Mahāyāna con la presenza di innumerevoli buddha e bodhisattva e narra anche della capacità del Buddha di produrre innumerevoli corpi.

- (l) **T15 – 622, *Foshuo zishi sanmei jing*** 佛說自誓三昧經, ***Sūtra sul samādhi dei Voti (personali).***
Vale quanto detto per il T621; inoltre non è stato neppure mezionato da Nattier. Ponampon rileva che il testo contiene vocaboli e concetti quali la presenza di innumerevoli bodhisattva; il temine *dacheng* 大乘 per indicare il Mahāyāna e la trattazione delle sei Perfezioni. Tutte queste caratteristiche fanno ritenere che derivi da un originale appartenente al Grande Veicolo.

- (m) **T17 – 779, *Foshuo ba daren jue jing*** 佛說八大人覺, ***Sūtra sulle otto realizzazioni dei grandi esseri.***
Si tratta di un breve ma significativo testo con influssi Mahāyāna, rivelati dall'enfasi data alla figura dei bodhisattva e all'esercizio

della compassione. Rientra nei testi di meditazione perché, come anche ha sottolineato il maestro Zen vietnamita Thich Nhat Hanh che lo ha tradotto e ampiamente commentato, si può meditare sulle otto realizzazioni che sono le seguenti consapevolezze: 1) il mondo è impermanente; 2) maggiori desideri sviluppano maggiore sofferenza; 3) la mente umana è sempre alla ricerca del possesso e non si sente mai appagata; 4) qualsiasi forma di pigrizia è un ostacolo alla pratica; 5) l'ignoranza è la causa della ruota del saṃsāra; 6) la povertà crea odio e avversione; 7) cinque categorie di desideri (essere ricchi, belli, ambiziosi, pigri e trovare piacere nel cibo) causano infelicità; 8) il saṃsāra imperversa e quindi dovremmo aiutare tutti gli esseri e condurli al *Regno della grande gioia*.

La traduzione in italiano del testo di Thich Nhat Hanh è reperibile in internet sul sito: *http://www.liber-rebil.it/sūtra-delle-otto-realizzazioni/*

14.4 Altri testi del Kongo-ji

Come già abbiamo accennato nel capitolo 13.3, tra i testi scoperti in Giappone nel 1999, oltre al T602 di cui abbiamo detto in precedenza, vi sono i seguenti.

- *Fo shuo shi'er men jing* 佛說十二門經, n° 283-364, *Sūtra delle 12 porte (pratītyasamutpāda)* , che potrebbe essere il testo perduto citato da Sengyou (*Da xiao shi'er men (jing)*, *Sūtra delle 12 porte grandi e piccole* 大小十二門, intitolato anche *Da shi'er men jing* 大十二門經 e *Xiao shi'er men jing* 小十二門經).

- Nei manoscritti vi è un *secondo testo,* **con lo stesso titolo** n° 365-384.

- *Segue* un ***commentario anonimo*** ai *sūtra delle 12 porte* e ad altri argomenti correlati con la meditazione, n° 385-584, che Zacchetti ipotizza derivi dalla scuola di An Shigao e riporti gli insegnamenti orali del maestro.

NOTE BIBLIOGRAFICHE capitolo 14

1. Forte A., *An Shih-kao: biografia e note critiche*, Annali dell'Istituto Orientale di Napoli, 28, 1968, pp. 171-77

2. Zacchetti S., *Some Remarks on the Authorship and Chronology of the* Yin Chi Ru Jing Zhu 陰持入經註: *The Second Phase in the Development of Early Chinese Buddhist Exegetical Literature*, 182, in: *Buddhist Asia 2: Papers from the Second Conference of Buddhist Studies Held in Naples in June 2004*, December 2010, pp. 141–98, citazione p. 182

3. Nel *Mahānidāna sutta* DN 15 gli anelli dell'originazione interdipendente sono solo sei e ripetuti due volte e precisamente: vecchiaia e morte; nascita; divenire; attaccamento; brama; sensazioni; contatto; "nome e forma"; coscienza; (di nuovo in senso inverso) "nome e forma"; contatto; sensazioni; brama; attaccamento; divenire; nascita; vecchiaia-e-morte (insieme a: dolore, lamentazione, sofferenza, angoscia e disperazione).

4. Greene E.M., "*Pratītyasamutpāda*" *in the Translations of An Shigao and the Writing of His Chinese follovers*, cap. 7 di: *Text, History, and Philosophy: Abhidharma across Buddhist Scholastic Traditions*, edited Dessin B.; Teng W., Brill, Leiden –Boston 2016, pp. 248-78

5. -- *Sabbasava Sutta: All the Fermentations* (MN 2), translated from the Pali by Thanissaro Bhikkhu. *Access to Insight (Legacy Edition)*, 30 November 2013, http://www.accesstoinsight.org/tipitaka/mn/mn.002.than.html. Versione italiana in: http://www.canonepali.net/mn/mn_02.htm, consultati il 12 marzo 2017.

6. Bhikkhu Bodhi, *The Middle Length Discourses of the Buddha*, Wisdom Publications, Somerville MA USA 2009, pp. 454-59

7. Tse-fu Kuan, *Legends and Transcendence: Sectarian Affiliations of the* Ekottarika Āgama *in Chinese Translation*; in *Journal of the American Oriental Society* 133.4, 2013, pp. 607-34

8. Vetter T.; Harrison P., *An Shigao's Chinese Translation of the Saptasthāanasūtra* in: *Suryacandraya: Essays in Honour of Akira Yuyama on the Occasion of His 65th Birthday (Indica et Tibetica 35)*, Swisttal-Odendorf: Indica et Tibetica Verlag, 1998, pp. 197-216

9. Deleanu F., *Mindfulness of Breathing in the Dhyana sūtras*, in: *Transactions of the International Conference of Orientalists in Japan*, vol. 37, 1992, 42–57, citazione p. 47

10. Zacchetti S., *A 'New' Early Chinese Buddhist Commentary: The Nature of the* Da Anban Shouyi Jing 大安般守意經 T 602 reconsidered, in: *Journal of the International Association of Buddhist Studies* Volume 31 Number 1–2 2008 (2010), pp. 421-84

11. Op. citata alla nota 10, p. 439

12. Op. citata alla nota 10, p. 457

13. Op. citata alla nota 10, p. 441

14. Deleanu F. *The Newly Found Text of the* An ban shou yi jing *Translated by An*

Shigao, in *Journal of the International College for Advanced Buddhist Studies*,vol. 6, March 2003, pp. 63–100

15. Shi Guo Huei, *The Textual Formation of the Newly Discovered* Anban Shouyi Jing, *Chung-Hwa Buddhist Journal,* Volume 21, 2008, 132

16. Op.citata alla nota 15, pp. 125-26

17. Op. citata alla nota 10, pp. 442-43

18. Yamabe N., *An Shigao as a Precursor of the Yogācāra Tradition: A Preliminary Study*, in: *Watanabe Takao kyōju kanreki kinen: Bukkyō shisō bunkashi ronsō,* Nagata Bunshōdō, Kyoto 1997, pp. 153-94, cit. p. 177

19. Zacchetti S., *An Early Chinese Translation Corresponding to Chapter 6 of the Peṭakopadesa: An Shigao's 'Yin Chi Ru Jing' T603 and Its Indian Original: A Preliminary Survey* in: *Bulletin of the School of Oriental and African Studies, University of London* 65, nn°. 1, January 2002, pp. 74-98, citazione p. 75

20. Zacchetti S., *Defining An Shigao's Translation Corpus: The State of the Art in Relevant Research*, ed. Shen Weirong, *Science Press* n° 3, 2010, pp. 249-70

20 bis Zacchetti S., *Some Remarks on the Authorship and Chronology of the* Yin Chi Ru Jing Zhu: *The Second Phase in the Development of Early Chinese Buddhist Exegetical Literature*, ed. Orofino Giacomella and Vita Silvio in: *Buddhist Asia 2: Papers from the Second Conferenceof Buddhist Studies Held in Naples in, June 2004* (December 2010), pp. 141-98

21. Zacchetti S., *Inventing a New Idiom: Some Aspects of the Language in the* Yin chi ru jing *T 603 Translated by An Shigao*, Annual Report of The International Research for Advanced Buddhology at Soka University, Tokyo 2007, pp. 395-416

22. Nattier J., *A Guide to the Earliest Chinese Buddhist Translations Texts from the Eastern Han and Three Kingdoms,* in: *Bibliotheca Philologica et Philosophica Buddhica*, vol. X, The International Research Institute for Advanced Buddhology - Soka University, Tokyo 2008, p. 62

23. Zacchetti S., *An Early Chinese Translation Corresponding to Chapter 6 of the Peṭakopadesa: An Shigao's 'Yin Chi Ru Jing' T603 and Its Indian Original: A Preliminary Survey;* in: *Bulletin of the School of Oriental and African Studies, University of London* 65, nn°. 1, January 2002, pp. 74-98

24. Cornu P., *Dizionario del Buddhismo*, Bruno Mondadori, Milano 2003, pp. 695-698

25. Ponampon P.K., *Mission, Meditation and Miracles: An Shigao in Chinese Tradition*, University of Otago, Dunedin, New Zealand 2015 (Tesi), pp. 93-97

26. Demiéville P., *La Yogācārabhūmi de Saṅgharakṣa*, in: *Bulletin de l'Ecole française d'Extrême-Orient.* Tome 44 N° 2, 1951, pp. 339-436 (traduzione in francese e commento del testo)

27. Si hanno scarse notizie di Saṅgharakṣa, vissuto nel II secolo.

Nella prefazione al *Senggaluosha* su*oji jing* 僧伽羅刹所集經, *(Scritture compilate da Saṃgharakṣa/Saṅgharakṣa*, in T4 – 194) conservata nel citato

Chu san zang ji ji, vol. 10 -71b03, Daoan scrisse:

«Saṅgharakṣa (僧 伽 羅 刹) era un uomo dal regno di Surāṣṭra (cinese Xulai guo, una regione dell'ovest dell'India). Nacque in questo regno settecento anni dopo che il Buddha aveva lasciato il mondo. Lasciò la famiglia e studiò la Via. Viaggiò e insegnò in (molti) Paesi, raggiunse la terra di Gandhāvatī (Qiantuowei cioè Gandhāra), dove il re Caṇḍa Kani[ṣka] (Zhentuo Jini) lo prese come suo maestro.»

Traduzione inglese più recente in:

- Palumbo A., *What Chinese sources really have to say about the dates of the Buddha*, XVIth Congress of the International Association of Buddhist Studies Dharma Drum Buddhist College, Jinshan, Taiwan 22 June 2011

28. Silk J., The *Yogācāra bhikṣu*, in *Wisdom, Compassion, and the Search for Understanding: The Buddhist Studies Legacy of Gadjin M. Nagao* (a cura di. J. A. Silk), Ed. Studies in the Buddhist Traditions 3 , University of Hawai'i Press, Honoluly 2000, pp. 265-314

29. Op. citata alla nota 26, p. 368

30. Op. citata alla nota 20, p. 258

31. Op. citata alla nota 26, p. 344

15. La scuola di appartenenza e lo stile letterario

15.1 La/e scuola/e cui appartenne An Shigao

Nel capitolo 6.1.3 abbiamo evidenziato che lungo la Via della Seta settentrionale la maggior parte delle scritture canoniche può essere assegnata alla scuola Sarvāstivāda, che pare fosse la prevalente anche nella zona orientale dell'Impero di Partia. Dall'analisi dei testi tradotti da An Shigao sembra dominare tale scuola, per questo gli studiosi hanno ipotizzato che il Maestro partico fosse legato ai Sarvāstivādin.

Però, come abbiamo visto nel capitolo precedente trattando il sūtra in T607, è possibile che An Shiagao avesse relazione anche con la più precoce corrente Yogācāra[1].

I testi tradotti riguardano per la grande maggioranza la meditazione che era, allora come oggi, il fulcro della pratica insegnata dal Buddha, e quindi non è affatto sorprendente che, all'inizio dello sviluppo del Dharma in Cina, An Shigao avesse tradotto e proposto ai suoi allievi testi che riguardavano le pratiche meditative, indipendentemente dalla scuola o tradizione di appartenenza.

Per quanto riguarda la possibile affiliazione alla corrente Mahāyāna, le analisi lessicali e stilistiche condotte recentemente da vari studiosi hanno escluso che le traduzioni di testi del Grande Veicolo, tradizionalmente attribuiti ad An Shigao, siano state opera sua; invece riguardo ai testi di cui sono citati titoli, ma che sono perduti, non si può dire nulla riguardo al contenuto.

Anche se non può essere escluso che personalmente avesse opinioni vicine al Mahāyāna, anche perché i suoi discepoli (vedi capitolo successivo) tradussero opere di quella corrente, non abbiamo dati certi e quindi non ha senso dibattere la questione.

Probabilmente i testi che tradusse esprimevano una scelta personale, oppure erano quelli che circolavano in Partia e che aveva studiato prima di arrivare in Cina, oppure erano quelli maggiormente diffusi durante la sua epoca nelle regioni dell'Asia centrale, oppure quelli che aveva a disposizione a Luoyang[2].

Ricordiamo che a metà del II secolo, agli albori del Grande Veicolo, esso non era contrapposto alle scuole del Buddhismo antico. Il termine *Mahāyāna* non compare nelle iscrizioni sino al II-III secolo, epoca in cui i testi di questa corrente furono tradotti in cinese e quindi già esistevano nel Nord dell'India probabilmente dal I secolo.

I più famosi pellegrini cinesi ci danno ulteriori notizie riguardo alla convivenza tra le varie scuole: Faxian, che soggiornò in India nel 399, parla di tre tipi di templi/monasteri: del cosiddetto Hinayāna, Mahāyāna e monasteri in cui erano praticate entrambe le correnti. Anche Xuanzang nel 629, oltre due secoli dopo Faxian e quasi quattro dopo An Shigao, descrisse gli stessi tre tipi di templi.

15.2 Stile letterario e linguaggio

Con quali modalità erano tradotti in cinese i più antichi testi?

Una persona bilingue faceva un traduzione orale che poi veniva messa per iscritto. Successivamente il testo era sottoposto a revisione da parte di un Cinese madrelingua. Durante queste fasi, spesso i maestri davano spiegazioni orali che talora venivano inserite nel testo come commenti e note del traduttore. Purtroppo, in parecchi casi, durante l'epoca Han, furono frammiste al testo in modo inestricabile, come accadde in alcune traduzioni di An Shigao. In altri casi invece furono scritti dei commentari a spiegazione del testo e tali glosse compaiono in un separato testo di esegesi.

Però nessuna fonte indica che An Shigao avesse avuto degli aiutanti nella traduzioni, anzi le biografie enfatizzano il fatto che riuscì ad acquisire una lingua cinese fluente presumibilmente sufficiente a produrre tutte le traduzioni che gli sono attribuite.

Di solito **An Shigao trascrisse foneticamente i nomi propri** come *Anan* 阿難, Ānanda il cugino e discepolo del Buddha; invece tradusse la maggior parte dei termini tecnici, talora usando parole che già esistevano in cinese per indicare concetti simili, come *tian* 天, cielo, paradiso per tradurre *Deva*, la classe di esistenza degli dei.

Zurcher[3] rileva **che nessuna traduzione di An Shigao contiene versi**, anche le parti che nei testi indiani erano in poesia, furono rese in cinese come prosa, introdotte da una frase che significa all'incirca: «Il seguente testo è detto in *gāthā* (vocabolo sanscrito che significa poesia)...», in cinese: *conghou shuo jue* 從後說絕. Zurcher ipotizza che il motivo sia da ricercare nella limitata padronanza di An Shigao dell'arte poetica cinese, come anche l'assenza dell'uso delle convenzioni letterarie cinesi può dimostrare la loro non conoscenza, abbastanza logica in un partico che aveva imparato tardi il cinese; ma potrebbero anche indicare un suo rifiuto di elaborare opere erudite e rifinite con ornamenti letterari perché è evidente che il suo intento era di realizzare delle traduzioni che fossero efficaci *manuali* facilmente utilizzabili dai suoi discepoli.

Invece i testi di traduttori successivi contengono sezioni in versi.

Gli studiosi hanno analizzato lo stile letterario dei testi tradotti sicuramente da An Shiagao e hanno rilevato che per primo – almeno nei testi che sono sopravvissuti – usò termini come: *se* 色, apparenza, aspetto per il sanscrito *rūpa*, forma; *pusa* 菩薩 per bodhisattva; *chan* 禪 per *dhyāna*, meditazione. Alcuni vocaboli furono usati dai successivi traduttori e ancor oggi sono in vigore; altri termini coniati da Shigao, che rimangono legittime alternative, sono invece stati aboliti in seguito, soprattutto da Xuanzang; poi ci sono altri vocaboli che sono stati sostituiti da composti un po' più simili a calchi, di solito bisillabi o formati da sillaba più bisillabo oppure da coppie di bisillabi che si determinano.

Nattier[4] sottolinea il fatto che An Shigao utilizzi espressioni mutuate dal *Daoismo*, o più precisamente dalla "religione cinese antica", come *de dao* 得道 per *raggiungere /ottenere il Dao* e *zhi wu wei* 致無爲 per *raggiungere la non-azione* allo scopo di esprimere l'idea indiana dell'esperienza del *Nirvāṇa*, suggerisce che tali due locuzioni fossero così pervasive nella lingua e nella cultura del tempo che sarebbe stato difficile non utilizzarle per esprimere l'idea di una Realtà finale e incondizionata a un pubblico cinese.

An Shigao utilizzò il termine "daoista" *shou* 守 per indicare l'osservazione/contemplazione e la concentrazione della mente; il carattere compare anche nel titolo del *Da anban shouyi jing* (T602).

Al contrario, la maggior parte degli altri termini religiosi cinesi, come *gli* spiriti *hun* 魂 e *po* 魄, entità/energie legate anche alla medicina tradizionale; il Monte Tai 泰山 considerato la destinazione dopo la morte; la virtù confuciana *ren* 仁 (benevolenza, umanità, bontà) sono assenti dalle traduzioni di An Shigao.

Zurcher[5] però ritiene che sia stata sovrastimata l'importanza dell'influenza daoista e di questa terminologia, perché comunque costituisce solo una piccola percentuale dei vocaboli del Buddhismo cinese arcaico, la maggior parte dei quali non possono essere ricondotti a qualsiasi fonte cinese e, probabilmente, sono stati creati dai primi traduttori.

> Per tradurre il sanscrito si dovette giungere a dei compromessi, tanto che alcuni studiosi moderni parlano di una "lingua cinese ibrida buddhista". Alcuni traduttori antichi [...] operarono una fonetizzazione del vocabolo per mezzo di caratteri particolari normalmente usati nelle traslitterazioni oppure creando *ex novo* una combinazione di caratteri specifica che traduceva letteralmente il significato del termine sanscrito, talora anche risalendo alla sua radice etimologica; prassi che, peraltro, vennero usate per la maggior parte dei termini tecnici buddhisti che ovviamente non esistevano in cinese.[6]

L'uso di tale lessico, se aiutò i suoi contemporanei a comprendere alcuni concetti di Dharma, però creò confusione tra questo e le antiche tradizioni spirituali cinesi e solo le successive traduzioni delle opere buddhiste riuscirono a superare.

I giudizi rispetto allo stile e alla lingua usata da An Shigao sono in netto disaccordo tra gli studiosi antichi e quelli contemporanei.

I bibliografi cinesi buddhisti come Daoan, il grande specialista delle traduzioni più antiche, e anche, come abbiamo visto, Sengyou e Huijiao, elogiarono le opere di An Shigao e della sua scuola come capolavori e classici esempi dell'arte della traduzione.

Gli studiosi contemporanei giudicano invece le traduzioni di

An Shigao come arcaiche, piuttosto povere ed oscure, talora assai difficili da interpretare, sia perchè la lingua è vicina al classico, con un'alta tendenza all'ellissi che all'epoca Han ancora vincolava i trattati filosofici e i testi affini; sia per la presenza di un cinese antico e semivernacolare – che era allora parlato in quell'area della Cina – che infatti si evidenzia anche nelle traduzioni degli altri operanti a Luoyang, come Lokakṣema.

Zurcher scrive[7]:

> È difficile capire su quali criteri si basava il loro apprezzamento [degli studiosi antichi], se davvero fosse qualcosa di più di un'espressione del tradizionale culto cinese per il lavoro degli Antichi, per il patriarcale, per il prototipo. La maggior parte delle versioni arcaiche sono in realtà non più di parafrasi libere o estratti dei testi originali, brulicanti di oscure e non ancora standardizzate espressioni tecniche e rivestite da una lingua che è estremamente caotica e non di rado del tutto incomprensibile, anche quando siamo in possesso di versioni indiane o successive e più letterali traduzioni cinesi delle stesse scritture.

Al di là dei giudizi sullo stile e il linguaggio, i testi di An Shigao (e le traduzioni più antiche) rivestono un particolare interesse anche per la storia generale del Buddhismo perché la data approssimativa della loro versione in cinese costituisce spesso il termine *ante quem* per l'esistenza di prototipi indiani o per la fase di sviluppo di un determinato sūtra. Inoltre forniscono informazioni sulla storia delle fasi iniziali del Buddhismo in Cina perché la natura dei testi scelti per la traduzione e la terminologia utilizzata nella stessa rivelano alcune caratteristiche di base del Buddhismo in epoca Han.

Anche da un punto di vista letterario, rileva Zurcher, le traduzioni arcaiche costituiscono un elemento nuovo e straniero nella letteratura cinese, con caratteristiche stilistiche molto differenti rispetto alle norme cinesi di composizione letteraria; da un punto di vista linguistico forniscono vocaboli, espressioni vernacolari e strutture sintattiche che possono rivelare informazioni interessanti sulla lingua parlata nel Nord della Cina durante il II secolo.

NOTE BIBLIOGRAFICHE capitolo 15

1. Yamabe N., *An Shigao as a Precursor of the Yogācāra Tradition: A Preliminary Study*, in: *Watanabe Takao kyōju kanreki kinen: Bukkyō shisō bunkashi ronsō,* Nagata Bunshōdō, Kyoto 1997, pp. 153-194
2. Nattier J., *A Guide to the Earliest Chinese Buddhist Translations Texts from the Eastern Han and Three Kingdoms,* in: *Bibliotheca Philologica et Philosophica Buddhica,* vol. X, The International Research Institute for Advanced Buddhology - Soka University, Tokyo 2008, p. 43
3. Zurcher E., *A New Look at the Earliest Chinese Buddhist Texts* in Shinohara K.; Schopen G. eds., *From Benares to Beijing: Essays on Buddhism and Chinese Religion,* Mosaic Press, Oakville Ontario Canada 1991, p. 283
4. Op. citata alla nota 2, p. 40
5. Zurcher E., *The Buddhist Conquest of China - The Spread and Adaptation of Buddhism in Early Medieval China,* Brill. Leiden 2007, pp. 33-34
6. Crosta A., *Medicina e Buddhismo,* Ed. Lulu, Releight 2017, p. 185
7. Op. citata alla nota 5, p. 34

16. I discepoli e i seguaci di An Shigao

16.1 La situazione a Luoyang

A Luoyang, nella seconda metà del II secolo c'era una fiorente comunità buddhista formata da monaci, probabilmente tutti stranieri, e da laici di cui la maggior parte erano mercanti centroasiatici e pochi cinesi. Fortunatamente la comunità sopportò la distruzione operata dal generale ribelle Dong Zhuo 董卓 che bruciò la città nel 190.

Così proseguì l'attività dei traduttori di testi di Dharma. Dopo An Shigao, lavorarono i suoi seguaci An Xuan e Yan Fotiao. Successivamente operò Lokakṣema e poi il gruppo dei suoi discepoli, due sogdiani e tre indiani.

Altri traduttori come An Faxian e An Faquin (il cognome An denota l'origine partica) giunsero nel III secolo dalla Transoxiana, regione in cui fino al V secolo sopravvissero le vestigia di un'amministrazione partica (le province occidentali dell'Impero partico furono invece conquistate dai Sasanidi nel 226).

Sia la dinastia Han posteriore che quelle dei successivi Tre Regni rendevano difficile ai cinesi diventare monaci buddhisti, ma non vietavano l'attività degli stranieri[1], anche se il Dharma ebbe alterne vicende di opposizione e di favore presso le corti cinesi, come vedremo anche nella biografia di Kang Senghui.

16.2 An Xuan 安玄

Nel già citato *Chu san zang ji ji,* dopo la biografia di An Shigao, c'è quella di Zhi Chen 支讖, più noto come Lokakṣema, attivo dal 178 al 189; la terza è quella di An Xuan (T55 – 2145-13- 00096) che invece Huijiao nel *Gaoseng zhuan* si limita a citare brevemente alla fine della biografia di Lokakṣema.

An Xuan fu un laico originario della Partia, come attesta il cognome, ma non si hanno notizie sulla sua famiglia di origine.

Huijiao scrive:

> [...] casto e puro, calmo, e profondamente logico. Recitava

estesamente i testi sacri e riuscì a comprenderne molti perfettamente. [...] Di natura modesta, calma, dolce e rispettosa, sempre prese come compito le cose religiose, a poco a poco imparò il cinese e volle diffondere le Scritture. Sovente predicava e discuteva con i monaci sul senso della Via.[2]

Soggiornò come mercante a Luoyang «alla fine del regno dell'imperatore Ling» che regnò dal 168 al 189, ma non viene specificata una data, quindi possiamo presumere qualche tempo prima della morte di An Shigao, che abbiamo ipotizzata intorno al 180.

Rimase sempre laico e per un *lavoro meritorio* ottenne il titolo militare cinese di "capo comandante della cavalleria" (*qiduwei* 騎都尉) col quale talora viene denominato.

Presumibilmente dopo la morte di An Shigao, tradusse insieme con Yan Fotiao (vedi *infra*) il **Fajing jing** 法鏡經, *Sūtra dello specchio del Dharma*, noto anche col titolo sanscrito di *Ugrapariprcchā sūtra* (che significa: *Sūtra dell'inchiesta di Ugra*), in T12 – 322. Studiosi come Jan Nattier credono che il testo indiano tradotto risalga al periodo iniziale dello sviluppo della corrente Mahāyāna. Per approfondire vedi traduzione e commento nel testo di Nattier[3].

Il tema centrale del *Sūtra* sono le pratiche del capofamiglia (quindi dei laici) e quelle di monaci e monache e viene sottolineata l'importanza e la superiorità di quest'ultimo gruppo. L'ideale del bodhisattva è descritto come un percorso difficile, rigorosamente monastico, che necessita di migliaia di vite per essere completato e quindi adatto solo a poche persone. Il *Sūtra* non menziona altre importanti dottrine Mahāyāna, né altri Buddha (come Amitābha) o Bodhisattva celestiali (come Avalokiteśvara o Mañjuśrī), né mette i suoi insegnamenti in opposizione a quello che sarebbe poi stato classificato come *Śrāvakayāna*. La posizione del laico è vista come molto svantaggiosa per la pratica religiosa in confronto alla vita di un monaco e i capifamiglia sono invitati a entrare nell'ordine, non appena lo possano fare. La pratica di vivere in solitudine nella foresta è considerata la preferibile.

Sengyou e Huijiao specificano che An Xuan traduceva oralmente e Yan Fotiao scriveva il testo. Il team di un monaco straniero e del suo assistente laico (il caso inverso del precedente) che si dividevano il lavoro, uno traducendo e l'altro scrivendo in buon cinese, è attestato anche in parecchi successivi casi.

Sengyou e Huijiao lodano la qualità del loro lavoro, affermando che nella loro traduzione l'argomento è rispettato e la trascrizione fonetica è corretta, trasmettendone il senso in modo esauriente e aggiungono che la loro abilità divenne esemplare per le generazioni successive. Huijiao li collega esplicitamente ad An Shigao lodando i tre come *gli inimitabili* il cui lavoro è *difficile seguire* 為難繼, vale a dire, che ha raggiunto uno standard difficile per gli altri da emulare. Nattier rileva che è sorprendente che il nome di Lokakṣema non sia presente in questa lista.

16.3 Yan Fotiao/Fodiao/Futiao 嚴佛調

Si trovano diverse trascrizioni del suo nome. Fu discepolo di An Shigao e, secondo la tradizione riportata da Daoxuan nel *Da Tang neidian lu* (T55 – 2149, citato nel capitolo 13.8), scritto alla fine del IV secolo, fu il primo monaco cinese.

Per le ordinazioni occorrevano dieci monaci pienamente ordinati, secondo il testo pāli del *Vinaya Mahāvagga* IV,1, forse in Paesi stranieri potevano bastarne un numero minore, ma a Luoyang all'epoca c'erano parecchi monaci, tutti non cinesi. Ricordiamo che a quel tempo il *Vinaya* non era ancora stato tradotto, quindi è probabile che in Cina le regole non fossero osservate strettamente, così come il rituale, le norme per le ordinazioni e la scelta del nome monastico. Vedi capitolo 6.4.3.

Fotiao sembrerebbe essere, secondo alcuni studiosi, la fonetizzazione, in base alla pronuncia dell'epoca Han, di *Buddha-deva*, ovviamente un nome monastico. Secondo altri, Yan Fodiao forse aveva nome Yan Diao e aggiunse il carattere *Fo* (*buddha*) quando diventò monaco.

Huijiao lo descrive come :«...giovane, intelligente, vivace e studioso...»[4]

Tradusse insieme ad An Xuan il *Fajing Jing*, come detto sopra e una prefazione di Kang Senghui conferma l'attribuzione della traduzione.

Nel *Chu san zang ji ji* T55 – 2145 -10- 0069c21 è presente la prefazione scritta da Yan Fotiao al commentario sul *Shami shi hui zhangju xu di er* 沙彌十慧章句序, *Dieci modi di comprensione (spiegati per) i novizi* un testo che egli aveva tradotto, ma che non è più esistente.

L'argomento di questo testo confermerebbe implicitamente l'affermazione di Sengyou che era un monaco; inoltre in tale prefazione gli viene dato l'appellativo di *acarya* (55-69-c20), precettore buddhista.

Il testo dice che aveva avuto la grande disgrazia di perdere il suo maestro (和上, *heshang/wajou* che significa in sanscrito *upadhyaya*, uno dei precettori dei novizi, tuttavia è un termine che diviene non tecnico in cinese per dire *il proprio* maestro in senso solo buddhista o comunque l'importante maestro in oggetto).

Lo stile letterario di An Xuan e Yan Fotiao differisce da quello del Maestro partico, è più classico, con pochi elementi vernacolari ed è caratterizzato dal fatto che cercarono di tradurre invece di traslitterare i vocaboli indiani. Ad esempio, per il nome della città indiana di *Śrāvastī* (in sanscrito), traducono *Wenwu* che sembrerebbe derivare dall'interpretazione etimologica della parola (invece di *Shewei*, usato sia da An Shigao che da Lokakṣema); inoltre essi usano *cujin* al posto delle altre più comuni traduzioni per *bhikṣu* monaco; *gefo* per *pratiekabuddha*; *Jingshou* per il nome del bodhisattva Mañjuśrī invece di *Wenshu*; alcuni di questi vocaboli però furono usati anche da altri traduttori[5].

Riguardo al **T 1508**, ne abbiamo già trattato nel capitolo 13.10.

16.4 Kang Senghui 康僧會

Non fu un diretto discepolo di An Shigao, ma ebbe rapporti con tre suoi seguaci laici e fu considerato un importante maestro di meditazione.

Come sottolinea Huijiao nel *Gaoseng zhuan*, gli antenati di

Kang Senghui furono mercanti sogdiani, da cui il cognome Kang (vedi capitolo 5.3), che da generazioni si erano trasferiti in India per svolgervi la loro attività. Suo padre, probabilmente per motivi di commercio, si era stabilito in Jiaozhi 交趾, il Vietnam del Nord, dove passava il ramo marittimo della Via della Seta e dove Kang Senghui nacque. Rimasto orfano giovanissimo, divenne monaco buddhista ed ebbe maestri di Dharma non cinesi.

Vi è una divergenza tra le date indicate dal catalogo di Sengyou (che anticipano la sua attività di traduttore al 222/6) e quelle citate nella sua biografia riportata nel *Chu san zang ji ji* (T2145), che sono riprese nel testo di Huijiao e che sembrano essere le più attendibili. Nella biografia si dice che nel 247 (il decimo anno dell'era Chiwu) Kang Senghui si recò a Jianye 建業 (oggi Nanjing 南京, Jiangsu), la capitale del regno della dinastia Wu e lì morì nel 280 (il primo anno dell'era Taikang).

A Jianye si dedicò a traduzioni di testi e a diffondere il Dharma.

La sua vita fu raccontata nel già citato *Chu san zang ji ji* 出三藏記集, T55 – 2145 - 96a29-97a17, di Sengyou dove è la quarta, lunga biografia. Per la traduzione completa in inglese rimandiamo alla tesi di laurea di Trung Huynh[6.]

Di Kang Senghui la biografia riporta alcuni eventi miracolosi, tipici delle agiografie cinesi. L'imperatore Sun Quan (182–252) della dinastia Wu pretese da lui che ottenesse delle reliquie (in sanscrito *śarīra*, frammenti ossei rimasti dopo la cremazione) del Buddha per dimostrare la validità della sua religione, solo allora l'avrebbe ritenuta vera e avrebbe costruito un tempio. Senghui e i suoi discepoli si dedicarono a specifiche pratiche ascetiche e predisposero un vaso di rame, ma le reliquie non comparvero, neppure dopo una nuova richiesta di attendere altri sette giorni. Il monaco stava per essere punito dal sovrano, ma ottenne ancora altri sette giorni. L'ultima notte, si sentì un suono dentro il vaso e Kang Senghui ottenne la reliquia; il matttino seguente la portò all'imperatore che, insieme ai suoi funzionari, vide fiamme luminose di cinque colori uscire dalla sommità del recipiente.

Sun Quan stesso prese il vaso e versò la reliquia su un vassoio di rame ma, ovunque essa rotolasse, spezzava il metallo; quindi si spaventò, si alzò e disse che era un presagio inconcepibilmente felice. Kang Senghui gli si avvicinò ed esclamò: «È il potente segno soprannaturale di *śarīra* limitato solo all'aspetto luminoso della luce? Usa il fuoco per bruciarlo! Il fuoco non può bruciarlo. Neppure il pestello di diamante lo può distruggere!» L'imperatore ordinò di provare. Kang Senghui disse di porre *śarīra* su un incudine di ferro e farla colpire da un uomo molto forte, ma la reliquia rimase intatta. Così Sun Quan fu convinto e ordinò di costruire il tempio.

La vicenda è rappresentata nella grotta 323 di Dunhuang (vedasi il filmato su: http://www.e-dunhuang.com/cave/10.0001/0001.0001.0323).

La biografia racconta altri episodi dei non facili rapporti di Kang Senghui anche con Sun Hao, il successivo imperatore (nipote di Sun Quan) e gli insegnamenti di Dharma che gli diede mostrando anche una grande conoscenza dei testi base del Daoismo e del Confucianesimo. Sun Hao era un sovrano malvagio: quando fu trovata nel suo giardino una grande statua d'oro (evidentemente del Buddha), ordinò di cospargerla di liquidi impuri, per spregio. Ma subito il suo corpo si gonfiò ed egli soffrì grandi dolori, così capì di aver offeso un essere soprannaturale. Si recò in vari templi a pregare, ma invano. Una dama di corte, seguace del Dharma, chiese all'imperatore se avesse pregato anche il Buddha. Alla sua risposta negativa fece portare la statua in un salone, la purificò con acqua fragrante e bruciò incensi e chiese al sovrano di pentirsi. L'imperatore lo fece e immediatamente il suo dolore si attenuò; mandò a chiamare Kang Senghui e gli ordinò di insegnargli il Dharma; in seguito prese i cinque precetti dei laici e la sua malattia scomparve.

Dopo la morte di Kang Senghui, il generale Zhao You andò al tempio e disse che non credeva nel prodigio delle fiamme di cinque colori, ma esse immediatamente e prodigiosamente comparvero, così anch'egli si convertì.

Kang Senghui, nella prefazione all'*Anban shouyi jing* di An Shigao, scrisse che aveva avuto grande beneficio dalla presenza (e forse dagli insegnamenti) di tre laici che erano stati allevi di Shigao e che si erano rifugiati a Janye dopo la caduta della dinastia Han e della sua capitale Luoyang nel 220. I tre erano: **Han Lin** 韓林 che era originario di Nanyang (南陽); **Pi Ye** 皮業 di Yingchuan (潁川) e **Chen Hui** 陳慧 di Kuaiji (會稽). Si riferisce a essi come alle "tre persone virtuose/degne 三賢者". Rileva che Chen Hui fu l'autore delle annotazioni all'*Anban shouyi jing* e che Kang Senghui lo aiutò.

Dei suoi scritti rimangono anche: la prefazione al suo – perduto – commentario sul *Fajingjing* e le introduzioni alle sezioni da 1 a 5 del suo *Liuduji jing*, vedi *infra*.

Il Canone cinese conserva due traduzioni eseguite da Senghui.

La prima è una raccolta di *Jataka* raggruppati secondo le sei *pāramitā*, presumibilmente per incoraggiarne la pratica, anche se non è chiaro se si tratti di una traduzione o di un estratto realizzato in Cina, il **Liuduji jing**, 六度集經, *Compendio delle sei Perfezioni*, conservato nel Canone cinese in T3 – 152. Anche se non è un testo che si può definire Mahāyāna, però è diretto ad un uditorio orientato verso tale corrente.

La seconda è il **Jiu za piyu jing** 舊雜譬喻經, T4 – 206, *Antica versione del sūtra delle parabole miscellanee* che è una raccolta di *avadāna* (racconti e biografie sulla realizzazione spirituale).

Le antiche biografie rilevano che Kang Senghui scrisse commentari a testi sia Mahāyāna sia del Buddhismo delle origini.

Nattier[7] sottolinea che Senghui usa un ampio vocabolario e utilizza molti termini derivati dalla tradizione cinese confuciana o daoista.

Thich Nhat Hanh, maestro contemporaneo della scuola di meditazione Thiên, lo Chan/Zen vietnamita, scrive[8] che Kang Senghui è chiamato Tang Hôi nel suo Paese; si dice che ivi insegnò il Dharma ed è considerato il primo Patriarca della scuola di meditazione del Vietnam. Così si è creata una diretta relazione tra An Shigao e la scuola Thiên.

NOTE BIBLIOGRAFICHE capitolo 16

1. Lagerwey J.; Kalinowski M., *Early Chinese Religion, Part One: Shang through Han (1250 BC-220 AD),* Brill, Leiden-Boston 2009 e:
Lagerwey. J.; Lü P. *Early Chinese Religions, Part Two: The Period of Division (220-589 AD)*; Brill, Leiden-Boston 2010, p. 205
2. Shih R.; Houei-Kiao; *Biographies des moines éminents: Kaoseng tchouan de Houei-Kiao,* Traduites et annotées par Robert Shih, Institut orientaliste, Louvain Belgio 1968, p.16
3. Nattier J, *A Few Good Men: The Bodhisattva Path According to the Inquiry of Ugra,* University of Havai'i Press, Honolulu Hawaii USA 2003
4. Op. citata alla nota 2, p. 17
5. Nattier J., *A Guide to the Earliest Chinese Buddhist Translations Texts from the Eastern Han and Three Kingdoms,* in: *Bibliotheca Philologica et Philosophica Buddhica,* vol. X, The International Research Institute for Advanced Buddhology - Soka University, Tokyo Giappone 2008, p. 91
6. Trung Huynh, *The Early Development of Buddhism in the Red River Delta Basin, Jiaozhi, and Southern China: The Case of a Sogdian-Jiaozhi Buddhist Monk Kang Senghui* 康僧會, Faculty of the Department of Religious Studies, University of the West, Rosemead California USA 2016, pp. 213-28
7. Op. citata alla nota 5, p. 151
8. Thich Nhat Hanh, *Master Tang Hôi: First Zen Teacher in Vietnam and China,* Parallax Press, Berkeley California USA 2001

Luci e ombre dell'*inchiesta*

In questa *inchiesta*, *s*periamo di essere riusciti a gettare qualche sprazzo di luce su alcuni aspetti della vita e delle opere di questa enigmatica e affascinante figura vissuta diciotto secoli fa: dalla sua nascita principesca nella dinastia Arsacide di Partia, alla sua emigrazione (per motivi che possiamo solo ipotizzare) nella Cina del II secolo dominata dalla dinastia Han e al suo diventare il più antico traduttore e scrittore di opere di Dharma in cinese – almeno dei testi che si sono conservati sino a noi.

Fu probabilmente un monaco, esperto in medicina e scienze, ma gli antichi lo elogiarono soprattutto perché fu il primo importante maestro che portò in Cina i fondamenti della pratica meditativa insegnata dal Buddha.

Rimangono però in ombra, forse per sempre, alcune vicende di colui che conosciamo solo col nome cinese di An Shigao: pur tenendo conto dell'agiografia, alcuni episodi ebbero una base storica, come le singolari modalità della sua morte, la sua vasta conoscenza del Dharma, la sua abilità nell'imparare il cinese.

Abbiamo ampiamente analizzato le indagini critiche e i differenti giudizi di molti valenti studiosi, antichi e contemporanei, che si sono interessati, spesso con ammirazione, alle opere di An Shigao, arrivando ad un probabile, anche se ovviamente ancora migliorabile, elenco di attribuzioni ed esclusioni.

Questa inchiesta su An Shigao ha comportanto anche l'analisi di vari aspetti che riguardano la storia, l'archeologia, l'arte e la vita quotidiana del II secolo d.C. negli imperi di Partia e Cina, al fine di poter illuminare e meglio contestualizzare la figura, le vicende umane e le opere del Maestro partico.

Concludiamo esprimendo la speranza che in qualche biblioteca di un monastero buddhista (come accadde nel Kongo-ji) sia ancora rimasta qualche trascrizione di sue opere che ci permettano una futura più approfondita conoscenza.

APPENDICE

Traduzione del T2 – 150a
(Fo shuo) qichu sanguan jing,
(佛說)七處三觀經 *(Saptasthāna sūtra)*
Sūtra sui sette oggetti [di meditazione] e i tre tipi di "contemplazioni".

Questo testo, come abbiamo esposto in precedenza nei capitoli 13.6 e 14.2 - d, è formato dalle prime tre sezioni del Sūtra.

In molti passi diverge dall'edizione in pāli, quindi An Shigao lo tradusse da un'altra versione indiana. Una diversa traduzione in cinese del testo, attribuito a Guṇabhadra, si trova in T99.

Vetter e Harrison[1], lo hanno ampiamente commentato e tradotto in inglese confrontando il testo di An Shigao con un'ulteriore versione contenuta in T101b e con il sūtra in pāli (*Saṁyutta nikāya* 22.57).

Di seguito riportiamo la nostra versione dall'inglese in italiano, corredata da nostre glosse, solo del testo attribuito al Maestro partico.

Il sūtra in alcuni punti è oscuro, ma ricordiamo che in circa milleottocento anni è stato ricopiato molte decine di volte ed è possibile che ci siano anche stati errori e fraintendimenti.

> Così ho udito, una volta il Buddha stava nel giardino di Anāthapindika del Jetavana vicino a Śrāvastī. Il Buddha chiamò i monaci (*bhikṣu*) ed essi riposero: "Sì (eccoci)". Il Buddha disse:
> "O monaci, bisogna conoscere sette punti, bisogna contemplare tre punti e velocemente un monaco si stabilirà nel dharma della Via e sarà libero dai legami (*āsrava*, contaminazioni, osuramenti); essendo senza legami, la sua mente sarà libera, diverrà saggio e otterrà il dharma; avendo visto il dharma [cioè qui e ora, in questa vita] diverrà testimone di se stesso: 'le mie rinascite sono finite; ho finito di perseguire la

Via, ho fatto ciò che poteva essere fatto e non tornerò indietro'."
Il Buddha chiese ai monaci:
"Che cosa significa dire che bisogna conoscere i sette punti?
[1] Riguardo a ciò, monaci, si conosce la verità della
(1) **forma** (色諦), in accordo con la verità fondamentale,
(2)'occorrenza (*xi* 習 che significa praticare, studiare ma qui è
usato per tradurre *samudaya* la Seconda Nobile verità, l'accumulo di
sofferenza causato dalla brama; indefinitiva l'**origine**) della *forma*,
si conosce la *(3)* **cessazione** (*jin* 盡) della forma, si conosce la
(4) **pratica che porta all'estinzione** (*mie* 滅) della forma, si
conosce il *(5)* **sapore/gusto** (*wei* 味) della forma, si conosce
(6) **l'amarezza/sofferenza** (*ku* 苦) della forma, si conosce
(7) **l'abbandono/rinuncia** (*chuyao* 出要) della forma e si
conoscono nella perfetta verità. [I sette termini, cioè i sette punti
od oggetti, sono ripetuti per gli altri *skandha* esposti in seguito.]

Lo stesso vale per la sensazione, il pensiero, *nascita-e-morte*
[traduzione letterale di *shengsi* 生死 che di solito indica il *saṃsāra*,
ma qui è probabile che ci sia stata confusione con i *saṃskāra*, le
formazioni karmiche perché questo è il senso del testo, oppure che
An Shigao intendesse in modo ellittico "i fattori delle forze vitali
essenziali che governano il processo di" nascita e morte] e la
coscienza che si conoscono in accordo con la verità fondamentale – si conosce l'occorrenza della coscienza, si conosce la cessazione della coscienza, si conosce la cesssazione
della coscienza, si conosce la pratica che porta all'estinzione
della coscienza; conoscendole fondamentalmente si conosce il
sapore della coscienza, si conosce l'amarezza della coscienza,
si conosce l'abbandono della coscienza e si conosce la coscienza fondamentalmente e nella perfetta verità.
Qual è la vera conoscenza della forma? Ciò che è ritenuto
essere forma sono i quattro Grandi Elementi e ciò che si
esaurisce (dopo la morte) nei Quattro Grandi Elementi. Questa
è conoscere le basi di ciò che è fondamentalmente la forma.
Cos'è conoscere l'occorrenza della forma fondamentalmente?
L'occorrenza dell'*amore* [il pāli ha *āhāra*, cibo, ma il cinese riporta
ai 愛, *amore*, che nei testi buddhisti normalmente traduce la sete, il
desiderio, *tṛṣṇā*. Secondo i citati Vettere e Harrison potrebbe essere
un errore di lettura di *shou* 受 che significa: portare, ricevere,

accettare, mangiare] è l'occorrenza della forma. In questo modo si conosce l'occorrenza della forma.

Cosa è conoscere la cessazione della forma nella perfetta verità? La cessazione dell'*amore* è la cessazione della forma. Questo è conoscere la cessazione della forma in perfetta verità.

Che cos'è conoscere la pratica per la cesssazione della forma in perfetta verità? Quando uno si impegna nell'Ottuplice Sentiero da retta visione [poi retta intenzione, retta parola, retta azione, retto modo di vivere, retto sforzo, retta consapevolezza, sino] a retta concentrazione che è l'ottavo. In questo modo si conoscono le basi dell'impegno nella pratica per la cessazione della forma in perfetta verità.

Che cos'è conoscere il sapore della forma in perfetta verità? È che il piacere sorge e i pensieri gioiosi sorgono in dipendenza da ciò che si intende essere la forma. Questo è conoscere il gusto della forma in perfetta verità.

Che cos'è conoscere le afflizioni della forma in perfettà verità? Quando si realizza che le forme sono impermnenti, dolorose e i dharma cambiano. Questo è conoscere le afflizioni della forma in perfetta verità.

Che cos'è conoscere la fine della forma in perfetta verità? La brama per ciò che si ritiene essere le forme può essere rimossa, si può eliminare il desiderio, si può trascendere il desiderio. Questo è conoscere la fine delle forme in perfetta verità.

[2] Che cos'è essere capaci di conoscere le **sensazioni**? Ci sono sei sensazioni: le sensazioni che provengono dal contatto [anche se il carattere usato risulta piuttosto sconcertante, il senso è questo] con gli occhi; le sensazioni (che provengono) dal contatto con le orecchie, il naso, la bocca, il corpo e la mente. Questo è conoscere le sensazioni.

Che cosa è l'occorrenza delle sensazioni? L'occorrenza del contatto è l'occorrenza delle sensazioni. Questa è l'occorrenza delle sensazioni.

Cosa è conoscere la cessazione delle sensazioni? La cessazione del contatto è la cessazione delle sensazioni. Conoscere ciò, è conoscere la cessazione delle sensazioni.

Che cos'è conoscere l'impegno nella pratica per la cessazione delle sensazioni? Se ci si impegna nell'Ottuplice Sentiero da retta visione a retta concentrazione che è l'ottavo, questo è conoscere l'impegno nella pratica per la cessazione delle sensazioni, che è la Via.

Che cos'è la cognizione del sapore delle sensazioni? È il gradimento che sorge, la gioia egoistica che sorge in dipendenza delle sensazioni che si provano. Questo è la cognizione e la conoscenza del sapore delle sensazioni.

Che cos'è la cognizione dell'afflizione delle sensazioni? (Le sensazioni) che si provano sono impermanenti, deperibili, dolorose, cambiando i dharma e i pensieri. Questa è la cognizione dell'afflizione delle sensazioni.

Cos'è la fine delle sensazioni? Il desiderio per le sensazioni dev'essere controllato, l'*amore* dev'essere eliminato, la brama dev'essere trascesa da se stessi. Questa è la cognizione della fine delle sensazioni, conoscendola in verità.

[3] Che cos'è la cognizione del **pensiero** (percezioni)? Sono i sei pensieri del corpo: il pensiero (che sorge) dal contatto con gli occhi, il pensiero (che sorge) dal contatto con le orecchie, il naso, la bocca, il corpo e la mente. Questa è la cognizione del pensiero in questi sei modi.

Che cos'è la cognizione dell'occorrenza del pensiero? L'occorrenza del contatto è l'occorrenza del pensiero. Questo è conoscere l'occorrenza del pensiero.

Cos'è la cognizione della cessazione del pensiero? È la cognizione che la cessazione del contatto è la cessazione del pensiero. Questa è la cognizione della cessazione del pensiero.

Che cos'è la cognizione dell'impegno nella pratica per la cessazione del pensiero? Questa è la cognizione dell'Ottuplice Sentiero, dalla vera visione alla vera concentrazione mentale (che è l'ottava). Questa è la cognizione dell'impegno nella pratica per far cessare il pensiero.

Che cos'è la cognizione del sapore del pensiero? È il piacere che sorge e la gioia mentale che si prova in dipendenza dei pensieri che si hanno. Questa è la cognizione del sapore del pensiero.

Che cos'è la cognizione delle afflizioni del pensiero? È che i pensieri che si hanno sono impermanenti, deperibili, dolorosi, i dharma cambiano. Questa è la cognizione delle afflizioni del pensiero.

Cos'è la cognizione delle fine del pensiero? La brama per i pensieri che si hanno deve essere rimossa, la brama dev'essere eliminata, la brama dev'essere trascesa da se stessi. Questa è la cognizione della fine del pensiero.

[4] Cos'è la cognizione dei *nascita-e-morte* (formazioni karmiche)? É la cognizione dei sei *nascita-e-morte* del corpo – la cognizione del *nascita-e-morte* che sorge dal contatto con gli occhi, le attività [stranamente qui è usato *xing* 行, la più comune traduzione di *saṃskāra*, forse una tarda interpolazione] dal contatto con le orecchie, il naso, la bocca, il corpo e la mente. Questa è la cognizione dei *nascita-e-morte*.

Cos'è la cognizione dell'occorrenza dei *nascita-e-morte*? È la cognizione del fatto che l'occorrenza del contatto è l'occorrenza dei *nascita-e-morte*.

Cos'è la cognizione della cessazione dei *nascita-e-morte*? È la cognizione del fatto che la cessazione del contatto è la cessazione dei *nascita-e-morte*.

Cos'è la cognizione dell'impegno nella pratica per l'imminente cessazione dei *nascita-e-morte*? è la cognizione dell'Ottuplice Sentiero, dalla retta visione alla retta concentrazione che è l'ottavo. Questa è la cognizione dell'impegno nella pratica per l'imminente cessazione dei *nascita-e-morte*.

Cos'è la cognizione del sapore dei *nascita-e-morte*? È il piacere e i pensieri gioiosi che sorgono in dipendenza dei *nascita-e-morte* che si hanno. Questa è la cognizione del sapore dei *nascita-e-morte*.

Cos'è la cognizione delle afflizioni dei *nascita-e-morte*? Tutti i *nascita-e-morte* che uno ha sono impermanenti, deperibili, dolorosi, i dharma cambiano. Questa è la cognizione dell'afflizione dei *nascita-e-morte*.

Cos'è la cognizione della fine dei *nascita-e-morte*? È che la brama per i *nascita-e-morte* deve essere evitata, la brama dev'essere eliminata, la brama dev'essere trascesa. Questa è la cognizione della fine dei *nascita-e-morte*.

[5] Cos'è la cognizione della **coscienza**? (Sono i sei tipi di) coscienza [che sorgono dal contatto con] i sei *āyatana* [si intende probabilmente quelli interni; è usato il carattere *shuai* 衰 che significa indebolire, declinare, rovinare e il senso si rifà a un'immagine che si trova nel *Saṁyutta nikāya* 4.172-5 e in *Visuddimagga* 484, citato da Greene, i sei organi di senso esterni sono come "banditi che attaccano e fanno razzia in un villaggio"; si veda anche T607 dove è esplicitato che ogni oggetto dei sensi danneggia il relativo organo] del corpo: la coscienza che sorge dal contatto con gli occhi, la coscienza dal contatto con le orecchie, il naso, la bocca, il corpo e la mente. Questa è la cognizione della coscienza.

Cos'è la cognizione dell'occorrenza della coscienza? L'occorrenza di *nome-e-forma* è l'occorrenza della coscienza.

Cos'è la cessazione della coscienza? La cessazione di *nome-e-forma* è la cessazione della coscienza. Questa è la cessazione della coscienza.

Cos'è la cognizione dell'impegno nella pratica per la cessazione della coscienza? È l'Ottuplice Sentiero da retta visione a retta concentrazione (che è l'ottavo). Questa è la cognizione dell'impegno per l'imminente cessazione della coscienza in accordo con la verità.

Cos'è la cognizione del sapore della coscienza? È il piacere che sorge e i pensieri di gioia che sorgono in dipendenza di ciò di cui si è coscienti. Questo è la cognizione del sapore della coscienza.

Cos'è la cognizione dell'afflizione della coscienza? Tutto ciò che è conscio è deperibile, doloroso, mutevole. Questo è la cognizione delle afflizioni della coscienza.

Cos'è la cognizione della fine? La brama per ciò di cui si è consci deve essere controllata, la brama deve essere eliminata, dev'essere trascesa. Questa è la cognizione della fine.

In questo modo, monaci, sette punti/oggetti devono essere realizzati e conosciuti. Quali sono i sette? La forma, l'occorrenza, la cessazione, il sentiero, il sapore, l'afflizione o sofferenza e la fine. Ognuno di questi cinque [*skandha,* che sono: forma, sensazione, pensiero/percezioni, nascita-e-morte/*saṁskāra/- formazioni karmiche*, coscienza] ha sette aspetti.

Quali sono **le tre contemplazioni** (*sanguan* 三觀)?
Contemplare il corpo è il primo, cioè la forma in sette aspetti.
Contemplare i cinque *skandha* è il secondo.
Contemplare (in questo modo) i sei āyatana (le sorgenti interne dei sensi) è il terzo.
Queste sono dette le tre contemplazioni. [L'elenco differisce sia dal testo pāli sia dai paralleli cinesi.]

Monaci, se uno può capire i sette punti ed è capace (di eseguire) le tre contemplazioni, prima di tutto coltiverà la Via ed eliminerà i legami; essendo senza legami, la sua mente sarà libera e, rallegrato dalla saggezza, vedrà la Via; vedendo la fine testimonierà: 'le mie rinscite si sono fermate, il nascita-e-morte è finito, ho finito il mio compito, non tornerò indietro nel saṃsāra e ho ottenuto la Via'. "

Così disse il Buddha. I monaci si rallegrarono e ricevettero [l'insegnamento].

NOTE BIBLIOGRAFICHE appendice

1. Vetter T.; Harrison P., *An Shigao's Chinese Translation of the Saptasthāanasūtra* in: *Suryacandraya: Essays in Honour of Akira Yuyama on the Occasion of His 65th Birthday (Indica et Tibetica 35)*, Swisttal-Odendorf: Indica et Tibetica Verlag, 1998, pp. 197-216

INDICE ANALITICO PER CAPITOLI

I vocaboli cinesi sono stati trascritti secondo il sistema pinyin.

Testi cinesi citati

Per l'elenco delle opere di An Shigao vedi capitoli 13 e 14 e le tabelle alle pp. 154-56.

Glossario

8 liberazioni, stadi durante la meditazione, 14.2 - a

12 anelli, vedi *pratītyasamutpāda*

37 fattori ausiliari dell'Illuminazione, *bodhipakṣyadharma*, 14.2 -h

Abhidharma, terzo canestro dei Canoni, 14.1

abhijñā (sanscrito, *abhiññā* in pāli) le cinque, o sei, conoscenze sopramondane, 7.1

āgama, termine usato nel Canone cinese col significato di *raccolta*, come il pāli *nikāya*, 7.4.1; 13.4; 13.6; 13.7

āgama, quattro classi di, 13.4

aggregati, vedi *skandha*

Ahura Mazdā, divinità suprema del Mazdeismo e dello Zoroastrismo, 6.1

Anxi 安息, nome cinese della Partia

An Shigao 安世高

An Xuan 安玄 discepolo di An Shigao, 16.2

Arsace, fondatore dell'Impero di Partia, 1.1; 2.1

Aśoka, imperatore indiano della stirpe Maurya, 6.2

āśrava, contaminazioni mentali, 13.6; 14.2 -b

avadana, parabola/storia biografica sulla realizzazione spirituale, 13.7; 13.8; 16.4

āyatana, sfere psicosensoriali, 7.4.1; 13.10; 14.2 -a

bhikṣu (sanscrito), monaco, 6.4.1

biografie di An Shigao, 7.2

bodhisattva (sanscrito), cinese *pusa* 菩薩, 6.4.1

Bukhara, città oggi nell'Uzbekistan, fondata nel V sec. d.C.; 10.1; 11.3

cavalli celesti, *tian ma* 天馬, 4.2

CBETA, catalogo delle opere buddhiste cinesi, 13.1 e segg.

concilio buddhista in Kashmir, 6.3.2

Ctesifonte, una delle capitali dell'Impero di Partia, 2.1

deserti centro-asiatici, 5.2

dhātu, elementi o costituenti (sei oggetti dei sensi, cui vengono aggiunte le sei facoltà dei sensi e le sei coscienze sensoriali, per un totale di diciotto), 7.4.1; 13.10; 14.2 -g

Dura Europos, città della Siria 3.3.1; 3.5

Han anteriore, dinastia cinese, Qian Han 前漢 o Han occidentale Xi Han 西漢, 4.1

Monte Lu, Lushan, 8,1

Nisa, città dell'odierno Turkmenistan che fu capitale dell'Impero partico, 2.2; 3.3.3; 3.5; 6.1.1; 6.1.2

novizio: *śramaṇera, shami* 沙彌, 6.4.1

Palmira, città della Siria, che fu sotto la dominazione della Partia, 3.3.1; 3.5

Pencheng 噴成, la capitale del regno di Chu, durante la dinastia Han, 6.4.1

Poyang, lago cinese, 8.1

pratītyasamutpāda, i 12 anelli, 13.10; 14.2 -a

Qing 清 nome personale cinese di An Shigao, 1.3; 7.3; 7.4

Sarvāstivāda antica scuola buddhista, 6.1.3; 6.3.2; 13.4

Sengyou 僧祐, autore del *Chu san zang ji ji* vedi: *Testi cinesi citati*

skandha, aggregati, 7.4.1; 13.6; 13.10

Sogdiana, regione centroasiatica, 5.3

sogdiani, personaggi storici, 11.3

śamatha (sanscrito) *o (sthāpanā)* 止, spesso indica la meditazione di calma mentale, 14.2

Tempio del cavallo bianco, *Baima si* 白馬寺, il primo monastero buddhista cinese, 6.4.1

turbanti gialli, rivolta dei, *Huangjin zhi luan* 黃巾之亂, 4.1.2

*upāsaka(*sanscrito), cinese *youposai* 優婆塞, laico buddhista, 6.4.1

Yan Fotiao (Fodiao) 嚴佛調, discepolo di An Shigao, 16.3

Vasumitra, filosofo indiano della scuola Vaidhāṣika dei Sarvāstivādin del Kasmir, 13.1

vinaya, le regole monastiche, 6.4.3; 8.1; 12.3; 13.5

vipaśyanā (sanscrito), *guan* 觀, meditazione di visione profonda; 14.2 e segg.

vivarta, (sanscrito), *huan* 還 oppure *zhuan* 轉, il "girare", tecnica meditativa, 14.2- e - f

Vologase, nome di alcuni sovrani arsacidi, 6.1.1

Vologasocerta, una delle capitali dell'Impero di Partia, 2.1

zi 字, appellativo cinese, 1.2

Zhang Quian, ufficiale e ambasciatore cinese, 4.2

ANGELA CROSTA

I sentieri del Buddha
Per avvicinarsi agli insegnamenti
e alle tradizioni del Dharma

LIBRERIA EDITRICE PSICHE

Il testo fornisce un primo ma esauriente approccio storico e dottrinale al Buddhismo o meglio ai buddhismi, perché l'insegnamento del Buddha si è integrato con diverse realtà storiche, culturali e spirituali di alcuni paesi (India, Cina, Tibet, Giappone...).
Infatti la grandezza di questa via spirituale è la sua capacità di adattarsi, la sua flessibilità, la mancanza di dogmi, il proporre molti e diversi "sentieri" che si adeguino a ciascuna persona. Oggi sta nascendo un Buddhismo occidentale, che dovrebbe essere considerato una pratica di vita.
Il libro è strutturato per grandi temi e procede secondo una linea storica che analizza sinteticamente i fondamenti del Buddhismo e le sue diverse tradizioni e scuole.

Libreria Editrice Psiche   Torino 2013

ANGELA CROSTA

**Cibo e salute
nella ciotola del Buddha**

LIBRERIA EDITRICE PSICHE

Questo libro esamina il rapporto tra il cibo e l'insegnamento del Buddha nel corso di 2500 anni. Cosa mangiava il Buddha? Con quali regole i suoi monaci consumavano i pasti? Quali erano i cibi più comuni nell'India dell'epoca; quali usati come medicine; quali vietati e perché? Quali erano le differenze alimentari tra India e area sino-giapponese? In che modo le scuole Mahāyāna cinesi modificarono le regole monastiche; la prassi dell'elemosinare il cibo e la possibilità di mangiare carne?

Le risposte a queste domande si ricavano dai testi del Buddhismo delle origini nel Canone pāli e dagli scritti Mahāyāna, risalenti ai primi secoli della nostra era o più tardi, di cui sono citati significativi brani. La seconda parte del libro fornisce alcuni suggerimenti dietetici e qualche gustosa antica ricetta.

Libreria Editrice Psiche   Torino 2015

Con un linguaggio semplice e di facile comprensione, racconta ai giovani le vicende della vita del Buddha, storie che appartengono ad una cultura lontana nel tempo e nello spazio rispetto alla nostra, occidentale e odierna, ma ricca di saggezza e di spunti di pace, gioia e tolleranza. Consigliato ai ragazzi fra i sette e gli undici anni, il volume presenta alcune caratteristiche che ne fanno uno strumento didattico interessante e multidisciplinare: la redazione bilingue lo rende adatto come testo di supporto all'apprendimento della lingua inglese o per bambini non italiani; i bellissimi disegni originali, che pur nel tratto della modernità rispettano l'iconografia tradizionale, introducono i giovani lettori all'atmosfera, ai costumi e all'arte dei tempi e dei luoghi dove è ambientata la vicenda; una ricca sezione di giochi e attività per "imparare divertendo" aiuta a memorizzare le informazioni.

Neos Edizioni   Rivoli – Torino 2011

Angela Crosta

Tutti siamo dei Buddha

*Il Tathāgatagarbha o natura-di-Buddha
nei testi di Dharma*

Alla corrente buddhista Mahāyāna, sorta nei primi secoli della nostra era, appartengono alcuni testi che trattano del *Tathāgatagarbha*, un termine sanscrito che significa "embrione, essenza dello stato di Buddha" o, sulla base di altre espressioni usate soprattutto in Cina, "natura-di-Buddha". Tale dottrina fu elaborata filosoficamente per secoli e divenne molto complessa e dibattuta. In alcune opere è indicata come una potenzialità innata e permanente in tutti gli esseri – indipendentemente dal sesso, dalle condizioni sociali, dall'aver commesso crimini – che può manifestarsi nella realizzazione della "buddhità", cioè diventare un essere illuminato. Alcune scuole cinesi e poi giapponesi affermarono che la buddhità in noi è un dato esperienziale: ogni essere è già un Buddha. Da qui sorsero anche diversi approcci e vie per la realizzazione del Risveglio. Questo libro offre una chiara introduzione al *Tathāgatagarbha* e analizza l'argomento sotto differenti angolazioni e con molti brani appositamente tradotti.

Edizioni Lulu   Raleigh (North Carolina) 2014

ANGELA CROSTA

Medicina e Buddhismo

Le terapie fisiche e spirituali
nei Canoni pāli e cinese

Il libro esamina i rapporti tra Medicina e Buddhismo, lungo molti secoli e nei diversi contesti geografici e culturali, a partire dalle terapie contenute nel Canone pāli che rispecchiano le teorie dell'antica medicina indiana detta Āyurveda.

Il sorgere della corrente Mahāyāna e la pratica della compassione indusse monaci e monache a occuparsi attivamente di medicina e quindi gradualmente sorsero infermerie e ospedali anche per i laici.

Quando, agli inizi della nostra era, il Buddhismo entrò in Cina, vi furono difficoltà nella traduzione dei testi sanscriti a causa sia della mancanza di vocaboli equivalenti, sia delle differenze culturali, soprattutto nell'ambito della medicina, basata su principi diversi da quelli indiani.

Il testo, oltre a citare molti brani di testi medici buddhisti, tratta anche delle norme di igiene; delle varie tecniche meditative e spirituali utilizzate; del ruolo dei medici e di alcuni di essi che godettero per secoli di grande fama e delle principali figure – maschili e femminili – di Buddha e Bodhisattva che ebbero, ed hanno, il ruolo di guaritori e protettori.

Edizioni Lulu   Raleigh (North Carolina) 2017

www.ingramcontent.com/pod-product-compliance
Lightning Source LLC
Chambersburg PA
CBHW060456290526

45791CB00001B/142